고 전 으 로
미 래 를
읽 는 다
0 2 7

사랑의 **기술**

T h e   a r t   o f   l o v e

E. 프롬 지음 권오석 옮김

홍신문화사

저자의
서문

이 책을 읽음으로써 사랑의 기술에 대해 손쉽게 가르침을 받게 되리라고 기대하는 사람은 실망할 것이다. 오히려 이 책이 제시하고자 하는 것은, 사랑이란 각 개인의 성숙 정도와는 관계없이 누구나 쉽게 탐닉할 수 있는 그런 감상이 아니라는 점이다. 이 책을 통해 독자들에게 전달하고 싶은 것은, 만약 자신의 인격을 계발하기 위해 노력하지 않고, 그리하여 그것을 생산적인 방향으로 이루려고 노력하지 않는다면 사랑을 위한 모든 시도는 반드시 신념과 규율이 없는 한 개인적 사랑의 만족은 결코 성취될 수 없다는 점이다. 이러한 자질을 찾아보기 힘든 문화세계에 있어서는 사랑하는 능력의 완성도 또한 좀처럼 없게 마련이다. 이것은 진실한 사랑을 하고 있는 사람을 몇 명이나 알고 있는지 스스로에게 묻더라도 쉽게 알 수 있는 일이다.

그러나 이 일이 어렵다고 해서, 사랑에 도달하기 위한 조건이나 어려운 점이 무엇인가를 알아보려는 노력조차 포기하도록 만드는 이유가 될 수는 없다. 나는 불필요한 복잡함을 피하기 위해 가능한 한 전문적인 용어는 사용하지 않으려고 노력했다. 또 이와 같은 이유로 사랑에 대한 참고문헌도 최소한도로 줄였다.

여기서 또 한 가지 밝혀두고 싶은 것은 이전에 출간된 나의 여러 저서에서 피력하고 있는 사상들이 이 책에서도 어느 정도는 반복되고 있다는 점이다. 이러한 반복을 피하려고 노력했지만 결국 만족할 만한 해결책을 발견하지 못했다. 특히 《자유로부터의 도피(Escape from Freedom)》, 《자립적 인간(Man for Himself)》, 《건전한 사회(The Sane Society)》 등과 같은 나의 저서에 익숙한 독자들은 이들 저서에서 표현하고 있는 사상들을 이 책에서도 꽤 많이 발견하게 될 것이다.

그러나 《사랑의 기술》은 결코 이 저서들의 요약은 아니다. 이 책에는 전에 발표한 사상을 뛰어넘는 많은 사상이 전개되어 있다. 당연한 일이지만, 이미 발표된 사상이라 하더라도 사랑의 기술이라고 하는 하나의 주제에 모두 집중한다면, 그것들은 전혀 새로운 전망을 얻게 되는 것이다.

에리히 프롬

사랑의 기술

contents

사랑의 기술

contents

사랑은 기술인가? 제1장

사랑은 일종의 기술인가? 그렇다면 사랑에는 지식과 노력이 필요하다. 아니면 사랑은 일종의 놀이의 감정인가? 사랑의 경험은 기회에 달려 있으며, 운이 좋은 사람만이 사랑에 '빠지게 되는' 그런 것인가? 이 작은 책은 사랑을 일종의 기술로 간주하는 전자의 견해를 기초로 하고 있다. 그러나 의심할 여지도 없이 오늘날의 거의 모든 사람들은 후자의 관점을 믿고 있다.

그러나 그렇다고 해서 그들이 사랑을 중요하게 생각하지 않는다는 말은 아니다. 그들도 사랑을 원하고 있고, 행복한 사랑과 불행한 사랑에 대한 수많은 영화를 보고 있으며, 사랑에 대한 수백 가지의 시시한 유행가에 귀를 기울이고 있다. 그러나 사랑에 대하여 미리 배워 두어야 할 어떠한 무언가가 있다고 생각하는 사람은 한 명도 없다.

이와 같은 특이한 태도는 그것을 지지하고 있는 몇 가지의 전제 — 개별적이거나 또는 몇 가지가 복합된—에 근거하고 있다. 대부분의 사람들은 사랑의 문제를 사랑하는 것, 즉 자신이 사랑할 수 있는 능력의 문제로 간주하기보다는 주로 사랑받는 문제로 생각하고 있다. 그런 사람들에게 문제가 되는 것은 어떻게 하면 사랑을 받을 수 있는가, 또 어떻게 하면 사랑스럽게 되는가 하는 것이다. 이 목적을 달성하기 위하여 그들은 몇 가지 방법을 시도한다.

그중 한 가지는 주로 남자들이 사용하는 방법으로, 성공을 하거나 사회적으로 허용하는 최대한의 권력과 부를 누리는 것이다. 또 다른 한 가지는 주로 여자들이 선택하는 방법으로, 자신의 몸매를 가꾸고 맵시 있는 옷으로 치장하여 스스로를 매력적으로 만드는 것이다.

스스로를 매력적으로 만드는 또 다른 한 가지는 남녀가 모두 사용하는 방법으로, 타인에게 호감을 사는 예절이나 대화를 유쾌하게 이끌어 나가는 방법을 계발하고, 타인에게 도움을 주며, 항상 겸손하고 예의바르게 행동하는 것이다. 스스로를 사랑스럽게 만드는 이와 같은 몇 가지 방법은 성공하기 위하여 친구들을 사귀는 것에, 또 여러 사람들에게 영향력을 발휘하게 된다. 실제로 문화세계에 살고 있는 대부분의 사람들은 사랑스럽다는 의미를 인기가 있으며 동시에 성적 매력을 지니고 있는 것이라고 생각한다.

사랑에 대해 배울 필요가 없다고 생각하는 태도의 배후에 있는 두 번째 전제는 사랑의 문제를 '능력'의 문제가 아닌 '대상'의 문제로 가정하고 있다. 사람들은 '사랑한다는 것'은 쉬운 일이지만, 사랑할 만한—또는 사랑 받을 만한—적당한 대상을 발견하는 것은 어렵다고 생각한다. 이런 태도가 현대사회의 발전에 의한 것이라는 몇 가지 이유가 있다. 그 이유 중 하나는 '사랑할 대상'의 선택과 관련하여 20세기에 일어난 큰 변화를 들 수 있다. 빅토리아 왕조 시대에는 많은 전통적인 문화에서와 마찬가지로 사랑은 결혼으로 이어지는 개인의 자발적인 경험은 아니었다. 그와는 반대로 결혼은 쌍방의 가문에 의해서든 혹은 결혼 중매인을 통해서든, 또는 그런 중매자가 없어도 관습에 의해 성립되었다. 결혼은 사회적 고려의 토대 위에서 결정되었으며, 사랑은 결혼을 한 후에야 발전되는 것으로 생각되었다.

서구세계에서 낭만적인 사랑의 개념이 보편화된 것은 최근 몇 세대 동안에 일어난 일이다. 미국에서도 이런 관습적인 사고방식이 전혀 없었던 것은 아니지만 대부분의 사람들은 개인적인 사랑의 경험이 발전하여 결혼으로 이어지는 '낭만적인 사랑'을 추구하고 있다. 사랑에 있어서 자유라는 이와 같은 새로운 개념은 '기능'의 중요성보다 '대상'의 중요성을 과장하는 데 큰 작용을 했을 것이다.

이러한 요인과 밀접한 관련이 있는, 현대문화의 또 하나의 특징을 지적할 수 있다. 우리의 모든 문화는 구매욕과 상호 유리한 교환이라는 관념에 근거하고 있다. 현대인의 행복은 상점의 진열장을 바라보고 스릴을 느낀다든지 현금이나 할부로 무엇이든 살 수 있다는 데 있다. 그(또는 그녀)는 사람까지도 이와 같은 방식으로 바라본다.

남자들에게 매력적인 여자―또 여자들에게 매력적인 남자―는 바로 그들이 구하고 있는 상품인 것이다. '매력적'이라는 것은 보통 개성의 시장에서 인기가 있고 많은 사람들이 찾는 멋진 상품을 의미한다. 사람을 매력적으로 만드는 것은 신체뿐만 아니라 정신적으로도 그 시대의 유행에 좌우된다. 1920년대에는 술을 마시거나 담배를 피우는 여자, 즉 강인하고 성적 매력이 있는 여자를 매력적이라고 생각했다. 그러나 오늘날에는 무엇보다도 가정적이고 얌전한 여자를 요구하고 있다. 19세기 말과 20세기 초, 남자는 매력적인 상품이 되기 위해서 진취적이고 야망을 갖추고 있어야 했다.―오늘날에는 사교적이고 너그러워야 한다. 아무튼 사랑에 빠진다는 느낌이 발전되어 가는 것은, 자신을 다른 것과 교환할 수 있는 가능성의 범위 내에 있다는, 인간을 상품처럼 대하는 것뿐이다.

가령 물건을 사러 시장에 갔다고 하자. 대상은 사회적 가치의 관점에서 볼 때 바람직한 것이어야 하고, 또 동시에 대상자도 나의 공개된, 또는 숨겨진 자산과 잠재력을 고려하여 나를 원해야 한다.

이와 같이 두 사람은 자신들의 교환 가치의 한계를 고려하여, 시장에서 살 수 있는 가장 좋은 대상을 발견했다고 느낄 때 사랑에 빠지게 된다.

흔히 부동산을 구입할 때와 마찬가지로 장래에는 발전할 가능성이 있지만, 현재는 숨겨져 있는 잠재력이 이러한 매매계약의 성립에 중요한 역할을 하기도 한다. 이러한 성향이 만연되어서 물질적 성공이 높게 평가되는 문화권에서는, 인간의 사랑의 관계가 상품 및 노동시장을 지배하고 있는 교환방식과 동일한 유형을 따르고 있다 해도 그다지 놀랄 것이 못 된다.

사랑에 대하여 아무것도 배울 것이 없다는 가정으로 이끄는 세 번째 잘못은 사랑에 '빠지게 되는' 최초의 경험을, 사랑하고 '있는' 지속적인 상태, 또는 보다 적절히 표현하면 사랑 속에 '머물러 있는' 상태와 혼동하고 있다는 데 있다. 만약 우리 모두가 흔히 그러하듯이, 지금까지 서로 모르고 지내던 두 사람이 어느 날 갑자기 그들 사이의 벽을 무너뜨리고 가깝게 느낀다든지 서로 일체감을 느낀다면, 이 합일의 순간은 생애에 있어서 가장 유쾌하고 가장 흥분된 순간이 될 것이다. 이것은 사랑 없이 소외되고 고독하게 지내오던 사람들에게는 더욱 놀라운 기적과 같은 경험이다. 이러한 갑작스러운 친밀의 기적은 흔히 성적인 매력과 성의 성취에 의해 시작될 때 더욱 촉발된다.

그러나 이러한 종류의 사랑은 그것의 본질적으로 오래 지속되지 못한다. 두 사람이 점차 서로를 잘 알게 될수록 친밀감은 그 기적적이었던 감정을 점차 잃어가고 마침내는 적대감을 불러일으키고 실망과 권태를 느끼게 되어 최초의 흥분은 자취도 없이 사라지고 만다. 그러나 그들은 처음에는 이 모든 것을 알지 못한다. 실제로 그들은 이렇게 정신나간 상태—즉 서로에게 '미쳐버린' 상태—를 그들의 사랑의 증거라고 생각한다. 그렇지만 그것은 단지 그들이 전에는 얼마나 고독했던가를 증명하는 것일 뿐이다.

이런 태도—사랑하는 것보다 더 쉬운 것은 없다는 태도—는 이와 반대되는 충분한 증거가 있음에도 불구하고 사랑에 관하여 일반적으로 유행되고 있는 관념으로 지속되어 왔다. 다른 활동이나 사업에서는 사랑처럼 그렇게 거대한 희망이나 기대를 가지고 시작했다가 실패하고 마는 일은 거의 찾아볼 수 없다. 이것이 다른 활동의 경우라면 사람들은 실패의 원인을 발견하려고 노력하며 개선할 수 있는 방법을 찾아내려고 애쓰거나, 아니면 그 활동을 포기할 것이다. 그러나 사랑의 경우는 단념하는 것은 불가능하므로 사랑의 실패를 극복하는 방법은 오직 한 가지밖에 없는 것처럼 보인다. 즉 실패의 원인을 조사하고, 사랑의 의미를 연구하기 시작하는 것이다.

첫번째로 해야 할 일은 삶이 하나의 기술인처럼, 사랑도 하나의 기술이라는 점을 깨닫는 것이다. 어떻게 사랑해야 하는지를 배우고 싶다면 음악이나 예술, 건축, 혹은 의학이나 공학의 기술 등을 배울 때와 똑같은 방법으로 시작해야 한다. 이런 기술을 배울 때 반드시 거쳐야 할 단계는 무엇인가?

기술을 배우는 과정은 편의상 두 가지로 나눌 수 있다. 하나는 그 이론을 완벽하게 아는 것이고, 다른 하나는 능숙하게 실천하는 것이다. 만약 의학 기술을 배우고 싶다면 먼저 인간의 신체와 각종 질병에 관해 알아야 한다. 이런 이론적인 지식을 모두 배웠다 하더라도 의술에 능숙해진 것은 아니다. 이론적인 지식의 결과와 실제 경험, 즉 실천의 결과가 하나로 융합될 때까지 오랜 실무를 거친 후에야 비로소 이 분야에 숙달자가 될 수 있다. 이것이야말로 숙달자가 되기 위한 필수적인 핵심 사항이다.

그러나 이론과 실천 이외에도 어떤 기술이든 그 분야에 숙달자가 되기 위해서는 제3의 요소가 따라야 한다. 즉 그 기술의 숙달이 궁극적인 관심사가 되어야 한다. 그리하여 이 세상에서 그 기술보다 더 중요한 것은 아무것도 없어야 한다. 이것은 음악이나 의학·건축, 그리고 사랑에 대해서도 마찬가지이다.

우리와 같은 문화권에 살고 있는 사람들이 명백히 실패하고 있음에도 불구하고, 왜 사랑의 기술을 배우려 하지 않는지 그에 대한 해답을 여기에서 찾아볼 수 있을 것이다. 왜냐하면 사랑에 대한 갈망이 있음에도 불구하고, 사랑보다 그 이외의 것들이 더 중요하다고 생각하고 있기 때문이다. 즉 성공, 지위, 돈, 권력 등과 같은 목적을 이룰 수 있는 방법을 배우기 위해 모든 에너지를 사용하는 반면 사랑하는 기술을 배우는 데는 전혀 사용하지 않고 있다.

오직 돈이나 지위를 얻는 데 도움되는 것만이 배울 만한 가치가 있다고 생각한다면, 사랑은 '단지' 영혼에만 유익할 뿐, 현대적 의미에서는 전혀 이익이 없는 사랑은 많은 에너지를 소비할 만한 가치가 없는 일종의 사치에 불과한 것인가?

비록 그렇다 할지라도 나는 다음의 논의에서, 앞에서 언급한 바와 같이 사랑의 기술을 두 부분으로 나누어 다루고자 한다. 첫 부분에서는 사랑의 이론—이것은 이 책의 대부분을 차지하게 될 것이다—을 다루고, 둘째 부분에서는 사랑의 실천을 설명하고자 한다. 다른 분야에서와 마찬가지로 사랑에 있어서도 실천에 대해서는 논할 것이 그다지 많지 않기 때문이다.

사랑의 이론　제2장

1. 사랑, 인간의 실존 문제에 대한 해답

사랑에 대한 모든 이론은 반드시 인간의 이론, 즉 인간의 실존에 대한 이론과 함께 시작되어야만 한다. 우리는 동물에게서도 사랑, 또는 사랑과 비슷한 것을 발견할 수 있다. 그러나 동물의 애착심은 주로 그들의 본능적 기구의 일부분에 지나지 않는다. 그러나 인간에게는 이 본능적 기구의 잔재만이 작용하고 있음을 볼 수 있다. 인간 존재의 본질적인 것은 동물 세계, 즉 본능적인 적응의 세계로부터 벗어나 있으며, 자연을 초월하고 있다는 사실이다. 물론 인간은 자연을 버리지 못하고 있다. 인간은 자연의 일부분이다. 그렇지만 일단 인간은 자연으로부터 떨어져 나오면 다시 그것에로 되돌아갈 수가 없다.

일단 낙원─자연과 본래 일체화된 상태─으로부터 떨어져 나온 인간은 설사 되돌아가려 하더라도 번쩍거리는 칼을 가진 케루빔 천사가 그 길을 가로막는다. 인간은 철저하게 잃어버린 이 전인간적(前人間的)인 조화 대신에 오직 자신의 이성을 발전시켜 인간적인 새로운 조화를 발견함으로써 전진할 수 있을 뿐이다.

인간은 출생과 동시에 개인으로서뿐만 아니라 인류로서 이미 결정되어 있는 상황으로부터 결정되어 있지 않고 불확실하며, 개방적인 상황으로 내던져진다. 확실한 것은 오직 과거에 대한 것뿐이고, 미래에 대해서는 오직 죽음만이 확실할 뿐이다.

인간은 천부적으로 이성을 부여받았다. 인간은 '자기 자신을 인식할 수 있는 생명체'이다. 인간은 자기 자신과 동료를 알고 있으며 자신의 과거와 미래의 가능성을 알고 있다. 이렇게 자기 자신을 분리된 실재로서 인식하고, 자신의 인생이 짧음을 의식한다. 또한 자기의 의지와는 상관없이 태어났으며, 또한 죽게 된다는 사실을 알고 있다. 사랑하는 사람보다 자기가 먼저, 또는 자기보다 그 사람이 먼저 죽을 것이라는 사실을 알고 있다. 또 자신이 고독하다는 것과 자신이 분리되어 있다는 것을 알고 있으며, 자연이나 사회의 힘 앞에서는 무력한 존재라는 것을 알고 있다. 이러한 모든 인식은 분리되고 고립되어 있는 인간의 실존을 참기 어려운 감옥으로 만든다. 이러한 감옥으로부터 자기 자신을 해방시켜 밖으로 나오지 못하고, 또 어떤 형태로든 자신을 다른 사람들이나 외부 세계에 화합시키지 못한다면 그는 미쳐버릴 것이다.

분리를 경험하는 것은 불안을 야기시킨다. 그것은 실로 모든 불안의 근원이다. 분리되어 있다는 것은 스스로 인간적 힘을 사용할 수 있는 능력을 모두 차단당하거나 상실했다는 것을 뜻한다. 그러므로 분리되어 있는 것은 무력하다는 것을 의미하며, 세계—사물과 인간—를 파악하지 못한다는 것을 의미한다. 그것은 또한 세계가 나의 방어 능력 이상으로 나를 침범할 수 있다는 것을 의미한다. 이와 같이 분리는 극심한 불안의 근원인 것이다. 더구나 그것은 수치심과 죄책감을 갖게 만든다.

분리된 상태에서의 수치와 죄책감의 경험은 성경에 나오는 아담과 이브의 이야기에 잘 표현되어 있다. 아담과 이브가 '선악을 아는 지혜의 열매'를 따먹은 후, 즉 그들이 복종하지 않게 된 후에(불복종의 자유가 없다면 그곳에는 선도 악도 없다), 그들이 자연과의 원래의 동물적 조화로부터 자신을 해방시킨 후에, 다시 말해서 인간으로서 새로 탄생한 후에야 비로소 '자신들이 벌거벗고 있다'는 사실을 알았고, '그것을 부끄럽게' 생각했다. 이렇게 오래된 원초적인 신화에도 19세기적 양상인 얌전한 척하는 도덕관이 내포되어 있고, 또 그 이야기가 우리들에게 전달하고자 하는 중요한 초점이 그들의 성기가 눈에 보임으로써 느끼게 된 당황에 있다고 우리들은 생각해야 할 것인가? 결코 그런 것은 아니다.

이 이야기를 빅토리아 왕조 시대의 정신으로 이해한다면 우리는 다음과 같은 중요한 초점을 잘못 이해한 셈이다. 남자와 여자는 그들 자신과 서로를 알고 난 후에, 비로소 그들이 서로 분리되어 있고, 또 그들이 서로 다른 성에 속해 있다는 것을 인식하는 한편 그들은 서로를 타인으로 생각했다. 왜냐하면 그들은 아직 서로 사랑하는 것을 배우지 못했기 때문이다(이것은 아담이 이브를 감싸주기는커녕 오히려 이브를 비난함으로써 자신을 옹호하려 했다는 사실에 의해서 명백해진다). '사랑으로 인한 재결합 없이 인간이 서로 분리되어 있다는 것을 인지하는 것은 수치심의 근원이 된다. 그것은 동시에 죄책감과 불안의 근원이 되기도 한다.'

인간의 가장 절실한 욕구는 자신의 분리상태를 극복하여 고독이라는 감옥으로부터 해방하고자 하는 욕구이다. 이러한 목적을 이루지 못하고 끝내 실패할 때 정신이상이 생긴다. 왜냐하면 완전한 고립에 대한 공포심은 분리의 감정이 사라질 때까지 외부세계로부터 자신이 완전히 철수함으로써만 극복될 수 있기 때문이다. 즉 그렇게 함으로써 인간이 분리되어 있던 외부세계가 사라져 버리기 때문이다.

모든 시대나 모든 문화에 있어서 인간은, 하나의 동일한 질문에 직면하게 된다. 어떻게 이 분리 상태를 극복할 것이며, 어떻게 결합을 이룰 수 있을 것인가? 또한 어떻게 하면 자신만의 개체적인 생명을 초월하여 합일 상태를 발견할 수 있는가?

동굴 속에서 살고 있는 원시인에게도, 양떼를 돌보는 유목민에게도, 이집트의 농부에게도, 페니키아의 상인에게도, 로마의 군인에게도, 중세의 수도사에게도, 일본의 사무라이에게도, 현대의 사무원이나 공장의 직공에게도 동일한 문제가 있다. 문제는 동일하다. 왜냐하면 그것은 인간의 상황이나 인간의 실존 조건에 관한, 즉 동일한 근원에서 발생하는 것이기 때문이다.

그러나 그 해결에 관한 답은 다양하다. 이 문제에 대한 해답은 동물숭배에 의하여, 혹은 인간의 희생이나 군사적인 정복에 의하여, 사치에의 탐닉에 의하여, 금욕적인 포기에 의하여, 강제노동에 의하여, 예술적인 창조에 의하여, 신의 사랑에 의하여, 또는 인간의 사랑에 의하여 대답될 수 있다.

많은 답이 있지만—그것이 바로 인간 역사의 기록이다—그렇다고 하여 무수히 많지는 않다. 그와는 반대로, 문제의 핵심을 벗어난 다소 불충분하고 사소한 차이점들을 무시한다면, 우리는 이러한 해답이 여러 가지 다양한 문화 속에 살고 있는 인간에 의해서 주어졌고 또 주어질 수 있으며, 해답의 수가 한정되어 있다는 것을 발견할 것이다. 종교나 철학의 역사는 이러한 해답의 역사이며, 이 해답의 수가 한정되어 있음을 말해줄 뿐만 아니라 그 해답의 종류가 매우 다양함을 말해주는 역사이기도 하다.

이 해답은 어느 정도까지는 한 개인이 도달할 수 있는 개성화의 정도에 달려 있다. 어린아이의 경우는 '나'라는 의식은 발달해 있지만 아직 미숙하다. 어머니와 일체감을 느끼며 어머니가 있는 한 분리감을 느끼지 못한다. 어린아이의 고독감은 어머니의 신체적 존재, 즉 어머니의 젖가슴, 어머니의 피부 등에 의해서 치유될 수 있다. 그러나 어린아이가 분리의 감정과 개성을 점점 발전시켜 나감에 따라 이제는 어머니의 신체적 존재만으로는 부족함을 느끼며, 또 다른 방법으로 분리를 극복하려는 욕구가 생긴다.

마찬가지로 인류도 그 유아기의 상태에서는 자연과 일체감을 느낀다. 흙이나 동물이나 식물은 아직 인간의 세계이다. 그들은 동물과 그 자신을 동일시한다. 이것은 동물의 가면을 쓰거나 동물을 신 혹은 토템으로 삼고 동물을 숭배하는 것으로 표현한다. 그러나 인류가 이러한 원시적인 속박에서 벗어나면 벗어날수록 자연계로부터 그 자신을 분리시키게 되며, 또 분리상태에서 벗어나려는 새로운 방법을 찾아내려는 욕구도 더욱 강해진다.

이러한 목적을 달성하는 방법 중의 하나는 모든 종류의 주신제(酒神祭)와 같이 진탕 마시고 떠드는 상태이다. 이러한 상태는 자동적으로 유발되는 경우도 있고, 때로는 환각제 같은 약품의 도움을 받는 경우도 있다. 원시종족에게서 볼 수 있는 많은 의식들은 이런 형태의 해결책 중 가장 생생한 예이다. 황홀경의 흥분상태에서는 외부세계는 사라지고, 그와 동시에 그것으로부터의 분리의 감정도 사라진다. 이러한 의식은 대부분 공동으로 거행되므로 집단과의 융합을 경험하게 되고, 이 경험이 이러한 해결을 더욱 효과적으로 만든다. 이렇듯 진탕 마시고 떠드는 해결책과 밀접하게 관련되어 있는 것은 성적 체험이다. 성적 오르가슴은 광희의 축제에 의해서 발생되는 상태, 혹은 어떤 종류의 약품의 효과와 비슷한 상태를 만들어 낼 수 있다.

공동체의 성적 난행 의식은 원시 의식의 일부였다. 이러한 의식을 겪은 후에 인간은 얼마 동안은 분리감 때문에 고통스러워하지 않고 지낼 수 있는 것처럼 보인다. 그러나 서서히 불안감의 긴장이 쌓이게 되고, 그것은 이러한 의식을 반복함으로써 감소된다.

이러한 도취 상태가 부족의 공통 관습으로 이루어지는 한 불안과 죄책감은 생기지 않는다. 이런 방법으로 행동하는 것은 올바르며 미덕으로 여겨지기도 한다. 왜냐하면 그것은 모든 사람들에 의하여 행해지는 방법이며 의술사나 승려에 의해서 인정되고 요구되기 때문이다. 그러므로 죄책감이나 수치심을 느낄 이유는 전혀 없는 것이다.

그러나 이와 똑같은 해결책이라도 이런 공동 관습을 과거의 것으로 만들어 버린 문화권에 살고 있는 개인에 의해 그것이 선택되어질 때는 전혀 다른 양상을 띠게 된다. 알코올중독이나 마약중독 등은 광희의 축제를 행하지 않는 문화권에 살고 있는 개인들이 선택하는 해결책들이다. 사회적으로 정형화된 해결책에 참여하는 사람들과는 대조적으로 이런 사람들은 죄책감과 자책감으로 고민하게 된다. 그들은 알코올이나 마약을 피난처로 삼아 분리감으로부터 도망치려 하지만, 그 광란의 황홀감이 사라진 후에는 더욱 심한 분리감을 느끼게 된다. 그리하여 더 자주, 더 깊이 알코올이나 마약에 의존하게 된다.

성적 난행의 해결책에 의지하는 것은 이와는 조금 다르다. 그것은 어느 정도까지는 분리감을 극복하는 자연적이고 정상적인 형태이며, 또한 고립감의 문제에 대한 부분적인 해답이 되기도 한다. 그러나 다른 방법으로 분리감을 해결하지 못하는 많은 사람들의 경우, 성적 오르가슴의 추구는 알코올중독이나 마약중독의 경우와 별로 다를 바가 없는 기능을 하게 된다. 그것은 분리감으로 말미암아 야기되는 불안으로부터 도피하려는 절망적인 시도이며, 결과적으로 전보다 더 강한 분리감을 자아내게 된다. 왜냐하면 사랑이 없는 성행위는 한순간 외에는 두 사람 사이의 거리감을 전혀 좁혀주지 못하기 때문이다.

모든 주신제적인 결합에는 세 가지 특징이 있다. 첫째는 격렬하며 심지어 난폭하기까지 하다는 점이다. 둘째는 정신과 육체를 모두 합친 전(全)인격적으로 일어난다는 점이다. 셋째는 일시적이고 주기적이라는 점이다. 과거나 현재에 있어서 인간에 의해 가장 자주 선택되어졌던 결합의 형식, 즉 집단이라든지 그 집단의 관습·행동·신앙과의 일치에 바탕을 둔 결합은 이와 정반대되는 경우이다. 여기서 우리는 상당한 발전을 볼 수 있다.

원시사회에서 집단은 그 규모가 매우 작았다. 그것은 혈연이나 토지를 공유하고 있는 사람들로 구성되어 있다. 그러나 문화가 발달함에 따라 집단도 확대된다. 집단은 이제 '폴리스(도시국가)'의 시민, 커다란 나라의 시민, 교회의 구성원으로 이루어진다. 가난한 로마인조차도 "우리는 로마인이다."라고 말할 수 있는 것에 긍지를 느꼈다. 로마와 그 제국은 그의 가족이었고, 그의 가정이었으며, 그의 세계였다. 또한 현대의 서양사회에 있어서도 집단과의 결합은 분리감을 극복하는 보편적인 수단이다. 이러한 결합은 한 개인의 자아를 대부분 사라지게 하고, 그것의 목적을 민중의 것으로 하는 결합이다.

만약 내가 다른 모든 사람과 같고 내가 다른 사람과 다르다는 느낌이나 생각이 전혀 없으며, 또한 관습이나 의복·생각에 있어서도 집단의 그것에 일치한다면 나는 구제되는 것이다. 즉 고독감이라는 무서운 체험으로부터 구원받는 것이다. 독재체제에서는 이러한 동조를 유발시키기 위하여 위협이나 공포를 사용하기도 한다. 민주국가에서는 암시와 선전을 사용한다. 이 두 체제 사이에는 실로 큰 차이가 있다. 민주주의에서는 비동조가 가능하고 실제로 비동조가 완전히 없어지는 것은 불가능하다.

전체주의 체제에서는 극소수의 특별한 영웅들이나 순교자들만이 복종에 거절할 수 있을 뿐이다. 그러나 이러한 차이에도 불구하고 민주사회에서도 압도적인 동조를 보여주고 있다. 그 이유는 사실상 결합의 추구에 대해서는 응답이 있어야 하는데, 만약 더 좋은 다른 방법이 없다면 일반 민중의 동조에 의한 결합이 가장 우세한 것이 되기 때문이다. 누구든지 분리되고 싶지 않다는 욕구가 얼마나 강한가를 이해할 수 있을 것이다. 때로는 이러한 비동조의 두려움은 비동조자를 위협할 수 있는 실질적인 위험에 대한 두려움으로 합리화되기도 한다. 그러나 실제로는, 적어도 서구 민주주의에서는 강제로 동조되기보다는 자발적으로 동조하기를 원하고 있다.

대부분의 사람들은 동조하기를 원하는 자기 자신의 욕구조차도 깨닫지 못하고 있다. 그들은 자신의 생각이나 성향에 따라 살고 있으며 자신은 개인주의자이고 스스로의 사고의 결과로써 현재의 의견에 도달했으며, 자신의 의견이 대다수의 다른 사람의 의견과 같은 것은 우연의 일치라고 착각하며 살고 있는 것이다. 모든 의견의 일치는 그들의 생각이 옳았음을 입증하는 것이 된다. 그러나 아직도 개성을 느끼고 싶다는 욕구가 어느 정도 남아 있으므로 그러한 욕구는 아주 작은 차이에서 만족한다. 핸드백이나 스웨터의 머리글자, 공화당에 반대하여 민주당에 속하는 일, '슐라이너'회에 가입하는 대신 '엘크스'회에 가입하는 것 등이 개인적 차이의 표현이 된다.

실제적으로는 거의 아무런 차이도 없지만 '이것은 다르다'라고 내세우는 광고 표어는 이러한 차이에 대한 가냘픈 욕구를 드러내는 것이다.

차이를 제거하려는 경향이 증가하는 것은 가장 진보된 산업사회에서 전개하고 있는 바와 같이 평등의 체험 및 그 개념과 밀접하게 관련되어 있다. 여기서 평등이란 개념을 종교적인 관점에서 살펴보면, 우리는 모두 신의 자녀이며, 똑같이 신적이고 인간적인 본질을 공유하고 있으며, 또한 우리는 모두 하나라는 것을 의미하고 있다. 그것은 또한 각 개인의 차이는 존중되어야 하며, 우리 모두가 하나라는 것이 진리이더라도 우리는 개개인이 독특한 개체이며, 각기 하나의 우주라는 것도 진리임을 의미하고 있다.

그와 같은 개인의 독자성에 대한 확신은, 이를테면 탈무드(유태교의 율법)의 한 구절에서 다음과 같이 표현되고 있다. 즉 누구든지 한 생명을 구한 자는 전세계를 구하는 것과 같으며, 한 생명을 파괴한 자는 전세계를 파괴하는 것과 같다. 개성의 발전을 위한 한 조건으로서의 평등은 또한 서구 계몽사상의 철학에서도 이런 개념의 뜻을 지니고 있었다. 평등은(칸트에 의해서 가장 명백하게 공식화되었는데) 어떤 사람도 다른 사람의 목적을 위한 수단이어서는 안 된다는 것을 의미했다.

모든 사람은 그 자신이 목표이고 또한 유일한 목표라는 면에서 평등하며 결코 남의 수단이 될 수 없다는 것이다. 계몽사상의 이러한 사상을 추종하여, 여러 사회주의적 사상가들은 평등을 착취의 폐지로서 정의했다. 즉 그 방법이 잔인하든 '인간적이든' 인간에 의한 인간의 이용이 폐지되는 것이라고 정의했다. 현대의 자본주의 사회에서는 평등의 의미가 변화되었다. 여기서 평등은 기계화된 인간의 평등을 말하고 있다. 즉 자신의 개성을 상실한 사람들의 평등을 말하는 것이다. '오늘날의 평등은 일체성이라기보다는 동일성을 의미한다.' 그것은 추상적인 동일성이다.

즉 같은 일을 하며, 같은 오락을 즐기고, 같은 신문을 읽고, 같은 생각을 갖고 있는 사람들의 동일성이다. 이러한 관점에서 본다면 우리들의 진보의 표시로서 찬양되어 왔던 몇 가지의 성과, 즉 남녀 평등과 같은 것에 대해서도 약간의 회의를 가지고 관찰해야 한다. 말할 것도 없이 정적인 측면에 의해 사람들이 기만되어서는 안 된다는 것이다. 그것은 차이를 없애고자 하는 경향의 일부이다. 평등은 정당한 값을 치르고 나서 얻게 되는 것이다. 즉 여성은 이미 다른 점이 없기 때문에 평등하다. 계몽주의 철학의 '정신은 성(性)을 갖지 않는다'는 명제는 일반적인 관행으로 되었다.

성의 양극성은 사라지고 있으며, 이와 더불어 이러한 양극성에 기초를 둔 에로틱한 사랑도 점점 사라져 가고 있다. 남성과 여성은 동일하게 된다. 다만 상반된 극으로 인하여 '평등'하지 않을 뿐이다. 현대사회는 거대한 집합체 안에서 아무 마찰 없이 부드럽게 기능하도록 만들기 위하여 동일한 명령에 복종하면서도 각각 그 자신의 욕구에 따르고 있다고 확신한다.

현대의 대량생산이 상품의 규격화를 요구하며 이러한 규격화를 평등이라고 부른다. 동조에 의한 결합은 강렬하지도 격렬하지도 않다. 그것은 조용하고 관례에 의해 움직여지며, 바로 이런 이유 때문에 분리감의 불안을 진정시키는 것에 불충분한 경우가 많다.

현대 서구사회에서 볼 수 있는 알코올중독, 마약중독, 강박적인 센슈얼리즘, 자살 같은 사례는 민중과의 동조에 상대적으로 실패했다는 것을 보여주는 징후이다. 더구나 이의 해결 방법은 주로 정신적인 것이며 육체적인 것과는 관계가 없다. 이러한 까닭으로 주신제의 해결책과 비교할 경우 결함이 있다. 민중과의 동조는 단 하나의 이점이 있다. 그것은 지속적일 뿐 발작적인 것이 아니라는 것이다. 개인은 3, 4세의 어린이일 때는 동조의 유형으로 유도되며, 그후 결코 민중과의 접촉을 상실하지 않는다. 한 개인의 경우 가장 최후의 큰 사회적 의식인 장례식까지도 이와 같은 유형과 엄격한 동조의 상태에서 행해진다.

분리감에 의한 불안을 해소하는 방법으로서의 동조화와 더불어 현대 생활의 또 다른 하나의 요소, 즉 일상적인 노동과 일상적인 오락의 역할을 생각해 보아야 한다. 인간은 헤아릴 수 없이 많으며, 그들은 노동력 또는 사무원이나 경영자의 관료적 권력의 일부가 된다. 그들은 이니셔티브를 거의 갖고 있지 않으며, 그들의 과업은 노동 조직에 의하여 이미 주어져 있다.

거기에는 계급의 높고 낮음에 아무런 차이도 없다. 그들은 모두 조직의 전체적 구조에 의해 지시된 일을, 지시된 속도로, 지시된 방법에 따라 수행할 뿐이다. 심지어는 감정까지도 지시받고 있다. 즉 쾌활, 인내, 신뢰, 야망, 그리고 아무 마찰 없이 사람들과 사귈 수 있는 능력까지도 이미 정해져 있다. 오락도 철저하지는 않지만 같은 방법으로 거의 획일화되어 있다. 책은 독서 클럽에 의해서 선택되며, 영화는 영화제작자나 극장주에 의해서 선택되고, 광고는 스폰서에 의해서 결정된다. 휴식의 방법도 거의 획일화되어 있다. 일요일의 드라이브, 텔레비전 시청, 카드놀이, 사교 파티 등 거의 일정한 형태로 획일화되어 있다.

태어나서 죽을 때까지, 월요일부터 다음 월요일까지, 아침부터 저녁까지 모든 행동은 획일화되어 있고, 이미 기성품화 되어 있다. 이렇게 획일의 그물 속에 갇혀 있는 인간이 자기는 인간이며 독특한 개인이라는 것, 그리고 희망과 절망, 슬픔과 두려움, 사랑에의 갈구, 공허와 분리에 대한 공포 등을 가지고 있으면서도 단 한 번의 삶의 기회만을 부여받은 인간이라는 점을 잊지 않을 수 있겠는가!

결합을 달성하는 세 번째 방법은 예술가의 활동이든 노동자의 활동이든 간에 '창조적인 활동'에 있다. 어떤 종류의 일이든 창조하는 인간은 자기 자신을 외부세계를 대표하는 물질과 결합시킨다. 목공이 책상을 만들든, 세공가가 보석들을 세공하든, 농부가 곡식을 수확하든, 화가가 그림을 그리든 모든 형태의 창조적인 작업은 그 일을 하는 사람과 그 대상이 하나가 되고, 인간은 그 창조의 과정에서 자기 자신을 그 세계와 결합한다. 그러나 이것은 내가 계획하고 생산하며, 내 노동의 결과를 내가 직접 볼 수 있는 생산적인 작업에만 적용된다.

현대 사회에서 노동자는 끝없는 벨트 위에 놓여 있으며, 위와 같은 작업의 결합적 특성을 볼 수가 없다. 노동자는 기계의, 또는 관료조직의 부속물이 되어버린다. 그는 이미 그 자신이 아니다. 따라서 어떠한 결합도 동조를 초월하여 일어나지는 않는다.

생산적인 작업에서 성취된 결합은 상호 인간적인 것은 아니다. 주신제적인 융합에서 성취된 결합은 일시적이다. 동조에 의해 성취된 결합은 오직 허위의 결합일 뿐이다. 그러므로 그것들은 실존문제에 대한 부분적인 해답에 불과하다. 완전한 해답은 상호 인간적인 결합의 달성, 타인과의 융합의 달성, 즉 사랑에 있는 것이다.

이러한 상호 인간적인 융합의 욕구는 인간에게 있어서 가장 강력한 욕구이다. 그것은 가장 기본적인 정열이며, 인류를 하나로 뭉치게 하며, 씨족 또는 가족사회를 하나로 뭉치게 하는 힘이다. 이 융합의 욕구를 이루지 못하는 것은 곧 정신 이상이나 파괴 — 자기의 파괴 또는 타인의 파괴 — 를 의미한다.

그러나 만약 우리가 상호 인간적인 결합의 달성을 '사랑'이라 부른다면, 우리들은 상당히 곤란하게 된다. 융합은 여러 가지 다른 방법으로 성취될 수 있다. 그리고 그 차이들은 사랑의 여러 다양한 형태에 공통되는 것 못지않게 중요하다. 그러한 것들을 모두 사랑이라고 부를 수 있을까? 그렇지 않다면 사랑이란 단어는 오직 특별한 종류의 결합 형태만을 위한, 휴머니즘적인 종교나 철학의 모든 체계에서 가장 이상적인 덕만을 위한 단어로 간직해야 할 것인가?

의미론적인 난점으로 인하여 그 해답은 단지 임의적인 것이 될 수밖에 없다. 문제는 우리가 사랑에 대해 말할 때 어떤 종류의 결합을 말하고 있는지 깨닫는 것이다. 우리들은 사랑을 실존문제에 대한 성숙한 해답으로 말하는 것인가? 그렇지 않으면 서로 공생적인 결합이라고 할 수 있는 미숙한 형태의 사랑을 말하는 것인가? 앞으로 나는 오직 전자의 형태만을 사랑이라고 부를 것이다. 그러나 우선은 후자의 '사랑'부터 살펴보기로 하자.

공생적인 결합은 임신한 어머니와 태아의 관계와 같은 생물학적인 유형을 띤다. 그들은 둘이지만 아직은 하나이다. 그들은 '함께(공생적으로)' 살지만, 단 서로를 필요로 한다. 태아는 어머니의 일부분이며, 또 어머니로부터 필요한 모든 것을 받는다. 어머니는 태아의 모든 세계이며, 또 어머니는 태아를 양육하며 보호한다. 그러나 어머니 자신의 생명도 또한 태아로 인하여 강화된다. '정신적'인 공생적 결합에 있어서 두 몸은 독립적이지만, 심리학적으로는 같은 애착심이 존재한다.

공생적인 결합의 수동적인 형태는 복종의 형태이며, 임상적인 용어로는 마조히즘의 형태이다. 마조히즘적인 사람은 자기에게 지시하고 인도해 주고 보호해 주는 다른 사람, 말하자면 자신의 생명이 되고 산소가 되어주는 사람의 일부가 됨으로써 분리감이나 참기 어려운 고독감으로부터 도피하려고 한다. 타인을 복종시키는 힘은 그것이 사람의 것이든 신의 것이든 상관없이 커져간다. 그는 모든 것이고 나는 그의 일부분이라는 것을 제외하고는 아무것도 아니다. 나는 일부분이기 때문에 위대한 것의 한 부분이요, 힘과 확실함의 한 부분인 것이다. 마조히즘적인 사람은 결정을 할 필요도 없으며, 어떠한 위험도 없다. 그는 결코 외롭지 않다. 그러나 그는 독립되어 있지 않다. 그는 통합성이 없으며 아직 완전히 태어나지도 못한 사람이다.

종교적인 맥락에 있어서 숭배의 대상은 우상이라고 불린다. 마조히즘적인 사랑이라는 세속적인 맥락에 있어서도 본질적인 메커니즘은 우상숭배의 그것과 같다. 마조히즘적인 관계는 육체적이고 성적인 욕구와 섞여 있다.

이 경우에 있어 그것은 정신이 참여하는 복종일 뿐만 아니라 그의 몸 전체가 참여하는 복종이기도 하다. 마조히즘적인 복종은 운명에 대한,

질병에 대한, 리드미컬한 음악에 대한, 또는 마약이나 최면적인 황홀경이 만들어 주는 주신체적인 몰아상태일 수도 있다. 이러한 모든 경우에 있어서 그 사람은 자신의 통합성을 포기하고, 자신을 다른 사람이나 그의 외부의 어떤 도구로 만든다. 그는 생의 문제를 해결하기 위해 생산적인 활동을 할 필요가 없다.

공생적 융합의 '능동적' 형태는 지배이며, 마조히즘에 대응하는 심리학적인 용어로 표현하면 '사디즘(sadisme)'이다. 사디즘적인 사람은 고독감이나 감금상태의 강박상태로부터 도피하기 위하여 다른 사람을 그자신의 일부분으로 만들기를 원한다. 그는 자기를 숭배하는 다른 사람을 끌어들임으로써 자신의 영향력을 넓히고 강화시킨다.

마조히즘적인 사람이 사디즘적인 사람에게 의존적이듯이 사디즘적인 사람은 복종적인 사람에게 의존적이다. 이 둘은 의존할 사람 없이는 살아갈 수가 없다. 단지 사디즘적인 사람은 명령하고 착취하며 상처를 입히고 굴욕을 강요하는데 반하여, 마조히즘적인 사람은 명령을 받으며 착취당하고 상처를 받으며 굴욕을 당한다는 것만이 차이점이다.

이것은 현실적인 의미에서는 큰 차이이다. 그러나 정서적인 의미에서는, 공통적으로 가지는 공통점, 즉 통합성이 없는 융합이라는 공통성보다 그 차이가 더 크지는 않다. 만약 이 점을 이해한다면 어떤 사람이 여러 대상에 사디즘적인 방법뿐만 아니라 마조히즘적인 방법으로 반응한다는 사실을 발견하더라도 그다지 놀랄 일이 아니다. 히틀러는 대중들에게 사디즘적인 반응을 보였지만, 운명이나 역사, 그리고 자연의 보다 고차원적인 힘에 대해서는 마조히즘적인 반응을 보였다.

일반석 파괴 방법 중에서도 자살을 선택한 그의 최후는 전체를 지배하려는 그의 꿈과 같이 특징적인 것이었다.[1] 공생적인 결합과는 대조적으로 성숙한 사랑은 그의 통합성과 개성을 유지하는 조건하에서 이루어지는 결합이다. 인간에게 있어서 사랑은 하나의 능동적인 힘이며, 그 힘은 그를 동료들로부터 분리시키는 장벽을 파괴시키는 힘이고, 그를 다른 사람들과 결합시키는 힘이다. 사랑은 그에게 고립과 고독감을 극복하게 하며, 그를 그 자신이게 하며, 그의 통합성을 보유하게 한다. 사랑에 있어서는 두 사람이 하나가 되지만 동시에 또 둘로 남는다는 역설이 발생하게 된다.

만약 사랑을 하나의 활동이라고 한다면, 우리는 활동이라는 말이 갖는 의미의 모호성에서 오는 하나의 난관에 직면하게 된다. 이 단어의 현대적인 뜻은 대체로 에너지의 소비에 의하여 기존 상황에 변화를 가져오는 행동을 말한다. 그러므로 어떤 사람이 사업을 하거나 의학을 공부하거나 끊임없는 벨트 위에서 노동을 하거나 책상을 만들거나 혹은 스포츠에 참여하고 있을 때 그는 활동적이라고 할 수 있다.

이러한 모든 활동의 공통점은 어떤 목표를 향해 나아가고 있다는 것이다. 그 활동의 동기는 고려되지 않는다. 예를 들면 어떤 사람은 심한 불안감과 고독감 때문에 끊임없이 일에 몰두하며, 또 다른 사람은 야망이나 금전에 대한 야심으로 충동을 받는다.

이 경우 그는 정열의 노예가 되고, 그가 충동되고 있다는 점에서 그의 활동은 '수동적'이다. 그는 '행위자'가 아니라 수난자이다. 반대로 자기 자신과 세계와의 일체성을 경험하는 일 이외에는 아무런 목표나 목적도

---

1 사디즘과 마조히즘에 대한 보다 상세한 연구는 에리히 프롬의 《자유로부터의 도피》 참조.

없이 조용히 앉아서 관조하고 있는 사람은, 그가 아무 일도 하지 않는다는 것 때문에 '수동적'이라고 생각되어진다. 그러나 실제로는 이렇게 정신을 집중시키는 명상의 태도는 가장 고도의 활동이며, 내부적인 자유와 독립이라는 조건하에서만 가능한 정신 활동이다. 근대에 있어서 활동의 개념은 외부적인 목표 달성을 위해 에너지를 사용하는 것을 말한다.

활동의 또 다른 개념은 외부의 변화가 어떻게 시작되었는지는 관계없이 인간의 본래의 힘을 사용하는 것을 말한다. 이 개념은 스피노자에 의해서 가장 뚜렷하게 정식화되었다. 그는 감정을 능동적·수동적 감정으로 나누고, 또 '행동'과 '정열'로 구분했다. 인간은 능동적인 감정으로 작용할 때 자유롭고, 또 자기 감정의 주인이 된다. 그러나 수동적인 감정으로 작용할 때는 어떤 것에 충동되며 자신이 깨닫지 못하고 있는 동기의 대상이 된다. 그리하여 스피노자는 덕과 힘은 하나이며 또 동일한 것이라고 주장하기에 이르렀다.[2]

선망, 질투, 야망, 기타 모든 종류의 탐욕은 정열이다. 사랑은 행동이며 인간의 힘의 실천이다. 이 힘은 오직 자유로운 상태에서만 행해지며, 어떤 강제의 결과로서는 결코 행해지지 않는다. 사랑은 수동적인 감정이 아닌 하나의 활동이다. 그것은 '그 안에 있는' 것일뿐 '빠져버리는' 것은 아니다. 가장 일반적인 방법으로 표현하면 사랑의 능동적 성격은, '사랑은 원래 주는 것이지 받는 것이 아니다'라는 말로 가장 잘 설명되어질 수 있다.

그러면 주는 것이란 무엇인가? 이 질문에 대한 답은 매우 간단하게 보

---

2 스피노자 《윤리학》 제4장 정의 8 참조.

인다. 그러나 실제로는 상당히 모호하고 복잡하다. 가장 널리 퍼져 있는 오해는 '주는 것이란 무엇인가를 포기하는 것, 빼앗기는 것, 또는 희생하는 것이다'라는 생각이다. 수동적이고 착취적 · 저장적인(무엇 하나라도 잃지 않을까 걱정하는) 성격을 지닌 사람은 주는 행동을 이러한 방법으로 경험하고 있다. 시장형 성격은 주는 것을 좋아하지만, 오직 받는다는 전제하에 교환조건으로서만 가능한 일이다. 그에게 있어서 받는 것 없이 오로지 준다는 것은 속임을 당하는 것으로 생각된다.[3] 그의 비생산적인 삶은 주는 것을 하나의 손해로 생각한다. 그러므로 이러한 사람들은 대부분 주는 것을 거부한다.

어떤 사람들은 희생이라는 의미로써 주는 것을 하나의 미덕으로 삼는다. 그들은 주는 것이 고통스럽다는 그 이유 때문에 주어야 한다고 생각하고, 준다는 것의 미덕은 희생을 감수하는 행동에 있다고 생각한다. 그들에게 있어서 받는 것보다 주는 것이 더 좋다는 생각은, 기쁨을 맛보는 것보다 박탈당하는 괴로움이 더 낫다는 것을 뜻한다.

생산적인 성격의 사람에게 준다는 것의 의미는 이와 전혀 다른 뜻을 가지고 있다. 준다는 것은 잠재력의 최고의 표현이다. 주는 행동 바로 그것에서 자신의 강함과, 자신의 부와, 자신의 역량을 경험한다. 이렇게 과시된 생명력과 잠재력의 경험은 스스로를 기쁨으로 충만케 한다. 그는 그자신이 충만되어 있고 소비하며 살아 있다는 것 때문에 기쁨을 느끼고 있는 것이다.[4]

주는 것은 받는 것보다 더 기쁜 일이다. 왜냐하면 그것은 박탈이 아니

---

3 이러한 성격에 대한 상세한 논의는 에리히 프롬의 《자기를 위한 인간》 제3절 참조.
4 스피노자가 제시한 기쁨의 정의와 비교해 보라. 오히려 고통스러울 것이다.

라, 준다는 행동 안에 바로 자신이 살아 있다는 표현이 포함되어 있기 때문이다.

이러한 원리의 타당성은 여러 가지 특정한 상황에 적용시켜 봄으로써 쉽게 확인할 수 있다. 가장 기본적인 예는 성의 영역에 있다. 남성의 성적인 기능의 최고 절정은 준다는 행동에 있다. 남성은 여성에게 자기 자신을, 자신의 성기를 준다. 오르가슴의 순간에도 그는 여성에게 자신의 정액을 준다. 그가 성적인 능력이 있는 한 그것을 주지 않을 수 없다.

만약 줄 수 없다면 그는 성불구자이다. 여성의 경우도 약간 복잡하기는 하지만 그 과정은 별로 다를 바가 없다. 여성도 역시 자기 자신을 준다. 여성은 자신의 여성의 중심의 문을 열며, 받는 행위 속에서 주는 것이다. 만약 이와 같이 주는 행위를 못하고 오직 받기만 한다면, 그녀는 불감증 환자이다. 여성에게 있어서 준다는 행동은 애인으로서의 기능이 아니라 어머니의 기능으로 다시 발생한다. 여성은 자기 자신을 자신의 뱃속에서 자라고 있는 아이에게 주며, 또 유아에게 자신의 모유를 주며, 자신의 따뜻한 체온을 준다. 주지 않는다는 것이 오히려 고통스러울 것이다.

물질적인 영역에서 준다는 것은 부유하다는 것을 의미한다. 많이 '가지고' 있는 사람이 부유한 것이 아니라 많이 주는 사람이 부유한 것이다. 무엇 하나라도 잃지 않을까 걱정하는 저장형의 사람은, 심리학적으로 말해서 그가 얼마나 많이 가지고 있든지 가난하고 궁상맞은 사람이다. 자기 자신을 줄 수 있는 능력을 가진 사람은 누구나 부유한 사람이다. 그는 자기 자신을 다른 사람에게 줄 수 있는 사람으로 경험한다.

다만 생존에 필요한 최소한의 물질을 제외하고 모든 것을 빼앗긴 사람은 물질적인 것을 주는 행동을 즐길 수 없을 것이다. 그러나 일상의 경험, 그가 무엇을 최소 한도의 필수품이라고 생각하는지는 그가 무엇을 소유하고 있는지, 그리고 그의 성격에도 많이 좌우됨을 보여준다.

가난한 사람들이 부자들보다 훨씬 더 흔쾌히 준다는 것은 잘 알려진 사실이다. 그럼에도 불구하고 어떤 한계점을 넘는 빈곤 상태는 준다는 행동을 불가능하게 한다. 이 빈곤으로 인해서 직접적으로 고통을 받기 때문만이 아니라, 준다는 기쁨을 가난한 사람들로부터 박탈한다는 사실 때문에 그들을 더욱 초라하게 만든다.

그러나 준다는 것의 가장 중요한 영역은 물질적인 면에 있는 것이 아니라 특정한 인간의 영역에 있다. 한 사람이 다른 사람에게 무엇을 주는가? 그는 자기 자신을 주고, 자기가 가지고 있는 것 가운데 가장 귀한 것, 즉 그의 생명을 주는 것이다. 이것은 반드시 타인을 위해 자신의 생명을 희생하는 것만을 의미하지는 않는다. 그것은 자신 안에 살아 있는 것을 아낌없이 준다는 의미이다. 그는 타인에게 그의 기쁨을, 그의 흥미를, 그의 이해를, 그의 지식을, 그의 유머를, 그의 슬픔을, 즉 그의 마음속에 살아 있는 모든 것들을 주는 것이다.

이와 같이 그의 생명을 줌으로써 그는 다른 사람을 풍족하게 하며, 또한 자기 자신의 생명감을 고양시킴으로써 타인의 생명감을 고양시킨다. 그는 받기 위하여 주는 것이 아니다. 주는 것 그 자체가 최상의 기쁨인 것이다. 그러나 주는 행위를 통해 그는 타인의 삶에 어떤 무엇인가를 가져다주지 않을 수 없으며, 상대방의 삶에 준 이것은 다시 자기에게로 되돌아온다. 다시 그 자신에게 되돌아온 것을 받지 않을 수 없다. 준다는 것은 어떤 사람을 주는 사람으로 만드는 것을 의미하며, 그들 두 사람이 생에 대하여 감사하게 된다.

특별히 사랑에 대해 언급할 때 이것은 다음과 같은 것을 의미한다. 즉 사랑은 사랑을 생산해 내는 힘을 뜻하며, 무능하다는 것은 사랑을 만들어 내는 능력이 없음을 뜻한다. 이러한 사상은 마르크스에 의하여 훌륭하게 표현되었다. 즉 인간을 인간으로서, 그리고 온 세계에 있어서의 한 인간으로서 가정한다면 당신은 사랑을 사랑으로써만, 신용을 신용으로써만 교환할 수 있을 것이다. 만약 예술을 즐기고 싶다면 당신은 예술을 애호하는 훈련이 되어 있는 사람이어야 한다. 또 다른 사람에게 영향을 미치고자 한다면 당신은 진실로 다른 사람들에게 자극적이고 지속적인 영향력을 가진 사람이어야 한다.

인간과 자연에 대한 당신의 모든 관계는 당신의 의지의 대상에 상응하는 당신의 실제적이고 개인적인 생활의 확정적인 표현이어야 한다. 만약 당신이 사랑을 불러일으키지 못한 채 사랑을 한다면, 즉 당신의 사랑이 사랑을 만들어 내지 못한다면, 또 사랑하는 사람으로서의 삶의 표현으로 당신이 자신을 사랑받는 사람으로 만들지 못한다면, 결국 당신의 사랑은 무능하고 불행한 것이 될 것이다.[5]

그러나 사랑의 경우에만 준다는 것이 받는다는 것을 의미하지는 않는다. 선생은 학생들에게 배우는 점이 있고, 배우는 관객에 의해서 자극되며, 정신분석가는 환자에 의하여 자신의 병이 치료되는 것이다. 만약 그들이 서로를 대상으로 취급하지 않고 순수하게 그리고 생산적으로 서로 관계되고 있다면, 주는 행위로서의 사랑의 능력은 주로 생산적인 오리엔테이션의 달성을 전제로 한다. 이러한 오리엔테이션에서 그 사람은 의존

---

[5] 에리히 프롬이 번역한 칼 마르크스의 초기 저서집 《국민 경제학과 철학》(1844) 참조.

성과 나르시시즘적(자기도취적)인 전능(全能), 타인을 착취하고 싶은 욕구 혹은 저장하고 싶은 욕구 등을 극복한다. 또 그는 그 자신의 인간적인 힘에 대해 신뢰를 갖게 되며, 자신의 목표 달성에서 자신의 힘에 의지하려는 용기를 얻게 된다. 이러한 자질이 결여되어 있는 정도에 따라 그는 자기 자신을 주는 것, 따라서 사랑하는 것을 두려워하게 된다.

준다는 것의 요소 이외에도 사랑의 능동적인 성격은 그것이 항상 사랑의 모든 형태에 공통되어 있는 어떤 기본적인 요소들을 의미한다는 사실에서 명백하게 된다. 이러한 요소들은 '배려·책임·존경·지식'이다.

사랑이 배려를 의미한다는 것은 자녀에 대한 어머니의 사랑에서 가장 뚜렷하게 나타난다. 만약 어머니가 아기 돌보는 일을 게을리하거나 아기에게 젖을 먹이고 목욕을 시키고 육체적인 안정을 주는 일을 소홀히 한다면, 그녀가 사랑에 대해 어떤 확고한 확신을 가졌다 해도 우리를 진심으로 감동시키지는 못할 것이다. 반면에 어머니가 소중하게 아이를 돌보는 모습을 목격한다면 우리는 그녀의 사랑에 감동을 받을 것이다. 그것은 심지어 꽃이나 동물들에 대한 사랑에 있어서도 별로 마찬가지다. 만일 한 여성이 꽃을 사랑한다고 말하고도 물 주는 것을 잊어버려 꽃이 시들어 버렸다면, 우리는 그녀의 꽃에 대한 사랑을 믿지 않을 것이다. '사랑이란 우리가 사랑하는 것의 생명과 성장에 대한 능동적인 관심'을 말한다.

이렇게 능동적인 관심이 결여된 곳에는 사랑이 있을 수 없다. 사랑의 이러한 요소는 〈요나서〉에 아주 잘 묘사되어 있다. 하느님은 요나에게 명하여 니네베로 가서 그곳 백성들에게 사악한 행실을 고치지 않는다면 벌을 받게 될 것이라고 경고하게 하셨다. 그러나 요나는 니네베의 사람들이 회개하게 되고 하느님이 그들을 용서하게 될 것을 두려워한 나머지 그의 임무를 수행하지 않고 도망쳐 버렸다. 그는 율법과 질서에 대한 생각은 확고했으나 사랑은 없는 사람이었다. 그러나 그는 도망가려고 시도하다가 고래의 뱃속에 갇히게 되었다. 이것은 그의 사랑과 단결심의 결여가 그에게 고립과 감금의 상태를 가져왔음을 상징하는 것이다.

하느님은 그를 구해주고 다시금 니네베로 가게 했다. 그는 하느님이 말씀하신 대로 니네베의 백성들에게 설교했다. 그러자 그가 두려워하던 일이 일어났다. 니네베의 사람들은 자신들의 죄를 회개하고 그 행실을 고쳤으며, 하느님께서는 그들을 용서하시고 그 도시를 파괴하지 않기로 결정하셨다. 요나는 화가 치밀어 올랐고 실망했다. 그는 자비가 아니라 '정의'가 시행되기를 바랐던 것이다.

마침내 그는 하느님이 태양의 뜨거움으로부터 그를 보호하기 위하여 자라게 한 나무의 그늘 밑에서 편안함을 발견했다. 그러나 하느님이 그 나무를 시들게 하자 요나는 낙심하여 하느님께 화를 내며 불평을 했다. 이에 하느님은 다음과 같이 답하셨다. "너는 조금도 수고하지 않았고, 그 나무가 자라도록 키우지도 않았다. 그럼에도 하룻밤 사이에 나서 하룻밤 사이에 시든 이 박덩굴을 아끼는구나. 그렇거늘 니네베의, 그 큰 도시의 좌우를 분별치 못하는 12여만 명의 사람들과 또한 그 많은 가축들을 어찌 아끼지 않겠느냐?"

요나에 대한 하느님의 대답은 상징적으로 해석되어져야 한다. 하느님은 요나에게 사랑의 본질은 어떤 것을 위한 '노동'과 '어떤 것을 키우는 것'이다. 즉 사랑과 노동은 불가분의 것이라는 사실을 설명하고 있다. 사람들은 그가 노력을 기울인 것을 사랑하며, 또 그가 사랑하는 것을 위하여 노력을 기울인다. 배려와 관심은 사랑의 또 하나의 다른 측면, 즉 책임의 측면을 의미한다.

오늘날의 책임은 흔히 의무를 가리키는 것으로, 즉 외부로부터 그에게 부과된 어떤 일을 가리키는 것으로 해석되고 있다. 그러나 참된 의미로서의 책임은 완전히 자발적인 행동이다. 그것은 표현되었거나 표현되지 않은 타인의 요구에 대한 나의 반응인 것이다. 책임이 있다는 것은 반응할 능력이 있다거나 준비가 되어 있다는 것을 의미한다.

요나는 니네베의 백성들에게 책임을 느끼지 않았다. 그는 카인과 마찬가지로 '내가 내 동생의 보호자입니까?'라고 물을 수 있었다. 이에 사랑하는 사람은 대답할 것이다. '동생의 삶은 동생의 일만이 아니라 나 자신의 일이기도 하다'고. 그는 그 자신에 대하여 책임을 느끼는 것과 같이 그의 친구들에게도 책임을 느낀다. 어머니와 어린아기의 경우에 있어서 이러한 책임은 주로 신체적인 욕구를 돌보아주는 것을 뜻한다. 성인들 사이의 사랑에서는 그것은 주로 다른 사람의 정신적인 욕구에 관계되는 것이다.

만약 사랑의 제3 구성요소인 존경이 없다면, 어쩌면 책임은 지배 또는 소유욕으로 쉽게 타락할 것이다. 존경은 두려움이나 경외심이 아니라 그 어원(語源)을 따른다면 사람을 있는 그대로 보고, 그의 독특한 개성을 느낄 줄 아는 능력을 말한다. 존경이란 타인이 있는 그대로 성장하고 발전해야 한다는 관심을 뜻한다. 그러므로 존경은 착취의 부재를 의미한다. 나는 사랑하는 사람이 그 자신을 위하여 나름대로의 방식으로 성장하고 발전하기를 원하며, 나에게 봉사해 줄 것은 원하지 않는다. 만약 내가 어떤 사람을 사랑한다면 나는 그 혹은 그녀와 하나인 것을 느끼며, 이 경우 있는 그대로의 그와 하나인 것을 느끼는 것이지 나의 사용의 대상으로서 나에게 필요한 그와 하나가 되는 것은 아니다.

존경이라는 것은 오직 내가 독립을 성취했을 때만, 또한 내가 똑바로 서서 부축의 도움 없이 걸을 수 있을 때만, 또 어떤 사람을 지배하거나 착취하지 않을 때만 가능하다는 것은 명백하다. 존경은 오직 자유의 기본 위에서만 존재한다. 즉 프랑스의 노래에서 사랑은 '자유의 산물'이라고 말하듯이, 사랑은 자유의 아들이지 결코 지배의 아들은 아니다.

사람을 존경한다는 것은 그 사람을 모르고는 불가능하다. 배려와 책임도 지식에 의하여 인도되지 않을 때는 장님과 마찬가지이다. 지식도 관심에 의하여 동기화되지 않는다면 공허해질 것이다. 지식에는 많은 층이 있다. 사랑의 일면이 되는 지식은 그 주변에서 머무르지 않고 그 중심부로 뚫고 들어간다. 그것은 나 자신을 위한 관심을 초월하여 다른 사람을 그 자신의 가치로서 볼 수 있을 때만 가능하다. 예를 들면 어떤 사람이 화가 났을 때 그가 그것을 겉으로 드러내지 않아도 나는 그가 화가 나 있음을 알 수 있다. 그러나 나는 그보다 더 깊게 그를 알지도 모른다. 즉 나는 그가 불안하고 걱정하고 있는 것을, 그리고 그가 외로움을 느끼고 있는 것을, 그리고 그가 죄책감을 느끼고 있는 것을 안다. 그리고 나는 그의 노여움이 보다 깊은 어떤 것의 표현에 불과하다는 것을 알며, 또 나는 그가 걱정하고 당황하는 것을 알며, 그래서 나는 화난 사람이라기보다는 괴로워하는 사람으로서 그를 본다.

지식은 사랑의 문제에 대하여 보다 기본적인 하나의 관계를 가지고 있다. 어느 한 사람이 분리감의 감옥으로부터 벗어나기 위하여 다른 사람과 융합하고자 하는 기본적인 욕구는, 인간의 비밀을 알려고 하는 또 하나의 특정한 인간의 욕구와 밀접한 관계가 있다. 단순히 생물학적인 측면에서도 생명은 하나의 기적이며 비밀이지만, 그의 인간적인 면에서도 인간은 그 자신에게나 그의 동료들에게나 무한히 알 수 없는 하나의 신비이다.

우리는 우리 자신을 알고 있다. 그러나 우리는 아무리 노력을 기울여도 아직 우리 자신을 잘 알지 못한다. 우리는 우리의 동료들을 안다. 그러나 아직도 우리는 그들을 잘 모른다. 왜냐하면 우리는 어떤 하나의 물건이 아니며, 우리의 동료도 물건이 아니기 때문이다. 우리가 우리 자신의, 또는 다른 누구의 심층(深層)에 도달하려 할수록, 지식의 목표는 더욱더 우리를 피해 간다. 그렇지만 우리는 신비한 인간의 정신 속으로, 즉 인간 그 자체의 가장 내부에 있는 핵심 속으로 파고들어 가지 않을 수 없다. 그 신비를 알고자 하는 한 가지 극단적인 방법이 있는데, 그것은 타인을 완전하게 지배하는 힘이다.

그 힘은 그에게 우리가 원하는 것을 행하게 하고, 우리가 원하는 것을 느끼게 하고, 우리가 원하는 것을 생각하게 하여 그를 하나의 물건, 즉 우리의 물건, 우리의 소유물로 만들도록 하는 힘이다. 알고자 하는 이러한 시도의 궁극적인 단계는 극단적인 사디즘이며, 인간을 괴롭히는 욕구이며 능력이다. 즉 그를 괴롭히며, 그 괴로움으로 인해 그의 비밀을 누설하도록 강요하는 힘인 것이다. 인간의 비밀 속으로 파고들어 가고자 하는 갈망, 그것이 타인이든 우리 자신의 비밀이든 간에 그 속에는 깊고 강렬한 인간의 잔인성과 파괴성의 본질적인 동기가 있는 것이다. 이러한 생각은 아이작 바벨에 의하여 매우 간단한 방법으로 표현되고 있다.

그는 러시아 내란 때 옛 상관을 살해하자는 연판장에 도장을 찍은 그의 동료 장교가 이렇게 말한 것을 인용하고 있다. "총을 쏨으로써 — 나는 이렇게 말하고 싶다 — 총을 쏨으로써 당신은 단지 그놈을 제거할 뿐이다. 총으로는 어디서 어떻게 되어 있는지 모르는 그놈의 영혼은 결코 죽일 수 없다. 그러나 나는 내 자신의 수고를 아끼지 않겠다. 나는 한 시간 이상 적을 짓밟아 버린 적이 여러 번 있다. 당신도 알듯이 나는 생명의 실제가 어떤 것인지, 그리고 생명이 어떻게 사라져 가는지를 알고 싶은 것이다."[6]

아이들에게서 우리는 이와 같은 알고자 하는 행동을 아주 뚜렷하게 볼 수 있다. 아이들은 어떤 것을 알기 위하여 그것을 떼어놓고 해체한다. 또 어떤 때는 동물을 잡아놓고 해부한다. 즉 나비의 신비를 알기 위해 잔인하게 나비의 날개를 떼어놓기도 한다. 이러한 잔인성의 동기는 보다 깊은 어떤 것, 즉 어떤 사물과 생명의 신비를 알고자 하는 욕망에 있는 것이다.

'신비'를 알고자 하는 또 다른 방법은 사랑이다. 사랑은 상대방에 대한 능동적인 침투이다. 그 침투에서 알고자 하는 나의 욕구는 결합에 의하여 달성된다. 융합의 행동을 통해 나는 당신을 알며, 나 자신을 알며, 모든 사람을 안다. 그리고 나는 아무것도 모른다. 나는 살아 있는 것에 관한 지식이 인간에게 가능한 오직 한 가지 방법, 즉 결합에 의한 경험에 의해서만 알고 있을 뿐 우리의 사고가 줄 수 있는 어떠한 지식에 의해서 알고 있는 것은 아니다. 사디즘은 그 비밀을 알고자 하는 욕구에 의하여 동기화되어 있지만 아직도 이전과 마찬가지로 모르는 상태 그대로 남아

---

6 바벨 《소설 선집》(1955) 참조.

있게 된다.

나는 다른 것을 조각조각 찢어놓지만, 내가 행한 모든 것은 그것을 파괴시킨 것뿐이다. 사랑은 지식, 앎의 유일한 한 가지 방법이며, 그것은 결합의 행동 안에서 나의 질문에 답한다. 사랑하는 행위 속에서, 즉 나자신을 주는 가운데 타인에게 침투하는 행위 속에서 자신을 발견하며 자신을 깨우치며 우리라는 두 사람을 발견하며 인간을 발견한다.

우리 자신을 알고 또 우리의 동료들을 알고자 하는 열망은 델피의 모토인 "너 자신을 알라."에도 잘 표현되어 있다. 그것은 모든 심리학의 중요한 동기이기도 하다. 그러나 그 욕망이 인간의 모든 것, 또는 그 가장 깊은 곳의 비밀을 알고자 하는 한, 이 욕망은 보통 종류의 지식, 즉 단지 사고에만 의존하는 지식에서는 결코 만족되지 못한다. 비록 우리가 우리자신에 대해서 지금보다 천 배 이상 더 잘 알고 있다고 해도 결코 그 밑바닥까지는 미치지 못할 것이다. 우리는 우리의 동료가 우리에게 수수께끼로 남아 있는 것과 같이 우리 자신도 여전히 수수께끼로 남아 있는 것이다.

완전한 지식에 도달하는 단 하나의 유일한 방법은 사랑의 행위이다. 왜냐하면 이 행위는 사고를 초월하고 말을 초월하는 것이기 때문이다. 그것은 결합이라는 체험 속으로 대담하게 뛰어드는 것이기 때문이다. 그러나 사고에서의 지식은 그것이 심리학적인 지식이긴 하지만, 사랑의 행위에 있어서는 완전한 지식을 위한 필수조건이다.

나는, 내가 그에 대하여 가지고 있는 환상이나 비합리적으로 왜곡된 상(像)을 극복하고 그의 진실된 실체를 알 수 있기 위해서는 타인과 나 자신을 객관적으로 알아야만 한다. 오직 내가 인간을 객관적으로 알게 될

때만, 나는 그를 사랑의 행위를 통하여 궁극적인 본질에 있어서 알 수 있는 것이다.[7]

인간을 안다는 문제는 하느님을 안다는 종교적인 문제와 병행한다. 전통적인 서구 신학에서의 이 시도는 사고에 의하여 하느님을 알고자 했고, 하느님에 대하여 어떤 정의를 내리려고 했다. 나는 나의 사고 속에서 하느님을 알 수 있다는 것이 가정되고 있다. 뒤에 설명하겠지만, 일신교(一神敎)의 당연한 결과인 신비주의에서는 사고에 의하여 하느님을 알고자 했던 시도는 포기되었고 그 대신 하느님에 대한 지식 따위는 들어갈 여지도 없는, 또 그럴 필요도 없는 하느님과의 결합의 경험으로 대치되었다.

인간과의 결합, 또는 종교적으로 말하자면 하느님과의 결합의 경험은 결코 비합리적인 것이 아니다. 이와는 반대로 그것은 알베르트 슈바이처가 지적한 바와 같이 합리주의의 결과이며, 그것의 가장 대담하고도 급진적인 결과이다. 그것은 근본적인 것에 대한 우리들의 지식에 근거를 두고 있는 것이지 우리 지식의 한계성, 즉 우연한 것에 근거한 것은 아니다. 그것은 우리가 결코 인간이나 우주의 신비를 파악하지 못할 것이라는 지식이며, 과학으로서의 심리학은 한계를 갖고 있다. 그리고 신학의 귀결이 신비주의인 것처럼 심리학의 궁극적인 귀결은 사랑이다.

배려·책임·존경, 그리고 지식은 상호 의존적이다. 그것들은 성숙한 사람, 즉 그 자신의 힘을 생산적으로 발전시킬 수 있는, 그리고 그가 노

---

7 이상의 진술은 현재의 서구문화에 있어서 심리학의 역할에 대해 중요한 의미를 갖는다. 심리학의 급격한 대중성은 확실히 인간의 지식에 대한 관심을 가리키는 것이지만, 그것은 역시 오늘날의 인간관계에 있어서 사랑이 근본적으로 결여되어 있음을 말해주는 것이기도 하다. 그러므로 심리학적 지식은 사랑을 향한 일보 전진이라기보다는 사랑의 행동에 관한 완전한 지식의 대체물로 된다.

력한 것만큼만 기대하는, 또 전지전능한 자아도취적인 꿈을 포기하고 오직 순수하게 생산적인 활동만이 줄 수 있는 내적인 힘에 근거한 겸손을 터득한 사람에게서만 발견될 수 있는 태도의 징표이다.

지금까지 나는 사랑을 인간의 분리를 극복하는 것으로서, 결합에의 욕망을 만족시키는 것으로서 설명해 왔다. 그러나 보편적이고 실존적인 결합에의 욕구 위에는 보다 독특하고 생물학적인 것, 즉 남성과 여성의 양극간의 결합을 원하는 욕망이 발생한다. 이러한 양극의 사상은 남성과 여성은 원래 하나였으나 두 몸으로 갈라졌고, 그때부터 모든 남성은 그가 잃어버린 여성이라는 반을 찾아서 다시 그녀와 결합하려고 한다는 신화에서 가장 잘 표현되고 있다(원래 양성이 하나였다는 이같은 사상은 아담의 갈비뼈로 이브를 만들었다는 성경 이야기에도 잘 나타나 있다. 그러나 이 이야기에서는 가부장주의적인 정신 때문에 여성은 남성에 비해 2차적인 것으로 생각되어 왔다).

이 신화가 의미하는 것은 매우 명확하다. 성적인 양극화는 인간에게 이성의 결합이라고 하는 특수한 방법으로 결합을 찾도록 유도하는 것이다. 남성적 원리와 여성적 원리 사이의 극성은 남자끼리와 여자끼리 사이에서도 역시 존재한다. 생리학적으로 남성과 여성이 각각 서로 상대방의 호르몬을 가지고 있듯이, 심리학적 의미에서도 그들은 역시 양성적이다. 그들은 물질과 정신의 양면에서 그들 자신 속에 받는다는 것과 침투한다는 것의 원리를 다 가지고 있다. 남성은, 그리고 여성은 그의 여성적인 극과 남성적인 극의 결합에 의해서만 합일을 발견한다. 이러한 양극성은 모든 창조의 기초이다.

남녀의 양극성은 상호 인간적 관계의 창조의 기초이기도 하다. 이것은 생물학적 정자와 난자의 결합이 아이의 출생의 기초가 된다는 사실을 보더라도 명백하다. 그러나 순수한 정신적인 영역에서도 그것은 다르지 않다. 여자와 남자 사이의 사랑에서 그들은 각각 재생된다. 〔동성애적인 일탈은 이 양극성의 결합의 실패이다. 그래서 이같은 동성애는 결코 해결될 수 없는 분리감의 고통으로 괴로워한다. 그러나 그것은 사랑을 할 수 없는 이성애자(異性愛者)에 있어서도 마찬가지이다.〕 남성의 원리와 여성의 원리의 이와 같은 양극성은 자연계에도 존재한다. 그것은 동물에서나 식물에서나 명백히 볼 수 있을 뿐만 아니라, 받는 것과 침투하는 것의 두 가지 기본적인 기능의 양극성에도 존재하는 것이다.

이것은 땅과 비, 강과 바다, 밤과 낮, 어둠과 빛, 그리고 물질과 정신의 극이기도 하다. 이러한 사상은 이슬람교의 위대한 시인이며 신비주의자인 루미에 의해 아름답게 묘사되고 있다.

상대방의 사랑을 조금도 받지 않고
혼자서만 그 사랑을 추구할 수는 없다.
'이' 가슴속에 사랑의 불이 켜질 때
'그' 가슴속에도 사랑이 있음을 안다.
그대의 가슴속에서 신에 대한 사랑이 자랄 때
틀림없이 신은 그대에 대한 사랑을 품는다.
다른 하나의 손이 없으면 한 손만으로는
손뼉소리가 나지 않는다.
성스러운 지혜는 우리가 서로 사랑하도록
운명지어 주며 명령한다.

세계의 모든 것이 짝을 이루는 것은

이미 정해진 운명인 것이다.

지혜로운 자의 눈에는 하늘은 남성, 땅은 여성.

땅은 하늘이 내리는 것을 기른다.

땅에 열이 부족하면 하늘은 그것을 보내주고,

또 땅이 생기와 습기를 잃으면,

하늘은 그것을 회복시켜 준다.

남편이 아내를 위하여 양식을 찾는 것처럼

하늘은 땅의 주위를 돌고,

땅은 가사(家事)로 바쁘며,

자식들을 돌보고 젖을 먹인다.

하늘과 땅은 지혜로운 일을 하고 있으므로

지혜를 타고난 것으로 여겨야 할 것이다.

이들이 서로 기쁨을 나누고 있지 않다면,

어떻게 이들은 연인들처럼 포옹할 수 있을까?

땅이 없다면 어떻게 꽃과 나무가 꽃을 피울 수 있을까?

그래도 하늘은 물과 열을 내려줄 수 있을까?

하느님은 남성과 여성에게 그들의 결합에 의해서

세계가 유지되기를 바라고 있다.

신은 실존의 모든 부분에

그의 또 다른 반신(半身)을 원하는 욕구를 심어주었다.

낮과 밤은 외견상으로는 적인 것처럼 보이나,

그들 둘은 하나의 목표를 위하여 일한다.

그들은 서로의 일을 수행하기 위하여

서로 사랑하고 있다.

밤이 없으면 인간은 아무런 소득도 얻지 못하며,

따라서 낮에 소비할 것이 아무것도 없으리라.[8]

　남성과 여성의 양극성의 문제는 사랑과 성, 주제에 대한 보다 더 깊은 논의로 이끌어간다. 나는 앞에서 프로이트가 성적 욕망은 사랑과 결합의 욕구의 하나의 발로라는 사실을 인식하지 못하고, 사랑에서 오직 성적 본능의 표현 또는 승화만을 보고 있다는 데서 그의 오류를 지적했다. 그러나 프로이트의 오류는 이것으로 그치지 않는다. 심리학적 유물론과 일치하여 그는 성적 본능을 신체 내에서 화학적으로 산출된, 고통스럽고, 또 그것의 해소를 추구하는 긴장의 결과로 보고 있다.

　성적 욕망의 목표는 이러한 고통스러운 긴장의 제거이며, 성적 만족은 이러한 제거를 완수하는 데 있다. 성적 욕망은 유기체가 영양이 부족할 때 허기와 갈증을 느끼는 것과 같은 방식으로 작용한다는 점까지는 이 견해가 타당하다. 이 개념에 있어서 성적 욕망은 가려움증과 같은 참을 수 없는 욕망이며, 성적 만족은 이러한 가려움증의 해소를 의미한다. 사실상 이러한 성의 개념에 관한 한, 자위행위는 이상적인 성적 만족이리라. 대단히 역설적이지만 프로이트가 무시하고 있는 것은 성의 심리적, 생물학적 측면이며, 남성과 여성의 양극성, 그리고 결합에 의해 이 양극성에 다리를 놓으려고 하는 욕망을 무시하고 있다.

8 니콜슨의 《루미》(1950) 참조.

이러한 기묘한 오류는 아마 프로이트의 극단적인 가부장주의에 의해 조성되었을 것이며, 이것은 그로 하여금 성적 관심은 본질적으로 남성적인 것이라고 가정하게 했고, 그리하여 특수한 여성적 성욕을 무시하게 했던 것이다. 그는 이러한 관념을 《성의 이론에 대한 세 가지 공헌》이라는 저서에서 다루었다. 거기에서 그는 다음과 같이 주장하고 있다. 즉 리비도는, 그것이 여성에게 있든 남성에게 있든지 원칙적으로 '남성적 본성'을 가지고 있다는 것이다. 그리고 어린 소년은 여성을 거세당한 남자로서 경험하고 여성 자신은 남성적 생식기의 상실에 대해 여러 가지 보상을 추구하고 있다고 하는 프로이트의 이론에서도 똑같은 사상이 합리적인 형태로 표현되고 있다. 그러나 여성은 거세된 남자가 아니며, 그녀의 성은 특수하게 여성적인 것이지 '남성적 본성'의 것은 아니다. 양성 사이의 성적 매력은 부분적으로는 긴장 제거의 욕구에 의해 동기화되고 있지만, 그것은 주로 다른 성과의 결합의 욕구이다. 실제로 에로틱한 사랑은 결코 성적 매력에서만 표현되는 것은 아니다.

　성격에 있어서도 성적 기능과 마찬가지로 남성적인 것과 여성적인 것이 있고, 남성적 성격은 침입·지도·활동·규율·모험의 특성을 갖는 것으로 정의될 수 있으며, 여성적 성격은 생산적인 수용성·보호·현실주의·인내심·모성 등의 특성을 갖는 것으로 정의될 수 있다. (각 개인에 있어서 이 두 개의 성격이 혼합되어 있으며, 단지 '남성'의 속성과 '여성'의 속성 중 어느 한편이 우세할 뿐이라는 점을 언제나 명심해야 한다.) 어떤 남자가 정서적으로 아직 어린애의 단계를 벗어나지 못하여 남성적 성격의 특징이 약해져 있는 경우, 흔히 그는 성에 있어서 자신의 남성적 역할을 배타적으로 강조함으로써 이러한 결함을 보상하려고 애쓸 것이다. 결과적으로 그는 방탕아가 될 것이고, 성격적인 의미에서 자신의 남성다움에 대해 확신을 갖지 못하기 때문에 성적으로 자신의 남성으로서의 솜씨를 증명할 필요를 느낀다.

남성다움이 더욱 극단적으로 마비되고 있을 때 사디즘(폭력의 사용)이 남성다움에 대한 주된 —변태적인— 대체물로 된다. 만약 여성의 성감이 약화되거나 변태적이면, 그것은 마조히즘 혹은 소유욕으로 변형된다. 프로이트는 성을 지나치게 과대평가했다는 점에서 비판의 대상이 되고 있다. 이 비판은 흔히 전통적 사고방식에 젖어 있는 사람들 사이에 비판적 적의(敵意)를 불러일으켰던 요소를, 프로이트의 체계에서 제거하고 싶어 하는 소망에 의해 촉진되었다. 프로이트는 이러한 동기를 예민하게 감지하고 바로 이 이유 때문에 자신의 성의 이론을 변경하고자 하는 모든 시도와 싸웠다. 프로이트의 시대에서 그의 이론은 실로 도전적인 혁명적 성격을 지니고 있었다. 그러나 1900년경에는 진리였던 것이 그후 50년이 지난 오늘날에는 진리가 아니다.

성적인 관습이 너무나 많이 변화했으므로 프로이트의 이론은 서구의 중류계급에는 더 이상 놀라운 것이 못되며, 정통파의 분석가들이 오늘날에도 프로이트의 성이론을 고수함으로써 스스로를 여전히 용기 있고 급진적이라고 생각하고 있다면, 그것은 일종의 돈키호테적인 급진주의일 것이다. 사실 그들의 정신분석이란 것은 동조주의자의 그것에 지나지 않으며, 현대 사회의 비판으로 나아가는 심리학적 문제점을 제기하려고 하지 않는다.

프로이트의 이론에 대한 나의 비판은 그가 성을 지나치게 강조했다는 점이 아니라, 그가 성을 충분히 이해하지 못했다는 점이다. 그는 인간 사이의 열렬한 사랑의 의미를 발견하는 것으로부터 출발했다. 즉 자신의 철학적 전제에 따라 그는 이것을 생리학적으로 설명했던 것이다. 정신분석학이 더욱 발전함에 있어 프로이트의 통찰을 생리학적인 차원에서 생물학적 및 실존의 차원으로 변형시킴으로써 프로이트의 개념을 수정하고 또 심오하게 만들 필요가 있다.[9]

2. 부모와 자녀의 사랑

만일 인자한 운명의 여신이 어머니로부터 분리로 인해, 그리고 자궁 안의 존재로부터의 분리로 인해 발생한 불안을 의식하지 못하도록 보호해 주지 않는다면 어린아이는 출생의 순간부터 죽음의 공포를 느낄 것이다.

출생한 후라 하더라도 아기는 출생 전의 상태와 거의 다를 바가 없다. 아기는 대상을 인식할 수 없으며 아직 자기 자신을 의식하지 못하고, 또한 자기 외부의 세계도 알지 못한다. 아기는 다만 따뜻함이나 음식물의 적극적인 자극을 느낄 뿐이며, 아직 따뜻함과 음식물을 그것의 원천인 어머니와 구별하지 못한다. 어머니는 따뜻함이고 음식물이며, 만족과 안전의 행복한 상태이다. 이 상태는 프로이트의 말을 빌리면 자아도취의 상태이다. 사람이나 사물 등 외부적 실재는 신체의 내적 상태를 만족시키거나 좌절시키는 면에서만 의미를 갖는다. 실재하는 것은 내부에 있는

---

9 프로이트 자신은 삶과 죽음의 본능에 관한 그의 후기의 개념에 있어서 이러한 방향으로 일보 전진했다. 종합과 통일의 원리로서의 그의 전자(에로스)의 개념은 그의 리비도 개념과는 전혀 다른 평면 위에 있다. 그러나 삶과 죽음의 본능에 대한 이 이론이 권위 있는 분석가들에 의해 수용되었다는 사실에도 불구하고 이 수용은, 특히 임상학적 연구에 관한 한 리비도 개념은 근본적 수정에 이르지는 못했다.

것뿐이다.

외부에 있는 것은 나의 욕구에 관련될 때만 실재하는 것이고, 그 자체의 특성이나 욕구의 면에서가 아니다. 아기가 성장하고 발달하면, 그는 사물을 있는 그대로 인식할 수 있게 된다. 배부름의 만족은 어머니의 젖꼭지와 구별되고 어머니의 가슴은 어머니와 구별된다.

결국 어린이는 자신의 갈증, 만족스러운 젖, 유방, 어머니 등을 각각 다른 것으로서, 그들 자신의 존재를 갖고 있는 것으로 인식하는 법을 배운다. 이 시기에 그는 사물들에 명칭을 부여하는 것을 배운다. 동시에 그것들을 다루는 방법을 배운다. 즉 불은 뜨겁고 고통스러우며, 어머니의 몸은 따뜻하고 기분 좋으며, 나무는 단단하고 무거우며, 종이는 가볍고 찢어질 수 있다는 것들을 배운다. 그는 사람을 다루는 방법을 배운다. 즉 어머니는 내가 먹고 있을 때는 미소를 지을 것이며, 내가 울 때는 어머니가 나를 팔에 안아줄 것이며, 내가 대소변을 가리면 어머니는 나를 칭찬해 줄 것이라는 점을 배운다.

이러한 모든 경험이 결정되고 통합되어 '나는 사랑받고 있다'는 경험이 된다. 나는 어머니의 자식이므로 사랑받고 있다. 나는 무력하기 때문에 사랑받고 있으며, 귀엽고 영리하므로 사랑받고 있고, 또 어머니가 나를 필요로 하므로 사랑받고 있다. …… 좀더 일반적으로 말하면 '나는 나이기 때문에 사랑받는다'라고 할 수 있다.

어머니에게 사랑을 받고 있다는 이러한 경험은 수동적인 것이다. 사랑을 받기 위해 내가 해야 할 일은 아무것도 없다. 어머니의 사랑은 무조건적이다. 내가 해야 할 모든 것은 그녀의 아이로 남아 있는 것뿐이다. 어머니의 사랑은 다시 없는 복이고, 평화이다. 그것은 얻고자 노력할 필요도 없으며 보답될 필요도 없는 것이다. 그러나 어머니의 사랑의 무조건적인 특성에는 역시 부정적 측면이 존재한다. 그것은 보답될 필요가 없을 뿐만 아니라 역시 획득될 수도, 만들어질 수도, 통제될 수도 없다. 만약 어머니의 사랑이 여기에 있다면 그것은 축복이다. 만약 어머니의 사랑이 여기에 없다면 모든 아름다운 것이 생활에서 사라져 버린 것과 같다. 그리고 그것을 만들어 내기 위해 내가 할 수 있는 것은 아무것도 없다. 어머니의 사랑은 무조건적이다. 내가 해야 할 모든 것은 그녀의 아이로 남아 있는 것뿐이다.

8세 반에서 10세 사이의 대부분의 어린이에게 있어서[10]의 문제는 거의 예외 없이 '사랑받는 것', 즉 있는 그대로 사랑받는 문제이다. 이 나이까지의 어린이는 아직 사랑하지 않으며, 오직 사랑받는 것에 기쁘고 즐겁게 반응한다. 아동발달의 이 단계에서는 새로운 요인이 등장하게 된다. 즉 자기 자신의 행동이 사랑을 만들어 낸다고 하는 느낌이다. 처음에 어린이는 어머니(혹은 아버지)에게 어떤 무엇을 준다거나 또는 시나 그림 등 무엇이든 간에 어떤 무엇을 만들어 내는 것을 생각한다.

어린이의 생활에 있어서 처음으로 사랑의 관념이 사랑을 받는 것에서 사랑을 하는 것, 즉 사랑을 창조하는 것으로 변화된다. 이 최초의 단계에서 성숙한 사랑의 단계에 이르기까지는 많은 세월이 걸린다. 마침내 어린이는 이제 성인이 되어 자신의 자기 중심성을 극복한다. 즉 타인들은 더 이상 자기 욕구를 만족시켜 주는 수단이 아니다.

타인들의 욕구는 자기 자신의 욕구와 마찬가지로 중요하며, 더 나아가

---

10 《인간간의 정신의학론》에 있어서 이러한 발전에 대한 술리반(Sullivan)의 저술 참조.

서 사실상 타인들의 욕구가 더 중요해진다. 주는 것은 받는 것보다 훨씬 더 만족스럽고 즐거운 것이 되었다. 사랑하는 것이 사랑받는 것보다 더 중요하게 되었다. 그는 사랑함으로써 나르시시즘과 자기중심적인 상태로 인한 고독·고립의 감옥을 벗어난다. 그는 새로운 결합의 의식을, 동료의 의식을, 그리고 일체성의 의식을 느낀다. 뿐만 아니라 더 나아가서 그는 사랑받는 것에 의한 받는 것의 의존성이 아니라 사랑함으로써 사랑을 만들어 내는 능력을 감지한다. 바로 이 이유 때문에 그는 작고 무력하고 아프거나 혹은 착한 어린이가 되어야만 했다. 유아기의 사랑은 '나는 사랑을 받고 있기 때문에 사랑한다'라는 원칙을 따른다. 성숙한 사랑은 '나는 사랑하기 때문에 사랑받는다'는 원칙을 따르고, 미성숙의 사랑은 '나는 당신을 사랑하기 때문에 당신이 필요하다'라고 말한다.

사랑의 능력의 발달과 밀접한 관련이 있는 것은 사랑의 대상의 발달이다. 출생 후 몇 개월 또는 몇 년 된 어린이는 어머니에게 가장 친밀한 애착심을 갖고 있다. 이 애착심은 어머니와 아이가 둘이면서도 아직 하나였던 출생 이전의 시기부터 시작된 것이다. 출생은 어떤 면에서 상황을 변화시키지만 그러나 현저한 정도까지는 아니다. 어린이는 지금 자궁의 외부에 살고 있지만 아직 어머니에게 전적으로 의존하고 있다. 그러나 그는 나날이 더욱 독립적이 된다. 그는 걷고 말하는 것을 배우며, 독자적으로 세계를 탐구하는 것을 배운다. 어머니에 대한 원천적인 관계는 그 의의를 상실하며, 대신 아버지에 대한 관계가 더욱 중요하게 된다.

어머니에서 아버지에로의 이와 같은 이행을 이해하기 위해서 우리들은 모성애와 부성애 사이의 본질적인 특성의 차이를 살펴보지 않으면 안 된다. 우리들은 이미 앞에서 모성애를 살펴본 바 있다. 모성애는 본질적인 면에서 무조건적이다. 어머니가 갓난아이를 사랑하는 것은 그 아이가 자신의 아이라는 이유 때문이지 그 아이가 어떤 특수한 조건을 충족시켜 주었다거나 어떤 특별한 기대에 부응하는 행동을 했다는 이유 때문이 아니다. (물론 내가 여기서 아버지의 사랑과 어머니의 사랑에 대해 말할 때 나는 '이념형'—막스 베버의 의미에서 혹은 융의 의미에서—에 대해 말하는 것이며, 따라서 모든 어머니와 아버지가 이런 방법으로 사랑하고 있다는 것을 의미하지는 않는다. 내가 말하고 있는 것은 어머니다운 사람과 아버지다운 원칙에 대해서이다.)

무조건적인 사랑은 어린이뿐만 아니라 모든 인간의 가장 심원한 갈망 가운데 하나이다. 반면에 그 사랑의 장점 때문에, 또는 사랑받을 만한 가치가 있기 때문에 사랑을 받는 것은 언제나 의문의 여지를 남겨둔다. 어쩌면 나는 내가 사랑해 주기를 바라는 상대를 만족시키지 못하고 있는 것이 아닐까 하는 의문이다.

혹은 사랑이나 '보답으로 주어지는' 사랑에 있어서 받는 사람은 실제로 자기 자신을 위해서 사랑이 이루어지지 않고 상대방을 기쁘게 만들겠다는 이유만으로 사랑이 이루어지고 있는 셈이다. 따라서 궁극적으로 분석해 보면 그 사람은 이용만 당했을 뿐이며, 결국은 사랑받고 있지 않다는 허무한 감정만이 남게 된다.

우리들 모두가 어릴 때나 성인이 된 후에도 모성애를 갈망하고 있음은 별로 놀라운 일이 아니다. 대부분의 어린아이는 모성애를 받을 만큼 상당히 운이 좋다(어느 정도인가는 뒤에서 언급할 것이다). 그러나 성인이 되면 이러한 갈망은 충족되기 어렵다. 가장 만족스러운 발전에 있어서도 그것은 정상적인 에로틱한 사랑의 요소를 간직하고 있다. 흔히 그것은 종교적 형태에서 표현되며, 더 흔하게는 신경병적인 형태로 나타난다.

그러나 아버지와의 관계는 이와 전혀 다르다. 어머니는 우리가 태어난 집이다. 어머니는 대자연이고 대지이며 대양이다. 아버지는 이러한 자연적인 집을 의미하지는 않는다. 아이는 태어난 후 몇 년 동안은 아버지와 아무런 관계도 갖지 않는다. 유아기 시절의 아이에게 있어서 아버지의 중요성은 어머니의 중요성과는 비교조차 될 수 없다. 아버지는 자연적 세계를 의미하지는 않지만 인간 존재의 다른 극을 의미한다. 즉 사상, 사람만이 만든 사물, 법과 질서, 규율, 여행과 모험 등의 세계를 나타낸다. 아버지는 아이를 가르치는 사람이며, 아이에게 세계로 나아가는 길을 보여주는 사람이다. 이러한 기능은 사회적, 경제적 발전과 밀접한 관련을 갖고 있다. 사유재산이 출현하고 이 사유재산이 아들 중의 한 사람에게 상속될 수 있게 되었을 때, 아버지는 자기의 재산을 물려줄 수 있는 아들을 물색하기 시작한다.

아버지가 자신의 후계자로 가장 적합하다고 생각하는 사람은 자기와 가장 닮은 아들이며, 따라서 그가 가장 좋아하는 아들이다. 부성애는 조건이 있는 사랑이다. 그것의 원칙은 '내가 너를 사랑하는 것은 네가 나의 기대를 충족시켜 주기 때문이며, 네가 너의 의무를 이행하고 있기 때문이며, 네가 나를 좋아하기 때문이다' 라는 것이다.

이와 같은 조건부의 부성애에서 우리들은 무조건적인 모성애의 경우와 마찬가지로 소극적인 면과 적극적인 면을 발견한다. 소극적인 면은, 부성애는 보상되지 않으면 안 된다는 사실이다. 만약 기대에 못 미치면 부성애를 잃게 된다는 사실이다. 부성애의 본질은 순종이 미덕이며, 순종하지 않는 것은 죄악이고, 이에 대한 처벌은 부성애의 상실을 의미한다.

적극적인 면도 이와 마찬가지로 중요하다. 아버지의 사랑은 조건부의 사랑이므로 그것을 얻기 위해서는 어떤 것을 행해야 하고, 그것을 위해 끊임없이 노력해야 한다. 그의 사랑은 모성애처럼 나의 통제권 밖에 있는 것은 아니다.

어린아이에 대한 어머니의 태도와 아버지의 태도는 그 아이 자신의 욕구와 일치한다. 어린아이는 어머니의 무조건적인 사랑과 배려를 정신적으로는 물론 생리적으로도 필요로 한다. 그리고 6세 이후의 어린이는 아버지의 사랑과 권위, 지도를 필요로 하기 시작한다.

어머니는 어린이를 보호하는 기능을 갖고 있으며, 아버지는 아이를 가르치고 그 아이가 태어난 특정 사회가 아이에게 미치는 모든 문제들을 해결하는 방법을 지도해 주는 기능을 갖고 있다.

이상적인 경우에 어머니의 사랑은 그 아이의 성장을 방해하거나 무력감을 조장하지 않는다. 어머니는 생에 대한 신념을 가지고 있어야 한다. 지나치게 걱정이 많아도 안 되며, 아이가 그녀의 걱정에 감염되지 않도록 해야 한다. 그녀의 삶의 일부는 아이가 독립되고, 마침내 그녀로부터 분리되어 나갈 수 있도록 이끄는 데 바쳐야 한다. 아버지의 사랑은 원칙과 기대에 의해 지도되어야 한다. 그것은 위협적이고 권위적이기보다는 인내와 관용이어야 한다. 그것은 자라는 아이에게 자신감을 키워주어야 하고 자주성을 허용하여 아버지의 권위에서 벗어나게 해야 한다.

결국 성숙한 인간은 그가 그 자신의 어머니이고 그 자신의 아버지라는 경지에 이른다. 그는 말하자면 모성적 본심과 부성적 본심을 갖는다. 모성적 본심은 '네가 아무리 잘못된 행동을 해도, 아무리 사악한 범죄를 저질렀어도 그것은 너에 대한 나의 사랑을, 너의 생명과 행복에 대한 나의 소망을 박탈하지는 못한다'는 것이다. 그러나 부성적 본심은 '너는 잘못에 대한 대가를 치르는 것을 피할 수 없다. 만일 네가 내 사랑을 받고 싶다면 무엇보다도 너의 생활방식을 바꾸어야 한다'는 것이다.

성숙한 인간은 자기 외부에 있는 어머니와 아버지의 상에서 해방되고 자기 내부에 그 상을 만든다. 그렇지만 프로이트의 초자아(超自我)의 개념과는 대조적으로 그가 내부에 만드는 상은 어머니와 아버지를 결합시킴으로써가 아니라 그 자신의 사랑의 능력에 따라서 모성적 본심을 만들고 자신의 이성과 판단에 따라 부성적 본심을 만드는 것이다. 더구나 성숙한 인간은 모성적 본심과 부성적 본심이 서로 모순되는 것으로 보인다는 사실에도 불구하고 이 둘을 함께 사랑한다. 만약 그가 부성적 본심만을 간직하고 있다면 판단력을 상실하기 쉬우며, 자기 자신이나 타인의 발달에 방해가 되기 쉬울 것이다.

이와 같이 어머니 중심의 애착심에서 아버지 중심의 애착심으로의 발전과 그것의 궁극적인 종합에는 정신적 건강과 성숙의 성취를 위한 기초가 놓여 있다. 이러한 발전이 실패하고 있는 곳에는 노이로제의 근본적인 원인이 존재한다. 이러한 사상의 경향을 보다 충분히 발전시키는 것은 이 책의 범위를 넘는 것이기는 하지만, 특징을 간단히 적어 이 경향을 설명하고자 한다.

노이로제 발생의 한 가지 원인은, 아이의 어머니가 애정은 있으나 지나치게 관대하거나 지나치게 억압적이고, 아버지는 허약하고 무관심한 경우이다. 이 경우 아이는 유아기의 어머니에 대한 애착심의 상태에 그대로 머물러 있게 된다. 그는 어머니에게 의존하고 무력감을 느끼며, 수용적인 인간의 특징, 즉 받아들이고 보호받고 돌보아주기를 갈구하는 성격의 사람으로 발전하게 된다.

또한 아버지다운 특징, 즉 규율과 독립, 그리고 자기 자신이 삶을 지배하는 자주적 능력을 결여한 사람이 된다. 그는 모든 사람에게서 어머니를 발견하고자 애쓴다. 어떤 때는 여자들에게서, 어떤 때는 권위와 권력을 가진 남자들에게서 '어머니'를 발견하려고 애쓴다. 만약 반대로 어머니가 냉담하고 몰이해적(沒理解的)이고 강압적이라면, 그는 모성적인 보호에 대한 욕구를 아버지에게, 다음에는 아버지 상에게 전이하든가 — 이 경우 최종적인 결과는 전자의 경우와 비슷하다 — 또는 일방적으로 부친 지향적인 인간으로 발전하게 될 것이다.

이 경우 그는 법, 질서, 권위의 원칙을 따르고 무조건적인 사랑을 기대하거나 받을 수 있는 능력을 잃게 된다. 이것은 아버지가 권위주의적이고 동시에 아들에게 강한 애착심을 갖고 있을 때 더욱 강렬해진다.

이러한 모든 노이로제 발전의 특징은 모성적 원리나 부성적 원리의 어느 한쪽이 발달되지 못하고 있다는 사실이며, 또는 — 이것은 더욱 심한 노이로제의 발달의 경우이다 — 어머니와 아버지의 역할이 외부 사람들에 대해서나, 그의 내부에서 혼동되고 있다는 사실이다.

더 자세히 살펴보면 어떤 유형의 노이로제, 이를테면 강박성 노이로제 같은 것은 일방적인 부친 중심의 애착심을 토대로 하여 발달하며, 반면에 히스테리나 알코올중독증, 자기 자신을 주장하고 현실적으로 삶을 극복할 수 있는 능력의 결여, 우울증과 같은 것은 어머니 중심적으로부터 발생하고 있다는 사실을 알 수 있다.

3. 사랑의 대상

사랑은 원래 특정한 인간과의 관계는 아니다. 그것은 사랑의 한 대상에 대해서가 아니라 전체로서, 세계에 대한 한 사람의 관계를 결정하는 태도, 즉 '성격의 방향'이다. 어떤 사람이 다른 한 사람만을 사랑하고 나머지 동료에게는 무관심하다면, 그의 사랑은 사랑이 아니라 공생적 애착이나 확대된 이기주의에 지나지 않는다. 그렇지만 대부분의 사람들은 그 능력에 의해서가 아니라 대상에 의해서 구성되는 것으로 믿고 있다. 사실상 그들은 사랑하는 사람 이외에 어느 누구도 사랑하지 않을 때, 그것이 열정적인 사랑의 증거라고까지 믿고 있다. 이것은 우리들이 앞에서 지적한 바와 같이 동일한 오류이다.

사랑이란 활동이며 정신의 힘이라는 것을 모르기 때문에, 그런 사람들은 필요한 모든 것이 올바른 대상을 발견하는 것이며, 그리하여 모든 것이 그 스스로 뒤따라간다고 믿는다. 이러한 태도는, 그림을 그리고 싶어하지만 그 기술을 배우는 대신 알맞은 대상을 기다리며, 그 대상을 발견하면 아름답게 그릴 수 있을 것이라고 주장하는 사람의 태도와 비교될 수 있다. 만약 내가 한 사람을 진실하게 사랑한다면, 나는 모든 사람을 사랑하며 세계를 사랑하고 인생을 사랑하는 것이다. 만약 내가 누군가에게 '당신을 사랑한다'고 말할 수 있다면 '나는 당신을 통해서 모든 사람을 사랑하며, 당신을 통해서 나 자신도 사랑한다'고 말할 수 있어야 한다.

사랑은 모든 사람에 대한 것이지 특정한 한 사람에 대한 것이 아니라고 말하는 것은, 사랑을 받는 대상의 종류에 의존하는 사랑의 다양한 유형들 사이에 아무런 차이도 존재하지 않는다는 것을 의미하지는 않는다.

형제애

모든 사랑의 유형 중에 가장 근본적인 사랑은 형제애이다. 이것은 책임감, 배려, 존경, 타인에 대한 지식, 타인의 생명을 조장하려는 열망 등을 의미한다. 이것은 성서에서 '너 자신을 사랑하듯 이웃을 사랑하라'고 말할 때의 사랑이다. 형제애는 모든 인간에 대한 사랑이다. 그것은 바로 배타성의 결여에 의해 특징지어진다. 만약 내가 사랑을 위한 능력을 발전시켰다면 나는 내 형제를 사랑하지 않을 수 없다. 형제애에는 모든 사람과의 결합과 인간적 유대와 인간적 일치의 경험이 존재한다. 형제애는 우리 모두가 하나라는 경험에 기초를 두고 있다.

재능과 지성, 지식의 차이는 모든 사람들에게 공통된 인간 핵심의 동일성과 비교하면 무시될 만한 것이다. 이러한 동일성을 경험하기 위해서는 주변에서부터 핵심까지 관통하는 것이 필요하다. 내가 타인을 주로 피상적으로만 인식한다면 나는 주로 우리들을 구별짓는 차이점만을 인식하게 된다. 그러나 내가 만약 핵심을 관통한다면 그때는 우리가 형제라는 사실, 즉 동일성을 인식하게 된다.

중심에서 중심으로의 관계는 변두리에서 변두리로의 관계와는 달리 중심적인 관계이다. 시몬 월은 이것을 매우 훌륭하게 표현했다. 즉 "동일한 말, 예를 들면 어떤 사람이 아내에게 '당신을 사랑하오.'라고 말하는 경우에 그 말을 하는 태도에 따라 평범하게 들릴 수도 있고 이상하게 들릴 수도 있다. 그리고 이 방법은 무엇이든 다할 수 있다는 의지가 없이 그 말이 행해지는 영역의 깊이에 좌우된다. 그리고 놀라운 공명에 의하여 그 말은, 그것을 듣는 사람이 조금이라도 분별력을 갖고 있다면, 그 말의 가치가 무엇인지 구별할 수 있게 된다."[11]

형제애는 동류간의 사랑이다. 그러나 실은 우리들이 동류라 하더라도 항상 평등한 것은 아니다. 우리들은 인간인 이상 모두가 도움을 필요로 하는 상태에 있다. 오늘은 내가, 내일은 당신이 도움을 필요로 할 수 있다. 그러나 이것은 어떤 사람은 무력하고 또 어떤 사람은 강력하다는 것을 의미하는 것은 아니다. 무력은 오래 계속되는 조건이 아니며, 스스로의 발로 서서 걷는 능력은 영구적이고 누구에게나 공통된 것이다.

그렇지만 무력한 사람에 대한 사랑, 가난한 사람이나 낯선 사람에 대한 사랑 등은 형제애의 발단이다. 자신의 육친을 사랑하는 것은 훌륭한 일이 아니다. 짐승도 자기 새끼를 사랑하며 돌본다. 무력한 인간은 주인을 사랑한다. 왜냐하면 자신의 생명이 그 주인에게 달려 있기 때문이다. 어린애는 자기 부모를 사랑한다. 그것은 그가 부모를 필요로 하기 때문이다. 어떤 목적을 기대하지 않는 사랑에 있어서만 사랑은 피어나기 시작한다.

특히 《구약성서》에 있어서 인간의 사랑의 중심 대상은 가난한 사람과 낯선 사람, 과부와 고아, 그리고 궁극적으로는 국민의 적인 이집트인과 에돔의 자손들이었다.

무력한 사람을 동정함으로써 인간은 형제에 대한 사랑을 발전시키기 시작하며, 그 자신을 위한 사랑에 있어서도 역시 그는 도움을 시작하며, 그리고 역시 그는 도움을 필요로 하는 사람, 위험에 처해 있는 약한 사람

---

11 시몬 월의 《위엄과 기품》 참조.

을 사랑한다. 동정은 지식과 동일시(同一視)의 요소를 포함하고 있다.《구약성서》는 "너희들은 이방인의 마음을 알고 있다. 왜냐하면 너희들은 이집트 땅에서는 이방인이기 때문이다. 그러므로 이방인을 사랑하라."[12]고 말하고 있다.

모성애

모성애와 부성애의 차이를 설명한 앞 장에서 이미 모성애의 본질을 언급한 바와 같이, 모성애는 자녀의 생명과 욕구에 대한 무조건적인 긍정이다.

그러나 여기에 또 하나 덧붙이지 않으면 안 될 중요한 것이 있다. 어린아이의 생명에 대한 긍정은 두 가지 측면을 갖고 있다. 첫째는 아이의 생명과 성장을 위해서 절대적으로 필요한 보호와 책임이다. 둘째는 단순한 생명의 유지를 훨씬 능가하는 것이다. 그것은 어린아이에게 삶에 대한 사랑을 주입시키는 태도이며, 또한 '살아 있는 것은 좋은 일이며 소년이나 소녀라는 것은 좋은 일이며, 이 지상에서 산다는 것은 좋은 일이다'라는 느낌을 갖게 하는 것이다.

모성애의 이 두 가지 측면은 성경의 천지창조 이야기에서 간략하게 표현되고 있다. 신은 세계를, 그리고 인간을 창조한다. 이것은 생존의 단순한 보호와 긍정을 의미한다. 그러나 신은 이러한 최소한의 요구를 초월한다. 자연 ─ 그리고 인간 ─ 이 창조된 다음날부터 신은 '좋다'라고 말한다.

12 헤르만 코헨의 저서 《유대교의 원천으로부터 이성의 종교》의 제2판 168페이지 이하에서 이와 동일한 관념이 표현되었다.

이러한 제2단계에서 모성애는 아이로 하여금 태어난 것은 좋은 일이라고 느끼게 한다. 즉 생존의 욕망만이 아니라 삶에 대한 사랑을 어린아이에게 주입시킨다. 이와 같은 사상은 성서의 다른 이야기에서도 표현되고 있다. 약속된 땅(땅은 항상 어머니를 상징한다)은 "젖과 꿀이 넘쳐흐르고 있다."라고 적혀 있다. 젖은 사랑의 첫번째 측면, 즉 보호와 긍정을 나타내는 상징이다. 꿀은 인생의 감미, 삶에 대한 사랑, 살아 있다는 행복감을 상징한다.

대부분의 어머니들은 젖을 줄 수 있지만, 꿀까지 줄 수 있는 어머니는 매우 드물다. 꿀을 주기 위해서는 어머니 자신이 좋은 어머니여야 할 뿐만 아니라 행복한 사람이어야 한다. 이것을 이룬 사람은 그리 많지 않다. 아이에게 미치는 영향은 대부분 과장될 수 없다. 생명에 대한 어머니의 사랑은 자신의 불안과 마찬가지로 타인에게 전달되기 쉽다. 이 두 태도는 어린아이의 모든 퍼스낼리티에 깊은 영향을 미친다. 우리는 '젖'만 받은 아이와 '젖과 꿀'을 받은 어린아이를 구별할 수 있다.

동류간의 사랑인 형제애와 에로틱한 사랑을 비교할 때, 어머니와 어린아이의 관계는 그 본질상 불평등한 관계이다. 즉 전적으로 도움을 요구하는 쪽과 무조건적으로 도움을 주는 쪽으로 나뉜다. 모성애가 최고의 사랑이며, 모든 정서적 유대 중 가장 신성한 것으로 생각되어 온 것은 바로 이러한 이타적(利他的), 비이기적인 성격 때문이다. 그렇지만 모성애의 진정한 성취는 나약한 유아에 대한 어머니의 사랑에 있는 것이 아니라 자라고 있는 아이에 대한 사랑에 있다.

실제로 대다수의 어머니는 유아가 연약하고 자신에게 완전히 의존하고 있을 때만 사랑을 주는 역할을 하고 있다. 대부분의 기혼 여성들은 어린아이를 원하며, 아이가 태어나면 행복하고 또 그 아기를 열성적으로 돌본다. 아기에게 웃는 얼굴과 만족의 표현 이외에는 아무런 보답도 받지 못한다는 사실을 알고 있음에도 불구하고 그러하다.

이런 사랑의 태도는 여성은 물론 동물에게서도 발견되는 본능적 욕구에 기인한다고 보여진다. 그러나 이런 본능적 요인이 아무리 크게 작용하더라도 이 모성애의 원인에는 각별히 인간적, 심리학적 요인들이 있다. 이 요인들 중의 하나는 모성애에서 발견되는 나르시시즘적인 요소라 할 수 있다. 갓난아이를 아직 자신의 일부라고 느끼는 한 그녀의 사랑과 행복은 그녀의 나르시시즘적인 만족일 것이다. 또 하나의 동기는 어머니의 권력욕 혹은 소유욕에서 발견된다. 완전히 어머니의 의지에 예속되어 있으며 무기력한 어린아이는 지배욕과 소유욕을 가진 어머니에게는 자연히 만족스러운 대상이다.

이러한 동기는 흔히 볼 수 있는 것들이지만, 아마도 초월의 욕구라고 부를 수 있는 것보다는 조금 덜 중요하고 덜 보편적일 것이다. 이러한 초월에의 욕구는 인간의 자기 인식이라는 사실, 즉 인간은 피조물로서의 역할에 만족하지 않으며, 스스로를 컵에서 던져진 주사위로 받아들일 수는 없다는 사실 등에 뿌리를 두고 있는 인간의 가장 기본적인 욕구의 하나이다.

인간은 자기 자신을 창조자로서, 그리고 피조물의 수동적 역할을 초월하고 있는 자로서 느끼고 싶어한다. 이러한 창조적 욕구를 만족시키는 데는 여러 가지 방법이 있다. 가장 자연스럽고 손쉬운 방법은 어머니로서 자신의 창조물을 보호하고 사랑하는 것이다. 그녀는 그 유아 속에서 자신을 초월하며, 갓난아이에 대한 어머니의 사랑은 그녀의 생명에 의미와 의의를 부여한다(아이를 낳음으로써 초월의 욕구를 충족시킬 수 있는 능력이 전혀 없는 남성들은 그들이 만든 사물과 사상의 창조에 의해 자신을 초월하고 싶어하는 충동이 있다).

그러나 아이는 성장해야 한다. 아이는 어머니의 품에서 벗어나야 하며, 결국 완전히 분리된 인간이 되어야 한다. 모성애의 참된 본질은 어린아이의 성장을 돌보아 주는 것이며, 이것은 그녀 자신으로부터 어린아이가 분리되기를 원하고 있음을 의미한다. 여기에 에로틱한 사랑과의 근본적인 차이가 있다. 에로틱한 사랑에 있어서는 분리된 두 사람이 하나가 되는 것이다. 그러나 모성애에서는 하나였던 두 사람이 분리되는 것이다.

어머니는 어린아이의 분리를 허용해야 할 뿐만 아니라 그것을 원하고 지지해야 한다. 이 단계에서 모성애는 비이기심, 즉 모든 것을 주는 반면 사랑하는 사람의 행복 이외에는 어떠한 것도 원하지 않는 것으로 변화된다. 많은 어머니들이 그들의 모성애라는 과업에 실패하는 것도 역시 이 단계에서이다. 나르시시즘적이고 지배욕과 소유욕이 강한 어머니라 하더라도 어린아이가 연약할 때만 '애정' 깊은 어머니가 되는 것에 성공할 수 있다. 그렇지만 실제로 사랑을 가지고 있는 여성, 받는 것보다 주는 것에 더 행복을 느끼는 여성, 그녀 자신의 존재에 확고하게 뿌리내리고 있는 여성만이 분리의 과정에서도 아이를 사랑하는 어머니가 될 수 있다.

자라나는 아이에 대한 모성애, 자기 자신을 위해서는 아무것도 원하지 않는 사랑은 아마도 가장 이루기 어려운 사랑일 테지만, 어머니가 연약한 아이를 사랑한다는 것은 쉬운 일이므로 이것은 더욱 기만적인 것이 될 수 있다. 바로 이러한 어려움 때문에 여성은 오직 그녀가 사랑할 수 있을 때만, 즉 그녀가 자신의 남편을, 다른 아이를, 이방인을, 모든 인간을 사랑할 수 있을 때만 진실로 사랑하는 어머니가 될 수 있는 것이다.

이런 의미에서 사랑할 수 없는 여성은 아이가 어릴 동안에는 다정한 어머니가 될 수 있지만, 진실로 사랑하는 어머니가 될 수는 없다. 이것을 확인하는 시험은 어머니가 분리를 기꺼이 원하고 있는가, 또 분리 이후에도 계속해서 그 아이를 사랑하는가 등을 알아보는 것이다.

에로틱한 사랑

형제애는 동등한 사람들 사이의 사랑이고, 모성애는 무력한 사람에 대한 사랑이다. 이것들이 서로 상반되는 것은 사실이지만, 근본적으로 어느 한 사람에게만 국한되어 있지 않다는 것이 공통점이다. 내가 내 자녀 중에서 누군가를 사랑한다면 나는 내 모든 자녀를 사랑하는 것이다. 아니 그 이상으로 나는 모든 어린아이들을, 나의 도움을 필요로 하는 모든 어린아이들을 사랑하고 있는 것이다. 이 두 유형과 대조적인 것이 바로 에로틱한 사랑이다. 그것은 한 사람과의 완전한 융합이나 결합에 대한 갈망이다. 그것은 본질상 배타적인 것이지 보편적인 것이 아니다. 그것은 사랑의 모든 형태 중 가장 기만적인 것이기도 하다.

에로틱한 사랑은 흔히 사랑에 빠지는 폭발적인 경험과 혼동된다. 두 이방인 사이에 있던 장벽이 갑자기 붕괴된다는 폭발적인 경험과 혼동되고 있는 것이다. 그러나 앞에서 언급한 바와 같이 갑자기 친밀해지는 이런 경험은 그 본질상 오래 지속되지 못하는 단기적인 것이다. 절친한 사이가 된 후에는 극복해야 할 장벽은 더 이상 존재하지 않으며, 달성되어야 할 갑작스러운 친밀감도 더 이상 존재하지 않는다.

사랑하는 사람을 그 자신처럼 잘 알게 되는 것이다. 아니, 아마 조금밖에 알지 못한다는 것이 더 옳을지도 모르겠다. 만약 타인에 대하여 깊이 있는 경험을 했다면, 또는 그가 자신의 퍼스낼리티의 무한성을 경험할 수 있다면, 상대방이 그처럼 친숙한 사람이 되지는 않을 것이다. 그리고 장벽을 극복하는 기적도 매일 새롭게 발생할 것이다.

그러나 대부분의 사람들에게 있어서 그들 자신의 인간됨은 다른 사람들과 마찬가지로 곧 탐구되며 바닥이 드러난다. 그들에게 친밀감은 무엇보다도 성적 접촉을 통해 이루어진다. 그들은 다른 사람의 분리를 주로 육체적 분리로 경험하기 때문에 육체적 결합은 분리의 극복을 의미하게 된다.

이외에도 많은 사람들에 대해 분리의 극복을 나타내는 또 다른 요인들이 있다. 우리들 자신의 개인생활이나 희망, 근심을 말하는 것, 자신이 어린애 같은 유치한 면을 갖고 있음을 보여주는 것, 세상에 대해 공통된 관심을 갖는 것 등, 이 모든 것은 분리성을 극복하는 것으로 간주된다. 심지어는 분노의 표시, 혐오의 표현, 자제력의 완전한 결여까지도 친밀의 표시로 간주된다. 이것은 결혼한 부부들이 흔히 서로에 대해 갖고 있는 왜곡된 매력을 의미하는 것으로 설명할 수 있다. 즉 어떤 부부는 그들이 잠자리에 들었을 때만, 혹은 서로 혐오와 분노를 발산시킬 때만 친밀한 사이가 된다.

그러나 이런 모든 유형의 친밀성은 시간이 지남에 따라 감소되는 경향이 있다. 그 결과 그들은 새로운 사람, 새로운 타인과의 사랑을 추구하게 된다. 그 타인은 다시 절친한 사람이 되고, 사랑에 빠지는 경험이 다시 활기를 찾고 강렬해진다. 그러나 서로 익숙해질수록 그 강렬함은 서서히 식어서 마침내는 또다시 새로운 정복, 새로운 사랑에의 갈망으로 끝이 난다. 언제나 처음의 사랑과는 다르리라는 환상을 가지고 새로운 사랑을 원하게 된다. 이러한 환상은 성적 욕망의 기만적 성격에 의해 크게 강화된다.

성적 욕망은 융합을 목적으로 한다. 그것은 결코 단순한 육체적 욕망이나 고통스러운 긴장의 제거가 아니다. 성적 욕망은 고독감의 불안에 의해 자극될 수 있다. 또한 정복욕이나 정복당하려는 욕구에 의해, 공허함에 의해, 해치거나 파괴하려는 욕구에 의해 자극될 수 있으며, 또한 사랑에 의해서도 자극될 수 있다.

성적 욕망은, 사랑은 하나뿐이라는 열정적인 감정과도 쉽게 융합되며, 또 그것에 의해 자극받는 것으로 보인다. 성적 욕망은 사랑의 관념과 결합된 대부분의 사람들의 마음속에 존재하기 때문에 육체적으로 서로 원할 때 서로 사랑하고 있다는 잘못된 결론에 이르게 된다.

사랑은 성적 결합의 욕망을 일으킬 수 있다. 이 경우 육체적 관계는 탐욕을 동반하지 않으며, 정복하고 싶은 욕망이나 정복당하려는 욕망 또한 없다. 오직 부드러운 애정이 작용하고 있을 뿐이다. 만약 육체적 결합의 욕망이 사랑에 의해 자극되는 것이 아니라면 그것은 주신제적(酒神祭的)인 일시적인 의미 이상으로 결합되는 것이 결코 아니다. 성적 매력은 순간적으로는 결합의 환상을 만들어 내지만, 사랑 없는 결합은 이방인들을 이전과 같이 남남으로 떨어져 있게 한다.

때로 그것은 그들을 서로 부끄럽게 만들거나, 심지어는 서로 미워하게 만들기까지 한다. 왜냐하면 환상이 사라질 때 그들은 남남임을 이전보다 훨씬 더 강하게 느끼기 때문이다. 부드러운 애정은 결코 프로이트가 믿었던 것처럼 성적 본능의 승화가 아니다. 그것은 형제애의 직접적인 결과이며, 비육체적인 사랑의 형태와 마찬가지로 육체적인 사랑의 형태에도 존재한다.

에로틱한 사랑에는 형제애와 모성애에는 결여되어 있는 배타성이 존재한다. 에로틱한 사랑의 이 배타적 성격은 좀더 살펴볼 필요가 있다. 에로틱한 사랑의 배타성은 흔히 소유욕의 애착심을 의미하는 것으로 오해되고 있다. 우리들은 서로 사랑하고 있으나 다른 사람들에게는 사랑을 느끼지 않는 두 사람을 발견할 수 있다. 그들의 사랑은 사실상 두 사람 사이의 자기 중심벽에 지나지 않는다. 즉 그들은 자신들을 서로 동일시하는 두 사람이며, 각각의 개인을 둘로 확대함으로써 분리성의 문제를 해결하려는 두 사람이다.

그들은 고독을 극복한 경험을 갖고 있지만, 다른 사람들로부터는 분리되어 있기 때문에 그들은 서로 분리된 채로 있으며, 또한 자신들로부터 소외되어 있다. 그들의 결합의 경험은 하나의 환상이다. 에로틱한 사랑은 배타적이지만, 다른 모든 사람들과 살아 있는 모든 것을 사랑한다. 그것은 내가 나 자신을 충분히, 강렬하게 융합할 수 있는 대상은 오직 한 사람이라는 의미에서만 배타적이다.

에로틱한 사랑이 다른 사람들에 대한 사랑을 배제한다는 것은 에로틱한 융합이라는 의미에서만 해당될 뿐이다. 즉 생활의 모든 면에 있어서 완전한 위임이라는 의미에서이지, 깊은 형제애라는 의미에서 그런 것은 아니다. 에로틱한 사랑은 — 만약 그것이 사랑이라면 — 하나의 전제를 가지고 있다. 즉 내가 나의 존재의 본질에서 사랑하고, 타인을 그의 존재의 본질에서 경험한다는 전제이다. 본질적으로 모든 인간은 동일하다. 우리들은 모두 하나의 부분이다. 즉 우리는 '하나'인 것이다.

그렇다면 우리가 누구를 사랑하든지 그 사람들 사이에는 어떠한 차이도 없어야 한다. 사랑은 본질적으로 의지의 행동이어야 하며, 나의 삶을 다른 사람의 삶에 완전히 위임할 것을 결정하는 행동이어야 한다. 실로 이것이 결혼은 결코 파기할 수 없다는 사상의 뒤에 있는 이론적 근거이다. 또한 그것은 두 사람의 배우자가 결코 서로 선택하는 것이 아니라 서로 선택되며, 또 서로 사랑할 것을 기대하고 있는 수많은 형태의 전통적 결혼의 뒤에 있는 이론적 근거이기도 하다.

현대의 서구문화에 있어서 이러한 사상은 완전히 잘못된 것으로 생각되고 있다. 사랑은 자발적이며 감성적인 반응의 결과이며, 억제할 수 없는 감정에 의해 갑자기 사로잡히는 결과로 생각하고 있다. 이러한 견해에 있어서는, 우리는 관계된 두 사람의 특수성만을 볼 뿐, 모든 남성은 아담의 한 부분이며, 모든 여성은 이브의 한 부분이라는 사실을 소홀히 하고 있다. 사람들은 에로틱한 사랑에 있어서 하나의 중요한 요인, 즉 의지의 요인을 간과하고 있는 것이다. 누군가를 사랑한다는 것은 강렬한 감정만이 아니다. 그것은 하나의 결단, 판단, 약속인 것이다.

만약 사랑이 단순히 감정에 불과한 것이라면 영원한 사랑의 맹세는 아무 근거도 없는 것이다. 감정은 솟아났다가 또 사라질 것이다. 나의 행동이 판단이나 결단을 포함하고 있지 않을 때, 그것이 영원히 유지되리라는 것을 어떻게 판단할 수 있겠는가? 이러한 견해를 고려한다면, 사람들은 사랑이란 오직 의지의 임의적인 행동이며, 따라서 그 두 사람이 누군인지는 문제되지 않는다는 입장에 도달할 수 있을 것이다.

타인들에 의해서든 개인적인 선택의 결과이든 일단 결혼이 성립되고 나면 의지의 행동은 사랑의 지속을 보장해야 한다는 것이다. 이러한 견해는 인간 본성의, 그리고 에로틱한 사랑의 역설적 성격을 무시하는 것처럼 보인다. 우리는 모두 하나이지만, 우리들 각자는 복제(複製)할 수 없는 유일한 존재이다. 타인과의 관계에 있어서도 이와 동일한 방법으로 그 형제애의 의미에서 모든 사람을 사랑할 수 있다. 그러나 우리들은 서로 다르다는 관점에서 볼 때 에로틱한 사랑은 어떤 사람들 사이에는 존재하지만, 모든 사람들 사이에는 존재하지 않는 어떤 특수하고 고도로 개인적인 요소를 요구한다.

이 두 가지 견해, 즉 에로틱한 사랑을 두 사람의 특정인들 사이의 완전히 개인적인 인력(引力)이며 특수한 것으로 보는 견해와, 에로틱한 사랑은 의지 이외에는 아무것도 아니라는 견해, 이 둘은 모두 진실이라고 할 수 있다. 좀더 적절하게 표현하면, 이 두 견해는 모두 진실이 아니라고 할 수 있다. 따라서 사랑이 만약 이루어지지 못한다면 쉽사리 해체되어 버릴 수 있는 관계라고 보는 견해는, 어떤 환경하에서도 그 관계는 해소되어서는 안 된다는 견해와 마찬가지로 오류이다.

자기애[13]

사랑의 개념을 다양한 대상에 적용하는 것을 별로 반대하지 않으면서

---

13 파울 틸리히는 1955년 잡지 《전원 심리학》 9월호의 〈건전한 사회〉에 대한 서평에서 '자기애'라는 모호한 용어 대신 '자연적 자기긍정'이나 '역설적 자기승인'이라는 용어를 사용하는 것이 더 적절하다고 제안했다. 나는 이 제안의 장점을 충분히 인식하지만, 다음의 점에서 그의 말에 동의할 수 없다. '자기애'라는 용어 속에는 '자기애'의 역설적 요소가 더욱 분명하게 포함되어 있다. 사랑이란 자기 자신을 포함하여 모든 대상에 대해 동일한 태도라는 사실이 표현되고 있다. 또한 '자기애'라는 말은 그것이 여기서 사용되고 있는 의미에서 역사를 갖고 있음이 잊혀져서는 안 된다. 성경은 '이웃을 너 자신처럼 사랑하라'고 명령할 때 자기애에 관해 말하고 있다. 그리고 마이스터 에크하르트도 바로 이것과 동일한 의미에서 자기애를 말하고 있는 것이다.

도 남을 사랑하는 것은 미덕이고, 자신을 사랑하는 것은 죄악이라는 생각이 널리 퍼져 있다. 내가 나 자신을 사랑할수록 남을 사랑하지 않는다고 믿으며, 또한 자기애(自己愛)는 이기심과 동일한 것이라고 믿고 있다. 이러한 견해는 서구사상에서는 과거로 거슬러올라갈 수 있다.

칼뱅은 자기애를 '페스트'라고 말하고 있다.[14] 프로이트는 정신분석학적인 면에서 자기애를 말하고 있지만, 그럼에도 불구하고 그의 가치판단은 칼뱅의 그것과 동일하다. 그에게 있어서 자기애는 나르시시즘과 동일한 것으로서 자신을 향한 리비도의 전향이다. 나르시시즘은 인간의 발달과정에 있어서 가장 초기 단계이며, 후에 이러한 나르시시즘의 단계로 되돌아가려는 사람은 사랑을 할 수가 없다. 극단적인 경우 그는 정신이상을 일으키게 된다. 프로이트는, 사랑은 리비도의 표출이며, 리비도는 타인을 향하거나(사랑) 혹은 자기 자신을 향한다(자기애). 사랑과 자기애는 따라서 한쪽이 더 많아지면 한쪽은 더 적어진다는 의미에서 상호 배타적이다. 만약 자기애가 나쁜 것이라면, 비이기심은 미덕이라고 말할 수 있다.

여기에서 다음과 같은 의문이 생긴다. 심리적 관찰은 자기 자신에 대한 사랑과 타인에 대한 사랑 사이에 근본적인 모순이 있다는 명제를 지지할 수 있는가? 자기 자신에 대한 사랑은 이기심과 동일한 현상인가, 혹은 그 반대인가? 더 나아가 현대인의 이기심은 실제로 모든 지적, 감상적, 관능적 잠재능력을 가진 개인으로서의 그 자신에 대한 관찰을 의미하는 것인가? 그는 자신의 사회적·경제적 역할의 부속물이 되어버린 것은

[14] 칼뱅의 《기독교 강요》 제7절 4항 참조.

아닌가? 그의 이기심은 자기애와 동일한 것인가? 혹은 그것이 바로 자기애의 결여로 말미암아 야기된 것은 아닌가? 우리는 이기심과 자기애의 심리학적 측면을 논의하기 전에 타인에 대한 사랑과 자기 자신에 대한 사랑은 상호 배타적이라는 관념 속에 존재하는 논리적 오류를 먼저 지적해야 할 것이다. 만약 나의 이웃을 하나의 인간으로서 사랑하는 것이 미덕이라면, 나 자신을 사랑하는 것도 역시 미덕이어야 하며, 결코 악덕은 아닐 것이다. 왜냐하면 나도 역시 인간이기 때문이다. 나 자신이 포함되지 않은 인간의 개념은 존재하지 않는다. 이런 배제를 주장하는 학설은 그 자체가 근본적으로 모순된 것임이 입증되고 있다. 성경에 표현된 '이웃을 너 자신같이 사랑하라'라는 사상은 그 자신의 통합성과 특이성에 대한 존경과 그 자신의 자아에 대한 사랑 및 이해가 다른 개인에 대한 존경과 사랑과 이해로부터 분리될 수 없음을 의미한다. 나 자신의 자아에 대한 사랑은 다른 어떤 사람에 대한 사랑과 뗄래야 뗄 수 없는 관계를 갖고 있는 것이다.

우리들은 지금 이 논의의 결론을 내리기 위하여 기본적인 심리학적 전제를 살펴볼 단계에 이르렀다. 일반적으로 이러한 전제는 다음과 같다.

즉 타인뿐만 아니라 우리들 자신도 역시 우리들 감정과 태도의 대상이 된다는 것이다. 타인에 대한 태도와 우리들 자신에 대한 태도는 모순적인 것이 아니라 기본적으로 연결되어 있다. 지금 살펴보고 있는 문제와 관련해서 이것은 다음과 같은 사실을 의미한다. 즉 타인에 대한 사랑과 우리들 자신에 대한 사랑은 양자택일의 선택적인 것이 아니라는 점이다. 반대로 그들 자신에 대한 사랑의 태도는 타인을 사랑할 수 있는 모든 사람들에게서 발견될 것이다. 사랑은 원칙적으로 '대상'과 우리들 자신 사이의 관계라는 면에서 분리될 수 없는 것이다. 순수한 사랑은 생산성의 표현이며 보호, 존경, 책임, 사로잡혀 있다는 의미에서의 감정이 아니라 그 자신의 사랑의 능력에 뿌리박고 있는, 사랑하는 사람의 성장과 행복을 향한 능동적인 갈망이다.

누군가를 사랑한다는 것은 사랑의 힘을 실현하고 집중시키는 것을 말한다. 사랑에 포함된 기본적인 긍정은 본질적으로 인간의 자질의 구현으로써 사랑하는 사람을 향해 지향되고 있다. 한 개인에 대한 사랑은 그것만으로도 인간에 대한 사랑을 의미한다.

윌리엄스 제임스가 말한 바와 같이 분업으로서, 이방인에 대해 느끼는 감정 없이 그의 가족을 사랑하는 일은 기본적으로 사랑에 대한 능력이 없음을 드러내는 징후이다. 인간의 사랑은 흔히 생각되는 것처럼 특정 개인에 대한 사랑을 추구하는 추상적인 것이 아니다. 그것이 비록 발생적으로 특정 개인을 사랑하는 데서 나타나는 것이라 하더라도 그것의 전제에 불과하다. 여기에서 나 자신의 자아가 다른 사람과 마찬가지로 나의 사랑의 대상이어야 한다는 결론이 나온다. 우리들 자신의 인생과 행복, 성장, 자유에 대한 긍정은 우리들 자신의 사랑의 능력, 즉 보호, 존경, 책임, 지식 등에 근거하고 있다. 만약 어떤 개인이 생산적으로 사랑할 수 있다면, 그는 역시 그 자신을 사랑한다. 그가 오직 타인들만을 사랑할 수 있다면 그는 전혀 사랑할 줄 모르는 사람이다. 자기 자신에 대한 사랑과 타인에 대한 사랑이 원칙적으로 결합되어 있다면, 타인에 대한 순수한 관심을 명확히 배제하고 있는 이기심을 우리는 어떻게 설명할 것인가?

이기적인 인간은 오직 자기 자신에게만 관심이 있으며, 자기 자신을 위해 모든 것을 원하고, 주는 것이 아니라 받는 것에 의해서만 기쁨을 느낀다. 외부세계는 그가 그것에서 벗어날 수 있는 관점에서만 관찰된다. 즉 그는 타인의 욕구에 대해서는 관심을 갖지 않으며, 그들의 존엄과 통합성을 존경하지 않는다. 그는 그 자신 이외에는 어떤 것도 볼 수가 없다. 그는 모든 사물과 사람을 오직 자기에게 도움이 되는가라는 유용성에 따라 판단한다. 따라서 그는 근본적으로 사랑할 수 없는 것이다.

이것은 결국 타인에 대한 관심과 자기 자신에 대한 관심이 불가피하게 양자택일적인 것임을 증명하는 것이 아닌가? 만약 이기심과 자기애가 동일한 것이라면 그럴 것이다. 그러나 이러한 가정은 우리들이 지금 논하고 있는 문제에 대해 수많은 잘못된 결론을 내리게 하는 오류이다.

이기심과 자기애는 동일한 것이 아니라 오히려 정반대의 것이다. 이기적인 사람은 자기 자신을 너무 많이 사랑하는 것이 아니라 너무 적게 사랑하고 있다. 사실상 그는 자기 자신을 혐오한다. 자기 자신에 대한 애정과 배려의 결여는 그가 생산성을 결여하고 있음의 표현에 지나지 않으며, 그를 공허와 좌절의 상태로 몰아넣는다.

그는 불행하며, 또한 삶에서 만족을 빼앗아 버리는 데 관심을 갖고 있다. 그는 자기 자신에 대해 지나칠 정도로 배려하고 있는 것처럼 보이지만, 사실 자신의 진실한 자아를 돌보는 데 실패한 사실을 은폐하고 보상하기 위해 비성공적인 노력을 하고 있을 뿐이다. 프로이트는 "이기적인 인간은 나르시시즘적이다. 이것은 마치 자신의 사랑을 다른 사람에게서 끌어내어 그것을 자기 자신에게 향하게 한 사람과 같다."고 주장한다.

이기적인 인간은 남을 사랑할 수 없으며, 또한 자기 자신도 사랑할 수 없음은 사실이다. 이것은 지나치게 걱정하는 어머니들에게서 볼 수 있는 타인에 대한 탐욕스런 관심과 비교해 보면 손쉽게 이기심을 이해할 수 있을 것이다. 그 어머니는 자기가 자녀를 특별히 더 좋아한다고 의식적으로 믿는 반면에, 실제로는 그녀의 관심의 대상에 대해 깊이 억압된 적의를 갖고 있다. 그녀가 지나치게 관심을 갖는 것은 어린아이를 너무나 사랑하기 때문이 아니라, 자신이 어린아이를 사랑할 수 있는 능력을 전혀 갖지 못한 데 대해 보상을 해야 하기 때문이다.

이기심의 본질에 관한 이러한 이론은 적지 않은 사람들에게서 발견되는 노이로제의 한 증상인 신경증적 '비이기심'에 대한 정신분석학적 경험으로부터 나온 것이다. 이러한 노이로제를 가진 사람은 이 증상만이 아니라, 그것과 관련된 우울, 피로, 일할 수 없는 무능, 사랑의 실패 등과 같은 증상으로도 고통받고 있다. 비이기심은 하나의 병적인 징후로서 느껴지지 않을 뿐만 아니라, 흔히 그러한 사람들이 자랑하고 있는 구원적인 성격의 특색이다.

'비이기심적인 사람'은 '자신을 위해서는 어떤 것도 원하지 않고 오직 타인을 위해서만 살 뿐이며', 자신을 중요시하지 않는다는 것을 자랑한다. 그는 자신의 비이기심에도 불구하고 자기가 불행하다는 것, 또 자신의 가장 가까운 사람들에 대한 관계도 만족스럽지 못하다는 사실을 발견하고 당황해한다. 분석적 연구는, 그는 사랑의 능력, 또는 어떤 무엇을 즐기는 능력이 마비되어 있으며, 삶에 대한 적의로 가득 차 있고, 비이기심의 배후에는 미묘하고도 강렬한 자기중심주의가 숨어 있다는 것을 말해주고 있다. 이러한 사람은 그의 비이기심이란 것도 다른 것들과 마찬가지로 하나의 증상으로서 해석될 때만 치유될 수 있다. 그리하여 그의 비이기심과 다른 고통의 근원인 생산성의 결여도 치유될 수 있는 것이다. 비이기심의 본질은 그것이 타인에게 미치는 영향에서 특히 분명하게 나타난다.

우리들의 문화에 있어서는 비이기적인 어머니가 그녀의 자녀들에게 미치는 영향에 가장 잘 나타난다. 그녀는 자신의 비이기심의 영향으로 자녀들은 사랑을 받는 것이 무엇을 의미하며, 반대로 사랑하는 것이 무엇을 의미하는지를 배우는 경험을 하게 될 것이라고 믿는다. 그렇지만 그녀의 비이기심의 효과는 결코 그녀의 기대와는 일치하지 않는다. 어린애들은 자기들이 사랑받고 있음을 확신하고 있는 사람들과 같은 행복을 나타내지 않는다. 그들은 불안해 하고 긴장해 있으며, 어머니의 비난을 두려워하고, 그녀의 기대에 어긋나지 않게 하기 위해 전전긍긍한다. 보통 그들은 어머니의 삶에 대한 숨겨진 적의의 영향을 받고 있다. 그들은 이것을 명백하게 인식하기보다는 오히려 감지하며, 마침내 그들은 그것에 물들게 된다. 그렇지만 비이기적인 어머니의 영향은 이기적인 어머니의 영향과 크게 다르지는 않다.

사실상 비이기적인 어머니의 영향은 더욱 나쁘다. 왜냐하면 어머니의 비이기심은 어린애가 그녀를 비판하는 것을 방해하기 때문이다. 어머니를 실망시키지 않기 위해 의무에 복종한다. 즉 그들은 미덕이라는 가면 밑에서 삶에 대한 혐오를 배운다. 만약 우리들이 순수한 자기애를 가진 어머니의 영향을 연구할 기회를 갖는다면, 우리들은 사랑, 쾌락, 행복 등이 어린애에게 무엇인가를 경험하게 함으로써, 자기 자신을 사랑하고 있는 어머니의 사랑보다 더 나은 것은 없다는 사실을 알게 될 것이다.

이러한 자기애의 사상은 무엇보다도 이 문제에 대한 마이스터 에크하르트의 다음과 같은 말에 잘 요약되어 있다. "만약 당신이 자신을 사랑한다면, 당신은 자기 자신을 사랑하듯이 모든 사람을 사랑하게 될 것이다. 당신이 자신보다 남을 사랑하는 동안은 당신은 실제로는 자신을 사랑하는 데 성공하지 못할 것이다. 그러나 당신이 자신을 포함하여 모든 사람을 똑같이 사랑한다면, 당신은 그들을 한 사람으로서 사랑할 것이고, 그 사람은 신인 동시에 인간이다. 그러므로 그는 자신을 사랑하면서 다른 모든 사람들을 동등하게 사랑하는 위대하고 공정한 사람이다."[15]

신 의 사 랑

지금까지 우리는 사랑의 욕구의 근본은 분리의 이것에서 야기되는 분리의 불안을 결합의 경험에 의하여 극복하려는 욕구에 있다는 것을 논술했다. 이른바 신의 사랑이라고 불려지는 종교적 형태의 사랑은 심리학적으로 말한다면 별다른 것이 아니다.

그것은 분리를 극복하고 결합을 성취하려는 욕구에서 나온 것이다. 사실상 신의 사랑은 인간의 사랑과 마찬가지로 수많은 상이한 특징과 측면을 갖고 있으며, 또 우리는 그와 동일한 정도의 차이점을 발견할 수 있다. 모든 유신론적 종교에 있어 — 그것이 다신교이든 일신교이든 — 신은 최고의 가치, 최고의 선을 의미한다. 따라서 신의 특수한 의미는 인간에게 있어서 무엇이 가장 바람직한 선인가에 달려 있다. 그러므로 신의 개념을 이해하기 위해서는 먼저 신을 숭배하는 사람의 성격구조를 분석해 보아야 한다.

인류의 발달은 우리들이 알고 있는 한, 인간의 자연으로부터, 어머니로

---

15 《마이스터 에크하르트》 참조.

부터, 피와 토지의 결속으로부터 해방되는 것으로 특정지을 수 있다. 인간 역사의 시초에는, 인간은 비록 자연과의 본원적인 결합으로부터 내던져지기는 했지만, 여전히 이러한 원초적 결속에 매달려 있었다. 그는 이러한 원초적 결속에로 회귀하거나 그것에 집착함으로써 자신의 안전을 발견한다. 그는 여전히 동물 및 나무의 세계와 동일감을 느끼며, 자연세계와 하나로 남아 있음으로써 합일을 발견하려고 한다. 많은 원시종교들은 이러한 발전 단계를 증언하고 있다.

동물은 토템으로 전화(轉化)된다. 즉 사람들은 가장 엄숙한 종교적 행사나 혹은 전쟁에서 동물의 가면을 쓴다. 그는 동물을 신으로 숭배한다. 좀더 발달된 단계에서는 인간의 기술이 직공과 예술가의 경지로까지 발전하고, 인간이 더 이상 자연의 혜택에만 의존하지 않게 되었을 때 ─ 과일을 발견하고 동물을 사냥하는 것 ─ 인간은 그 자신의 손으로 만든 산물을 신으로 전화시킨다.

이것은 흙이나 은 또는 금으로 만든 우상을 숭배하는 단계이다. 인간은 그 자신의 힘과 기술을 그가 만드는 물건에 투입하고, 그리하여 소외된 방식으로 자신의 용기와 소유물을 숭배한다. 더욱 발달된 단계에서는 인간은 그의 신에게 인간의 형태를 부여한다. 이러한 일이 일어날 수 있게 된 것은 오직 인간이 스스로를 더욱 의식하게 되고, 인간을 이 세상에서 최고의, 그리고 가장 존엄한 '사물'로서 발견하게 되었을 때인 것으로 보인다.

신인동형설(神人同形說)적 신의 숭배의 단계에서는 우리는 두 가지 차원에서 발달을 발견한다. 하나는 신의 여성적 혹은 남성적 본성에 관한 것이며, 다른 하나는 인간이 도달한 성숙의 정도에 관한 것으로서, 신의 본질과 신에 대한 인간의 사랑의 본질을 결정하는 것이다.

먼저 어머니 중심적 종교로부터 아버지 중심적인 종교로의 발전을 논해 보자. 19세기 중엽의 바하오펜과 몰간의 위대하고도 결정적인 발견에 따르면 — 물론 이 발견은 학계에서 논박되고 있지만 — 적어도 수많은 문화에 있어서 부권적인 것에 선행하는 모권적인 종교의 단계가 존재했음은 거의 의심할 여지가 없다. 모권적 단계에 있어서 최고의 존재는 어머니이다. 그녀는 여신이며, 가족과 사회의 권위자이기도 하다.

모권적 종교의 핵심을 이해하기 위해서는 우리는 모성애의 핵심에 관해 논했던 부분을 다시 떠올려 보아야 한다. 어머니의 사랑은 무조건적이다. 그것은 모든 것을 보호하고 모든 것을 포용하는 것이다. 그것은 무조건적이기 때문에 또한 통제될 수도 획득될 수도 없다. 그것이 있으면, 사랑받는 사람은 축복의 느낌을 갖는다. 그것이 없으면 상실감과 심한 절망감을 맛보게 된다. 어머니는 자녀들을 단지 자신의 자녀라는 이유로 사랑하는 것이지, 자녀들이 착하고 순종적이라거나 혹은 부모의 바람과 명령을 따르기 때문에 사랑하는 것은 아니다. 그러므로 어머니의 사랑은 평등에 기초하고 있다. 모든 인간은 평등하다. 왜냐하면 그들 모두는 어머니의 자녀들이기 때문이며, 또한 그들 모두는 '어머니인 대지(大地)'의 자녀들이기 때문이다.

인간 발전의 다음 단계는, 우리들이 지식을 통해 알고 있으므로 추론이나 재구성에 의존할 필요가 없는 유일한 것으로서 부권적 단계이다. 이 단계에서는 어머니는 그녀의 최상의 지위를 박탈당하고, 아버지가 종교에 있어서나 사회에 있어서나 '최고의 존재'가 된다. 부성애의 본질은 그가 명령을 내리고 원칙과 법률을 확립함에 있으며, 아들에 대한 그의 사랑은 이러한 명령에 대한 아들의 순종에 달려 있다. 그는 자기를 가장 닮고 가장 순종하며 또 그의 계승자가 되기에 가장 적합한 아들을 가장 좋아한다(부권적 사회의 발전은 사유재산의 발전과 병행한다).

결과적으로 부권적 사회는 계급 서열적이다. 즉 형제들의 평등성은 서로 경쟁과 투쟁으로 변해버린다. 인도, 이집트, 그리스 등의 문화, 유태적 기독교, 이슬람교 등을 생각해 보면 우리는 부권적 세계의 한가운데에 놓이게 된다. 이 부권적 세계는 남성적 신을 가지고 있으며, 하나의 주신(主神)이 통치하거나 유일신 이외의 모든 신은 소멸되어 버리고 없다. 그렇지만 어머니의 사랑에 대한 소망은 사람들의 가슴에서 근절될 수 없는 것이므로, 사랑하는 어머니의 상이 신전에서 완전히 축출되지 않았던 것은 결코 놀라운 일이 아니다.

유태교에 있어서 신의 모성적 측면은 특히 신비주의의 여러 시대에 재도입되었다. 가톨릭교에서는 어머니가 교회에 의해, 그리고 성처녀(聖處女)에 의해 상징되었다. 심지어 프로테스탄티즘에서도 어머니상은 —비록 숨겨져 있기는 하지만— 완전히 제거되지는 않았다. 루터는 인간이 행하는 어떤 것도 신의 사랑을 얻을 수 없다는 것을 자신의 주요 원리로 확립했다. 신의 사랑은 '은총'이고, 종교적 태도는 이러한 은총에 대하여 신념을 갖는 것이며, 자기 자신을 왜소하고 무력한 것으로 만드는 것이다. 아무리 선한 일이라도 신에게 영향을 미칠 수는 없으며, 가톨릭의 교리가 가정하는 바와 같이 신으로 하여금 우리를 사랑하게 할 수도 없다.

우리들은 여기서 선한 일에 대한 가톨릭의 교리가 부권적 특성을 갖고 있음을 인식할 수 있다. 즉 나는 순종함으로써, 그리고 요구사항을 완수함으로써 아버지의 사랑을 얻을 수 있다는 것이다. 반대로 루터의 교리는 그것의 현저한 부권적 특성에도 불구하고 그 안에 모권적 요소를 갖고 있다. 어머니의 사랑은 획득될 수 없다.

그것은 존재하기도 하고 존재하지 않기도 한다. 내가 할 수 있는 유일한 것은 신념을 갖는 것이며["내 모친의 젖을 먹을 때에 의지하게 하셨나이다."[16]라고 〈시편(詩篇)〉에서 말하는 것처럼], 나 자신을 무력하고 무능한 어린애로 바꾸어 놓는 것이다. 그러나 어머니의 상이 두드러지게 제거되고 아버지의 상으로 대체된 것은 루터 신앙의 특성이다. 즉 어머니에게 사랑받는다는 확실성 대신에 강렬한 의혹, 즉 '아버지'의 무조건적인 사랑에 대한 희망과는 반대되는 희망이 최대의 특징이 된다.

나는 신의 사랑의 특성이 종교의 모권적 측면과 부권적 측면의 각각의 비중에 따라 좌우된다는 것을 밝히기 위해 종교에 있어서의 모권적 요소와 부권적 요소의 차이를 논의하지 않으면 안 된다. 부권적 측면에서는, 나는 신을 아버지처럼 사랑한다. 즉 신은 공정하고 엄격하며, 처벌 또는 상을 준다고 가정되고 있으며, 결국에 가서는 신은 자기가 가장 아끼는 아들을 선택할 것이라고 가정한다. 즉 신이 아브라함의 이스라엘을 선택한 것처럼, 이삭이 야곱을 선택한 것처럼, 신이 자신의 마음에 드는 국민을 선택한 것처럼.

종교의 모권적 측면에 있어서는, 나는 신을 모든 것을 포용하는 어머니로서 사랑한다. 나는 내가 아무리 가난하고 무력하다 하더라도, 또 아무리 내가 죄를 지었다 하더라도 그녀는 나를 사랑할 것이며, 다른 처녀들도 나와 다름없이 좋아할 것이며, 나에게 어떤 일이 일어나더라도 그녀

---

16 〈시편〉 22장 9절.

는 나를 구원해 줄 것이며, 나를 용서해 줄 것이라는 신념을 갖고 있다. 말할 것도 없이 신에 대한 나의 사랑과 나에 대한 신의 사랑은 분리될 수 없다.

만약 신이 아버지라면, 그는 나를 아들처럼 사랑할 것이며 나는 그를 아버지처럼 사랑할 것이다. 만약 신이 어머니라면 그녀의 사랑과 나의 사랑은 이러한 사실에 의해 결정된다. 신의 사랑에 있어서 어머니적 측면과 아버지적 측면의 차이는 그러한 사랑의 본질을 결정하는 하나의 요인에 불과하다. 다른 요인은 개인에 의해 도달된 성숙의 정도이다. 즉 신에 대한 그의 개념과 신에 대한 그의 사랑의 정도에 있다. 인류의 진화는 종교에 있어서와 마찬가지로 사회구조에 있어서도 어머니 중심적인 것에서 아버지 중심적인 것으로 이행된 것이므로 우리들은 주로 부권적 종교 발전의 측면에서 성숙한 사랑의 발전을 추적할 수 있다.[17]

이러한 발전의 초기 단계에서는, 우리는 그가 창조한 인간을 자신의 소유물로 생각하고 그가 좋아하는 것은 무엇이든지 그의 이름으로 하게 하는 독재적이고 질투심 많은 신을 발견한다. 이 신이 인간을 천국에서 추방한 종교적 단계이며, 인간이 지혜의 열매를 먹지 않았다면 그 자신으로 될 수 있었던 단계이다. 또한 이것은 신이 홍수에 의해 인류를 파괴하려고 결심한 단계이다. 왜냐하면 인간들 중 총애하는 아들인 노아를 제외하고는 어느 누구도 그를 즐겁게 해주지 않았기 때문이다. 또한 이 단계는 신이 아브라함에 대하여 신에 대한 그의 사랑을, 절대적인 순종의

---

17 이것은 특히 서구의 일신교적 종교에 대해 진실이다. 인도의 종교에서는 어머니상이 커다란 영향력을 보유하고 있다. 이를테면 시바(Siva)의 아내인 죽음의 여신 칼리(Kali)가 그 예이다. 반면에 불교의 도교에 있어서는 신이나 어신의 개념은   비록 안전히 배제된 것은 아니지만 — 본질적인 의의를 갖지 못한다.

행위에 의한 증명을 위해 그의 총애하는 외아들 이삭을 죽이도록 요구하는 단계이다. 그러나 동시에 새로운 단계가 시작된다. 즉 신은 이 약속에 구속된다. 신은 그 약속에 속박당할 뿐만 아니라 그 자신의 원리, 즉 정의의 원리에 의해서도 속박당한다. 그리고 이러한 기초 위에서 신은 적어도 열 사람의 의인(義人)이 존재하는 한 소돔을 살려주어야 한다는 아브라함의 요구에 굴복하지 않으면 안 된다.

그러나 종교가 한층 더 발전하면 신은 독재적인 부족장의 상에서 자애로운 아버지, 즉 자기가 주장한 원리에 의해 그 자신도 속박당하는 아버지의 상으로 변화된다. 이 발전에 의해 신은 아버지의 상에서 그의 원리의 상징, 즉 정의, 진리, 그리고 사랑의 상징으로 바뀌는 방향으로 나아간다. 신은 진리이며 정의이다. 이러한 발전 과정에서 신은 사람이고 남성이고 아버지인 것을 그만둔다. 그는 다양한 모든 현상의 뒤에 있는 통일의 원리를 상징하는 것이 되며, 인간의 내부에 있는 정신적인 씨앗으로부터 피어날 꽃의 비전을 상징하는 것이 된다. 신은 이름을 가질 수 없다. 이름은 언제나 사물을, 혹은 인간이나 어떤 유한한 것을 가리키는 것이다.

신이 사람도 사물도 아니라면 어떻게 이름을 가질 수 있겠는가? 이러한 변화 중 가장 커다란 사건은 신이 모세에게 계시하는 성경의 이야기이다. 모세가 헤브라이인들은 자기가 신의 이름을 말해주지 않는 한 신이 자기를 보냈다는 것을 믿으려 하지 않을 것이라고 신에게 말했을 때 (우상의 본질은 이름을 갖고 있는 것이므로 우상숭배가 어떻게 이름 없는 신과 일치할 수 있겠는가?) 신은 양보한다.

신은 모세에게 자신의 이름은 "스스로 있음이니라."라고 말해준다. "스스로 있음이 내 이름이다."라고. 이 '스스로 있음'이라는 것은, 신은 유한한 것도 인간도 아니며, '존재'도 아니라는 것을 의미한다. 이 구절을 가장 적절하게 번역한다면 '나의 이름은 이름이 없다는 것이다'가 될 것이다.

신에 대해 어떤 이미지도 만들지 말며, 신의 이름을 함부로 말하지도 말며, 결국은 신의 이름을 결코 공언하지 말라는 이와 같은 금지는 하나의 목표를 갖고 있다. 즉 신은 아버지라든가 사람이라든가 하는 관념으로부터 인간을 해방시키려는 목표를 갖고 있는 것이다. 신학이 더욱 발전한 단계에서는 이러한 사상은 더욱 진척되어 신에게 어떠한 실증적인 속성도 부여해서는 안 된다고 하는 원리로 된다. 신은 현명하고 강하며 선이라고 말하는 것은, 다시금 신은 사람임을 의미하는 것이 된다. 내가 할 수 있는 것은 '신은 어떤 것이 아니다'라고 말하는 것이다. 이를 부정적으로 표현하면 신은 제한되어 있지 않으며, 친절하지도 않고, 공정하지도 않다고 가정하는 일이다. 신이 어떤 것이 아님을 알면 알수록 나는 신에 대해 더 많은 지식을 갖게 된다.[18] 일신교의 사상이 더욱 성숙해짐에 따라 그 결과는 단 하나의 결론에 이를 수 있을 뿐이다. 즉 결코 신의 이름을 말하지 말며, 신에 대해서도 말하지 말라는 결론에 도달한다. 그렇다면 신은 일신교적 신학에 있어서 잠재적인 것이 되며, 삼라만상의 기초가 되는 통일, 모든 존재의 기초에 관한 표현할 수 없는 것, 이름 없는 유일자(唯一者)로 된다. 신은 진리, 사랑, 정의가 된다. 내가 인간인 이상 신은 나인 것이다.

---

18 마이모니데스(Maimonides : 스페인계 유태의 신학자)의 《난저하고 복삽한 분세를 뷔한 시침》에 있어서 부정적 속성의 개념 참조.

이렇듯 신인동형설의 원리에서 순수하게 일신교적인 원리로 발전함에 따라 신의 사랑의 본질에 관해서도 여러 가지 차이가 생기게 됨은 명백한 일이다. 아브라함의 신은 아버지로서 사랑받을 수도 있고 공포의 대상이 될 수도 있다. 때로는 신의 용서가, 때로는 신의 분노가 지배적인 측면이 된다. 신이 아버지라면 나는 그의 아들이다. 나는 전지와 전능의 자기내성적(自己內性的)인 소망에서 완전히 벗어나지 못했다. 나는 인간으로서 나의 한계, 나의 무지, 나의 무력함을 인식할 만큼의 객관성을 아직 얻지 못했다. 나는 아직도 어린애처럼 나를 구원해 주는 아버지, 나를 보호해 주는 아버지, 나를 처벌하는 아버지, 그리고 내가 순종할 때 나를 사랑하고 내가 순종하지 않을 때 화를 내며, 내가 찬미하면 만족해하는 아버지가 틀림없이 존재한다고 주장한다.

매우 분명한 일이지만, 대다수의 사람들은 그들의 인간적 발달 과정에서 이러한 유아기의 단계를 극복하지 못하고 있다. 따라서 대부분의 사람들에게 있어 신에 대한 믿음은 도움을 주는 아버지에 대한 신앙 — 유치한 환상 — 이다. 이러한 종교의 개념이 인류의 몇몇 위대한 스승들에 의해, 그리고 극소수의 사람들에 의해 극복된 것은 사실이지만, 그럼에도 불구하고 그것은 여전히 종교의 지배적 형태로 남아 있다.

위에서 말한 바가 옳다면 프로이트가 주장한 바와 같은 신의 관념에 대한 비판은 타당하다고 할 수 있다. 그렇지만 그의 오류는 그가 일신교적 종교의 다른 측면을 무시한 사실과 신의 개념을 부정하는 것으로 이끈 그의 논리에 있다. 진실하게 종교적인 사람은 일신교의 이념의 핵심을 긍정한다면 어떤 것이라도 그것을 위해서는 기도하지 않으며, 신에게 아무것도 기대하지 않는다. 즉 그는 어린애가 아버지나 어머니를 사랑하는 것처럼 신을 사랑하지는 않는다.

그는 자기가 신에 대해 아무것도 모른다는 것을 인식할수록 자신의 지식의 한계를 감지하는 겸손을 얻게 된다. 인간 진화의 초기 단계에서는 신은 인간이 갈망하는 모든 것의 상징이며, 정신적 세계와 사랑, 진리, 정의 등의 왕국을 표현한 하나의 상징이다. 그는 신이 나타내는 원리를 신뢰한다. 즉 그는 진리를 생각하며 사랑과 정의에 따라 살고, 자신의 인간적인 힘을 충분히 발휘할 수 있는 기회를 주는 한에서만 자신의 삶을 가치 있는 것으로 생각한다. 문제가 되는 유일한 실재로서, '궁극적 관심'의 유일한 대상으로서, 그리고 결과적으로 그는 선을 말하지도 않으며 신의 이름조차 말하지 않는다.

신을 사랑한다는 것은 사랑의 능력을 얻기를 갈망하고 '신'이 스스로 나타내는 바를 실현하기를 갈망한다는 것을 의미한다. 이러한 관점에서 보면 일신교적 사상의 논리적 결론은 모든 '신학', '신에 관한 모든 지식'을 부정하는 것이다. 그렇지만 이러한 급진적인 비신학적 견해와 초기의 불교나 도교에서 볼 수 있는 비유신론(非有神論) 체계 사이에는 차이가 있다. 모든 유신론적 체계, 심지어는 비신학적 신비적인 체계에 있어서조차도 인간을 초월하고 인간의 정신적 능력과 구원 및 내적 탄생에 대한 갈망에 의미와 타당성을 부여하는 정신적 영역의 실재가 가정되고 있다.

비유신론적 체계에 있어서는 인간의 외부에 있는, 또는 인간을 초월해 있는 정신적 영역은 존재하지 않는다. 사랑, 이성, 그리고 정의의 영역은 오직 인간이 진화과정을 통하여 그 자신 안에 이러한 힘을 발전시킬 수 있었기 때문에, 그런 한에 있어서만 실재로서 존재한다. 이러한 견해에서는, 생명은 인간이 스스로 삶에 부여하는 의미 이외에는 어떤 의미도 없다. 즉 인간은 남을 도와줄 때 이외에는 아주 고독하다.

신에 대한 사랑에 관해 말해 왔지만, 여기서 밝혀두고 싶은 것은 나는 유신론적인 개념의 면에서 생각하고 있지 않다는 점이다. 따라서 나에게 신의 개념은 인간이 주어진 역사적 시대에 더 높은 힘의 경험, 진리에 대한 갈망, 그리고 통일에 대한 갈망을 표현하고 있는 역사적으로 조건지어진 개념에 불과하다. 그렇지만 나는 역시 엄격한 일신교의 결과와 정신적 실재에 대한 비유신론적인 궁극의 관심은 비록 서로 다른 것이기는 하지만 서로 충돌할 필요는 없는 두 가지 견해라고 믿고 있다.

그러나 여기서 신의 사랑에 관하여 이것과는 다른 차원의 문제가 발생하는데, 이것은 문제의 복잡성을 헤아리기 위해 논의되지 않으면 안 된다. 나는 동양(중국과 인도)과 서양의 종교적 태도에 있어서의 근본적인 차이를 언급하려고 한다. 이러한 차이는 논리적 개념의 면에서 표현될 수 있다.

아리스토텔레스 이후 서양세계는 아리스토텔레스 철학의 논리적 원칙을 추종해 왔다. 이 논리는 A는 A라고 기술하는 동일성의 법칙, 모순의 법칙(A는 비(非)A가 아니다), 그리고 배중률(排中律 : A는 A이면서 동시에 비A일 수는 없으며, 또한 A도 아니고 비A도 아닐 수는 없다)의 법칙에 기초하고 있다.

아리스토텔레스는 그의 입장을 다음의 구절에서 분명하게 설명하고 있다. "동일한 사물이 동일한 측면에서 동일한 사물에 속하고 동시에 속하지 않는다는 것은 불가능하다. 그리고 변증법적 반대에 대항하기 위하여 이밖에 다른 어떤 구별을 하더라도 그것을 증가되게 할 따름이다. 따라서 이것은 모든 원리 중 가장 확실한 것이다."[19]

아리스토텔레스 논리학의 이러한 공리는 우리들의 사고의 관습에 매우 깊숙하게 스며들어 있으므로, 그것은 당연하면서도 자명한 것으로 느껴진다. 반면에 'X는 A이며 A가 아니다'라는 진술은 사리에 맞지 않는 난센스처럼 들린다(물론 어떤 시간에서의 X라는 주제에 관한 진술은 지금의 X와 나중의 X에 해당되지 않으며, 혹은 다른 측면에 반대되는 것으로서의 X의 한 측면을 말하지 않는다).

아리스토텔레스적 논리에 반대되는 것으로 이른바 '역설적 논리'가 있다. 이것은 'A와 비A는 X의 속성으로서 서로 배척하지 않는다'라고 가정한다. 역설적 논리는 중국과 인도의 사고에 있어서, 그리고 헤라클레이토스의 철학에 있어서 지배적이었으며, 그것은 다시 변증법이라는 이름으로 헤겔과 마르크스의 철학이 되었다.

역설적 논리의 일반적 원칙은 노자(老子)에 의해 분명하게 기술되었다. "엄밀하게 참된 말은 역설적인 것으로 보인다."[20] 그리고 장자에 의해서도 명시되었는데, 그는 "하나는 하나이며, 하나가 아닌 것도 역시 하나이다."라고 기술하고 있다. 이와 같은 역설적 논리의 정식들은 긍정적인 것으로는 '그것은 존재하며 또 존재하지 않는다'이다. 또 다른 하나의 정식은 부정적인 것으로서, '그것은 이것도 저것도 아니다'라는 논리이다.

전자의 사고 형태는 도교의 사상, 헤라클레이토스, 그리고 헤겔의 변증법에서 발견되며, 후자의 공식은 인도 철학에서 자주 나타난다. 비록 아

---

19 아리스토텔레스의 《형이상학》, 리처드 호프에 의해 신역(新譯)된 《아리스토텔레스의 형이상학》에서 인용.
20 노자 《도덕경 동양의 경전》의 '막스 뮐러편' 제39권 120페이지 참조.

리스토텔레스의 논리와 역설적 논리 사이의 차이점에 대한 더욱 상세한 논술이 이 책의 범위를 넘는 것이라 할지라도, 나는 이 원리를 보다 깊이 이해할 수 있게 하기 위해서 몇 가지 예를 들고자 한다.

서구사상에 있어서 역설적 논리는 헤라클레이토스의 철학에서 처음으로 철학적으로 표현되고 있다. 그는 '대립물 사이의 갈등은 모든 실존의 기초이다'라고 가정한다. 그는 다음과 같이 말한다. "그 자체에 있어서 투쟁하고 있는 모든 유일물(唯一物)은 그 자체와 동일하다. 즉 활이나 거문고처럼 '투쟁상태의 갈등적 조화'라는 것을 그들은 이해하지 못하고 있다."[21] 혹은 더욱 간략하게 "우리들은 동일한 강물로 들어간다. 그렇지만 동일한 강물에 있는 것은 아니다. 그것은 우리들이며 또한 우리들이 아니다."[22] 혹은 "하나이면서 동일한 것은 살아 있으면서 죽은 것, 깨어 있으면서 잠자는 것, 젊으면서 늙은 것으로서 사물 속에 그 자신을 나타내고 있다."[23] 노자의 철학에는 이와 동일한 사상이 더욱 시적인 형태로 표현되어 있다.

도교의 역설적 사고의 특징적인 예는 다음의 구절이다. "무게는 가벼움의 근원이며, 정지는 운동의 규제자이다." 혹은 "그 본래의 과정에 있는 대도(大道)는 아무것도 행하지 않는 것이다. 그러므로 대도가 행하지 않는 것은 아무것도 없다." 혹은 "나의 말은 대단히 알기 쉽고 실천하기 쉽다. 그러나 이 말을 알고 실천할 수 있는 사람은 이 세계에 아무도 없다." 도교의 사상에 있어서는 인도의 사상이나 소크라테스의 사상에서와

---

21 카펠레의 《소크라테스 이후의 철학자들》 134페이지 참조.
22 카펠레의 《소크라테스 이후의 철학자들》 132페이지 참조.
23 카펠레의 《소크라테스 이후의 철학자들》 133페이지 참조.

마찬가지로, 사상이 이를 수 있는 최고의 단계는 우리들이 모른다는 것을 깨닫는 데 있다. "알면서도 알지 못한다고 생각하는 것은 최고의 깨달음이요, 알지 못하면서 안다고 생각하는 것은 병이다." 최고의 신은 이름 붙일 수 없다는 것이 이 철학의 유일한 결과이다. 궁극의 실재, 궁극의 유일자는 말이나 사상으로 포착될 수 있는 것이 아니다.

노자가 말하는 것처럼 "걸을 수 있는 대도(大道)는 영속적이거나 불변적인 도가 아니다. 명명된 이름은 영속적이고 변하지 않는 이름이 아니다." 또는 이와 다른 공식으로 "보려고 해도 보이지 않으므로 그것을 빛이 없는 것, 즉 이(夷)라 하고, 들으려 해도 들리지 않으므로 그것을 소리 없는 것, 즉 희(希)라 하며, 잡으려 해도 잡히지 않으므로 그것을 모양이 없는 것, 즉 미(微)라고 한다. 이 세 가지 특성으로 인해 그것은 표현될 수 있는 주제가 될 수 없다. 따라서 우리는 그것들을 혼합하여 하나의 도로 삼는다." 이와 동일한 사상의 또 다른 공식의 하나는 "도를 알고 있는 사람은 그것에 관해 말하지 않는다. 그것에 관해 말하고 있는 사람은 그것을 알지 못하는 사람이다."

바라문의 철학은 (현상의) 다양성과 통일성(바라문)에 관심을 두었다. 그러나 역설적 철학은 인도나 중국에 있어서의 이원론적 관점과 혼동되어서는 안 된다. 조화(통일)는 그것이 이루어져 있는 갈등적 입장으로 구성되어 있다. "바라문의 사상은 처음부터 동시적인 대립상태 ― 그러나 ― 현상적인 세계의 표출된 힘과 형태들의 동일성이라는 역설의 주위로 집중되었다."[24] 인간에 있어서뿐만 아니라 우주에 있어서도 궁극적인

---

24 침머의 《인도 철학》 참조.

힘은 개념적 영역과 감각적 영역을 초월한다. 그렇기 때문에 그것은 '이 것도 아니고 저것도 아니다.' 그러나 짐머가 특징지은 바와 같이 "이 엄격하게 비이원론적(非二元論的)인 인식에 있어서는 '실재적인 것과 비실 재적인 것' 사이에는 어떠한 대립관계도 존재하지 않는다."

다양성의 뒤에 있는 통일성을 추구함에 있어 바라문의 사상가들은 인식된 한 쌍의 대립적인 것은 사물의 본질을 반영하는 것이 아니라 인식하고 있는 정신의 본질을 반영하는 것이라는 결론에 도달했다. 인식하는 사상은 진실한 실재를 얻기 위해서는 그 자체를 초월해야 한다. 대립은 인간 정신의 하나의 범주이지, 그 자체가 실재의 요소는 아니다. 이 원리를 리그베다에서는 다음과 같이 표현하고 있다. "나는 둘이다. 즉 하나는 생명의 힘이며, 동시에 생명의 재료이다." 사상은 오직 모순관계에서만 인식할 수 있을 뿐이라는 이러한 관념의 궁극적 결론은 베다의 사상에서 상당히 맹렬한 형태를 취하고 있다. 베다의 사상 — 그것의 모든 차이를 갖는 — 은 오직 무지의 한층 더 미묘한 수평선일 뿐이며, 사실상 현상계의 모든 현혹시키는 고안물 중에서 '가장 포착하기 어려운 교묘한 것이다'라고 가정하고 있다.

역설적 논리는 신의 개념과 중요한 관계를 갖고 있다. 신이 궁극의 실재를 나타내는 한, 신에 대하여 어떠한 긍정적인 서술도 불가능하다. 베다의 철학에 있어서 전지전능한 신의 관념은 무지의 궁극적인 형태로 생각되고 있다.

우리들은 여기서 도의 무명성(無名性)과 모세에게 말해준 신의 무명이라는 이름, 그리고 에크하르트의 절대적 무 사이의 관계를 살펴보자. 인간은 궁극적 실재에 대해서는 그 부정만을 알 수 있을 뿐이지 결코 그 위치는 알 수 없다. "한편 인간은 신이 무엇인가를 알 수 없다. 비록 신이 무엇이 아님에 대해서는 잘 알고 있다 하더라도……. 그러므로 무에 만족해 있더라도 정신은 모든 것 중에서 최고의 선을 찾아 끊임없이 논의한다."

에크하르트에 있어서는 "신성한 유일자는 제부정(諸否定)의 부정이며, 제부인(諸否認)의 부인이다. 모든 창조물은 부정을 포함하고 있다. 즉 사람은 그것이 다른 것이라는 사실을 부정하는 것이다." 에크하르트의 결론을 더욱 진전시키면 신은 '절대적 무'가 되며, 이것은 마치 궁극적 실재는 헤브라이의 신비철학자인 카발라의 '엔 소프(En sof)', 즉 '무한한 유일자'가 되는 것이다.

나는 지금까지 신의 사랑의 개념에 대해서 중요한 차이점의 근거를 마련하기 위하여 아리스토텔레스의 논리와 역설적 논리의 차이점을 살펴왔다. 역설적 논리의 스승들은 인간은 실재를 오직 모순관계 속에서만 인식할 수 있으며 사고에 의해서는 결코 궁극적인 실재—통일, 유일자 그 자체—를 인식할 수 없다고 말한다. 이것은, 인간은 궁극적인 목표로서, 사고에 의해서 대답을 발견하려고 추구하지 않았다는 결론으로 이끈다. 사고에 의해서는 궁극적 해답이 주어지지 않는다는 지식으로 유도할 뿐이다.

사고의 세계는 역설에 사로잡혀 있다. 세계가 포착될 수 있는 방법은 결국 사고가 아니라 행동 속에, 즉 일체성의 경험에 있는 것이다. 그러므로 역설적 논리는 다음과 같은 결론으로 나아간다. 즉 신의 사랑은 사유에 의한 신의 지식이 아니고 또한 신의 사랑에 관한 사상도 아니며, 신과의 일체성을 성험하는 행농이라는 결론으로 이끄는 것이다. 이 사상은 올바른 생활방식을 강조하게 된다. 모든 생활, 별로 중요치 않은 행동이나 중요한 행동도 모두 신에 관한 지식을 위해 바쳐진다. 그러나 이 지식은 올바른 사유가 아니라 올바른 행동에 의해 얻어진다. 이 점은 동양의 종교에서 분명하게 볼 수 있다. 바라문교에 있어서도, 불교에 있어서도, 도교에 있어서도, 종교의 궁극적 목적은 올바른 믿음이 아니라 올바른 행동이다. 우리는 유태교에서도 이와 동일한 점을 강조하고 있음을 알고 있다.

유태의 전통에는 일찍이 신앙에 관한 분열은 거의 없었다(하나의 커다란 예외, 즉 바리새인들과 사두개 교도들 사이의 차이는 본질적으로 두 개의 절대적 사회계급의 차이였다). 유태의 종교 — 특히 우리들 시대의 시초부터 — 삶은 올바른 방식, 즉 유태의 관례 법규인 '할라카(이 말은 실제로 도(道)와 동일한 의미를 갖고 있다)'를 강조했다.

근대역사에서는 이와 동일한 원리가 스피노자, 마르크스, 프로이트의 사상에 표현되어 있다. 스피노자의 철학에 있어서 강조점은 올바른 믿음에서 올바른 생활 행동으로 이행하고 있다. 마르크스는 "철학자들은 세계를 서로 다른 방법으로 해석했다. 과제는 이것을 변형하는 것이다."라고 말했을 때 이와 동일한 원리를 기술했다. 프로이트의 역설적 논리는 그로 하여금 정신분석학적 치유의 과정, 즉 더욱 심화되어 가는 자아의 체험으로 나아가게 한다. 역설적 논리의 관점에서 보면 강조점은 사유에 있는 것이 아니라 행동에 있다. 이러한 태도는 여러 가지 다른 결과를 야기시켰다.

첫째로 그것은 우리들이 인도나 중국의 종교 발전에서 발견할 수 있는 관용으로 이끌어간다. 만약 올바른 사유가 궁극적인 진리도 구원받는 방법도 아니라면, 그들의 사상이 서로 다른 공식에 도달하고 있는 타인들과 싸울 이유가 없다. 이러한 관용은 암흑 속에서 코끼리에 대하여 기술하도록 요청받은 여러 사람들의 이야기에 훌륭하게 표현되어 있다. 코끼리의 코를 만진 사람은 "이 동물은 송수관과 비슷하다."고 말했고, 코끼리의 귀를 만진 사람은 "이 동물은 부채와 비슷하다."고 말했으며, 코끼리의 다리를 만진 세 번째 사람은 "이 동물은 기둥과 비슷하다."고 묘사했던 것이다.

둘째로 역설적 입장은, 한편에서는 도그마의 발전, 다른 한편에서는 과학의 발전을 강조하기보다는, 오히려 '인간의 개조'를 강조했다. 인도와 중국 및 신비주의의 입장에서 본다면, 인간의 종교적 과제는 올바르게 생각하는 것이 아니라 올바르게 행동하는 것이며, 혹은 명상의 행위를 통하여 유일자와 일체가 되는 것이다.

서구사상의 주류는 이와는 정반대의 것을 사실로 생각했다. 사람은 올바른 사고 속에서 궁극적인 진리를 발견할 것을 기대하므로 주된 강조점은 사상에 놓여졌다. 올바른 행동도 역시 중요한 것으로 받아들여졌지만, 종교적 발전에 있어서 이것은 도그마의 정식화(定式化)로 이끌어 갔으며, 도그마적인 정식화에 관한 끊임없는 논란, 그리고 비신자와 이교도들에 대한 비판용으로 이끌어 갔다. 더구나 그것은 종교적 태도의 주된 목표로서 신을 믿는 것을 강조하고 있었다. 물론 이것은 인간이 올바르게 살아야 한다는 개념이 없었다는 것을 의미하는 것은 아니다.

그러나 설사 신이 존재하지 않더라도 신을 믿는 사람은, 신은 존재하지만 신을 믿지 않는 사람들보다는 낫다고 느꼈다. 사유에 대한 강조는 역사적으로 대단히 중요한 또 하나의 결과를 가져왔다. 사유 속에서 진리를 발견할 수 있다는 관념은 도그마로 나아갔을 뿐만 아니라 과학적으로도 역시 진전되었다. 과학적 사상에서는 지적 정직성이라는 면에서나 과학적 사상의 실천―즉 기술―에 적용하는 면에서나 문제가 되는 것은 오직 올바른 사고이다.

간단히 말하면, 역설적 사상은 관용으로 이끌며 또한 자기 변형을 향한 노력으로 이끌었다. 아리스토텔레스의 관점은 도그마와 과학으로 이끌었으며, 가톨릭 교회로 이끌었고, 원자력의 발견으로 이끌었다. 신의 사랑의 문제에 대한 두 가지 입장 사이의 이와 같은 상이성의 결과는 이미 함축적으로 설명되었으므로, 여기에서는 간단히 요약하는 것만으로도 충분하다.

지배적인 서구 종교 체계에서의 신의 사랑은 본질적으로 신의 믿음, 신의 존재의 믿음, 신의 정의의 믿음, 신의 사랑의 믿음과 같은 것이다. 신의 사랑은 본질적으로 사유 경험이다. 동양의 종교 및 신비주의에 있어서 신의 사랑은 삶의 모든 행동 속에서 이러한 사랑이 표현과 밀접하게 관련되어 있는 일체성의 강한 경험이다. 가장 급진적인 정식화는 에크하르트의 다음과 같은 목표에 나타나 있다. "따라서 만일 내가 신과 생활함으로써 내가 신으로 변화되고 신이 나를 그 자신과 하나로 만든다면, 우리들 사이에는 어떠한 구별도 존재하지 않는다……. 어떤 사람들은 그들이 신을 보려고 하는 것으로, 마치 신은 저쪽에 서 있고 그들은 이쪽에 서 있는 것처럼 신을 보려고 한다. 그러나 그렇지 않다. 신과 나, 우리들은 하나이다. 신을 인식함으로써 나는 신을 나 자신으로 간주한다. 신을 사랑함으로써 나는 신에게 침투한다." 우리들은 지금 부모에 대한 사랑과 신에 대한 사랑 사이에 존재하는 하나의 중요한 평행선으로 돌아갈 수 있다. 어린아이는 그의 모든 존재의 근원으로서의 어머니에게 집착함으로써 출발한다. 그는 무력함을 느끼고 모든 것을 포용하는 어머니의 사랑을 필요로 한다. 그러고 나서 새로운 애정의 중심으로서 아버지에게로 향한다. 아버지는 사상과 행동의 지도 원리이다. 이 단계에서 그의 행동의 동기는 아버지의 칭찬을 얻고 그의 불쾌를 피하려는 욕구에 있다. 충분히 성숙한 단계에서 그는 보호와 명령의 힘으로서의 아버지와 어머니로부터 자신을 해방시킨다.

즉 그는 그 자신 속에 모성적 원리와 부성적 원리를 확립한다. 그는 그 자신의 아버지와 어머니가 된 것이다. 그는 아버지이고 어머니이다. 인류의 역사에서 우리는 이와 동일한 발전을 본다―그리고 기대할 수 있다. 즉 어머니적인 여신에 대한 무력한 애착의 신에 대한 사랑으로부터 시작하여, 아버지적인 남신에 대한 순종적 애착을 통하여 성숙의 단계로 발전한다. 이 단계에서 신은 외적인 힘이 아니고, 인간은 사랑과 정의의 원리를 그 자신 속에 합병하며, 신과 함께 하나가 되고 결국 인간은 신을 오직 시적이고 상징적인 의미로서만 말하게 되는 것이다.

이러한 고찰에서 신에 대한 사랑은 부모에 대한 사랑으로부터 분리될 수 없다는 결론이 나온다. 만일 어떤 사람이 어머니나 친척, 국민에 대한 근친상간적(近親相姦的)인 애착심으로부터 벗어나지 못한다면, 또 그가 처벌하고 상을 주는 아버지나 혹은 어떤 다른 권위자에 대해 어린애 같은 의존심을 계속 갖고 있다면, 그는 더욱 성숙한 신에 대한 사랑을 발전시킬 수 없다. 즉 그의 종교는 초기 단계의 종교에서는, 신은 모든 것을 보호하는 어머니로서 혹은 처벌과 보상을 주는 아버지로서 경험되고 있었던 것이다.

현대 종교에 있어서는 가장 초기의 가장 원시적인 것으로부터 최고의 현재의 발전에 이르는 모든 단계를 발견할 수 있다. 따라서 '신'이라는 말은 부족의 추장을 가리키기도 하고, '절대무(絶對無)'를 가리키기도 한다. 마찬가지로 각 개인은 프로이트가 제시한 바와 같이, 무력한 유아기로부터의 모든 단계를 자신의 의식 속에 가지고 있다. 문제는 그가 어느 정도까지 성장했는가 하는 것이다.

다음의 한 가지 사실은 분명하다. 즉 그의 신에 대한 사랑의 본질은 그의 인간에 대한 사랑의 본질과 일치하는 것이며, 더구나 그가 갖고 있는 신과 인간에 대한 사랑의 특성은 흔히 의식되지 못하고 있다ㅡ자기의 사랑이란 어떤 것인가에 관하여 더욱 성숙한 사고에 덮여서 합리화되어 버리기 때문에 인간에 대한 사랑은 그의 가족에 대한 관계 속에 직접적으로 묻혀 있는 것이긴 하지만, 최종적인 분석을 해보면 그가 살고 있는 사회구조에 의해 결정되고 있음을 알 수 있다.

만약 사회구조가 권위ㅡ공공연한 권위, 또는 시장과 여론의 익명의 권위ㅡ에 복종하는 구조라고 한다면, 그의 신에 대한 개념은 유아기적인 것임에 틀림이 없으며, 일신교적 종교의 역사에서 발견되는 씨앗인 성숙한 신의 개념과는 거리가 먼 것임에 틀림이 없다.

현대 서구사회에서의
사랑의 붕괴

제3장

성숙한 생산적인 성격을 갖는 능력을 사랑이라고 한
다면, 어떤 문화에 있어서도 개인의 생활에서 사랑할
수 있는 능력은 이 문화가 평균적인 보통 사람들의 성
격에 미치는 영향에 좌우된다고 할 것이다. 만일 현대 서구문화에서의
사랑에 관해 말한다면, 우리들은 서구문명의 사회적 구조와 그것으로부
터 생겨나는 정신이 사랑의 발전에 도움이 되는 것인가를 묻고 있는 셈
이 된다. 여기서 의문을 제기하는 것은 곧 그것을 부정적으로 답하는 것
이다.

서구생활의 객관적 관찰자는 누구나 사랑―형제애, 모성애, 그리고
에로틱한 사랑―은 비교적 희귀한 현상이며, 더구나 그것은 실제로 사
랑의 붕괴의 형태를 수없이 취하고 있다는 사실에 대해 전혀 의심하지
않는다. 자본주의 사회는, 한편으로는 정치적 자유의 원리에 입각해 있
고, 다른 한편으로는 모든 경제적인, 따라서 사회적인 제관계를 통제하
는 규제자로서 시장의 원리를 그 기초로 하고 있다.

상품 시장은 상품이 교환되는 조건을 결정하며, 노동시장은 노동의 획
득과 판매를 규제한다. 유용한 사물은 물론이요 유용한 인간의 에너지나
기술도 시장의 조건하에서는 어떠한 폭력이나 사기를 행사함이 없이 교

환되는 상품으로 변화된다. 구두는 유용하고 필요한 사물이지만, 만약 시장에서의 수요가 없다면 아무런 경제적 가치(교환가치)를 갖지 못한다.

인간의 에너지나 기술도 현존의 시장 조건하에서 그것에 대한 수요가 없다면, 전혀 교환가치가 없는 것이다. 자본의 소유자는 노동력을 구매할 수가 있고, 또 그것이 자신의 자본에 유익한 투자를 위해 작용하도록 강요할 수 있다. 노동의 소유자는 그가 굶어 죽지 않기 위해서는 현재의 시장조건하에서 자신의 노동력을 자본가에게 판매하지 않으면 안 된다. 이러한 경제구조는 가치의 서열 체계를 반영하고 있다. 자본은 노동을 강요한다. 즉 죽어 있는 축척된 사물들은 노동, 즉 살아 있는 인간의 힘보다 훨씬 가치를 갖고 있다.

이것은 처음부터 자본주의의 기본구조였다. 그러나 이것은 여전히 근대 자본주의의 특징이기는 하지만 수많은 요인들이 변화되었으며, 그것은 현대 자본주의에 독특한 특성을 부여하고 또 현대인의 성격구조에 심각한 영향을 미치고 있다. 자본주의의 발전의 결과로서 자본의 중앙집권화와 집중화의 과정이 더욱 증대되고 있다. 대기업들은 그 규모면에서 계속적으로 증대하는 데 반해 소기업들은 더욱 압박을 받고 있다. 이들 기업에 있어서 투자자본의 소유자는 그것을 경영하는 기능으로부터 더욱 분리되고 있다.

수십만의 주주들이 그 기업을 '소유'하고 있다. 그리고 좋은 보수를 받고 있기는 하지만 그 기업을 소유하고 있지는 않은 많은 관리층들이 그 기업을 경영하고 있다. 이들 관리층은 최대의 이익을 거두는 것보다는 그 기업의 확장과 그들 자신의 권력에 더 많은 관심을 갖고 있다. 증대하고 있는 자본의 집중화와 강력한 관리층의 출현은 노동운동의 발전과 병행하고 있다. 노동조합화를 통해 개개의 노동자는 노동시장에서 스스로 자신을 위해 흥정할 필요가 없게 되었다.

그는 거대한 노동조합에 가입하고 있으며, 산업거상(產業巨像)과 맞서서 자기를 대변하고 있는 강력한 관료에 의해 지도된다. 주도권은 좋든 싫든 자본의 영역에서나 노동의 영역에서나 개인으로부터 조직으로 옮겨졌다. 수많은 사람들이 독립성을 잃게 되었고, 거대한 경제제국의 경영자에게 의존하게 되었다.

근대 자본주의의 특성(자본의 집중화)에서 생기는 또 하나의 결정적인 특징은 일이 조직화되는 특수한 방식에 있다. 급진적인 분업의 양상을 띠고 있는 거대하게 중앙집권화된 기업에서는 개인이 자신의 개성을 잃고 노동은 조직화된다. 거기서 개인은 기계 속의 톱니바퀴와 같은 소모품으로 전락한다. 근대 자본주의에서 인간의 문제는 다음과 같이 공식화될 수 있다.

근대 자본주의는 많은 사람들과 원활하게 협동할 수 있는 사람을 요구한다. 즉 보다 더 많이 소비하고 싶어하며, 그의 취미가 표준화되어 쉽사리 영향받을 수 있고 또 예기될 수 있는 사람을 요구한다. 또한 근대 자본주의는 어떠한 권위나 원리, 선악의 관념에도 예속되지 않고 자유와 독립을 느끼는 인간을, 그렇지만 명령에 기꺼이 복종하고 자신에게 요구되는 바를 즐겨 이행하려 하며, 전혀 마찰 없이 사회적 기계에 적응하는 인간을 필요로 한다. 즉 강제가 없어도 통제될 수 있고, 지도자가 없어도 지도될 수 있으며, 목적이 없어도 고무될 수 있는 사람을 필요로 하는 것이다. 목적을 달성하고, 진보적이며, 기능을 다하며 전진하는 사람은 제외하고…….

그 결과는 무엇인가? 현대인은 그 자신으로부터 소외되고 그의 동료로부터 소외되며 자연으로부터 소외된다.[1] 그는 하나의 상품으로 변질되며, 자신의 생명력을 현재의 시장 조건하에서 얻을 수 있는 최고의 이윤을 자신에게 가져다주는 하나의 투자로서 경험한다. 인간관계는 본질적으로 소외되고 기계화되어 개개인은 어떤 무리에 가까워짐으로써 자신의 안전을 확보하며, 사상과 감정 및 행동에 있어서도 다른 사람들과 전혀 다르지 않다는 것에서 안도감을 느낀다.

각자가 가능한 한 서로 가까워지려고 노력하지만 사람들은 매우 고독하며, 그 고립을 극복할 수 없을 때 필연적으로 나타나는 불안감, 근심, 죄의식 등에 깊이 사로잡힌다. 현대 문명은 인간이 의식적으로 이러한 고독을 깨닫지 못하도록 도와주는 완화제를 많이 제공해 준다. 우선 제도화된 기계적인 일의 엄격한 과정, 즉 이것의 일상화는 그것의 가장 대표적인 예로서, 인간이 자신의 가장 근본적인 욕구, 즉 초월과 합일에 대한 갈망을 깨닫지 못하게 하는 데 도움을 준다. 그러나 이런 일상화만으로는 그것을 극복하지 못하기 때문에 인간은 오락의 일상화, 즉 오락산업에 의해 제공되는 음향과 구경거리를 수동적으로 소비함으로써, 나아가서 새로운 것을 구매하고 그것을 곧 다른 것과 교환하는 만족감에 의해 자신의 무의식적인 절망을 극복한다.

현대인은 헉슬리가 그의 《용감한 신세계》에서 묘사하고 있는 상과 흡사하다. 즉 잘 먹고 옷 잘 입고, 성적으로 만족한, 그렇지만 자아가 없고 예외없이 그의 동료들과 아주 피상적인 접촉만을 가지고 있을 뿐이다.

---

1 소외의 문제와 현대사회가 인간의 성격에 미치는 영향에 대한 더욱 상세한 논의는 에리히 프롬의 《건전한 사회》 참조.

헉슬리가 매우 간략하게 공식화한 슬로건, 즉 '개인이 감정을 가질 때 공동체는 동요된다.' 혹은 '당신이 오늘 가질 수 있는 즐거움을 내일로 미루지 말라.', 또는 '모든 사람은 현재 행복하다.' 등의 슬로건에 의해 제어되는 인간인 것이다.

인간의 오늘의 행복은 즐기는 데 있다. 즐긴다는 것은 상품, 구경, 음주, 끽연, 사람들, 강연, 서적, 영화 등을 입수하는 것을 말한다. 이 모든 것은 소비되고 삼켜지는 것이다. 이 세계는 우리들의 식욕을 위한 하나의 거대한 대상으로서 하나의 커다란 젖가슴이다. 우리 인간들은 포유류이며 영원히 기대하는 자이고 희망에 찬 자이다 ― 그리고 희망이 허사가 된 영원히 실망하는 자이다. 우리들의 성격은 교환과 수용을 위하여, 물물교환과 소비를 위하여 장치되어 있다. 정신적인 대상뿐만 아니라 물질적인 대상의 모든 것이 교환과 소비의 대상이 된다. 사랑에 관한 한 상황은 필연적으로 현대인의 이와 같은 사회적 성격과 일치하고 있다. 기계화된 인간은 사랑을 할 수 없다. 기계화된 인간은 자신의 '퍼스낼리티라는 상품'을 교환할 수 있고 공정한 거래를 희망할 수 있을 뿐이다.

사랑에 관한 가장 의미 있는 표현의 하나, 특히 이러한 소외된 구조를 갖는 결론에 관해 가장 의미 있는 표현의 하나는 '팀(team)'이라는 관념이다. 행복한 결혼을 주제로 한 모든 글에서 다루어진 관념은, 원활하게 기능하고 있는 피고용인의 관념과 다를 바가 없다. 즉 그는 '정당하게 독립적'이며, 협력적이고 관용적이어야 하며, 동시에 큰 꿈이 있고 공격적이어야 한다. 그러므로 결혼 상담자는 우리들에게 남편은 그의 아내를 '이해'하고 도와주어야 한다고 말한다. 그는 그녀의 새 드레스를 칭찬해야 하고 맛좋은 요리를 칭찬해야 한다. 반대로 그녀는 그가 지치고 우울해하며 집으로 들어왔을 때 그를 이해해야 하고 그가 사업문제를 이야기할 때 주의 깊게 들어주어야 하며, 그가 그녀의 생일을 잊었을 때 화를 내는 것이 아니라 이해해야 한다.

이러한 종류의 관계는 그들의 모든 생활이 타인으로 남으며, 결코 '중심적인 관계'에는 도달하지 못하지만 서로를 예의바르게 대하며, 상대방이 호감을 느끼도록 노력하는 두 사람 사이의 원활한 관계이다. 사랑과 결혼의 이와 같은 개념에서 주된 역점은, 다른 방식으로 참아내기 어려운 고독감으로부터의 피난처를 발견하는 데 있다. 마침내 사람들은 '사랑'에서 고독으로부터의 피난처를 발견했다. 사람들은 이 세계에서 두 사람의 동맹을 형성한다. 그리고 이 둘의 에고이즘은 사랑과 친밀감으로 오해된다.

팀의 정신, 상호 관용 등에 대한 이와 같은 강조는 비교적 최근에 발전된 것이다. 제1차 세계대전 후 몇 해 동안 상호간의 성적 만족이 성공적인 사랑의 관계, 특히 행복한 결혼의 기초라는 생각이 지배적이었다. 결혼에 있어서 불행한 사태가 자주 발생하는 이유는 결혼 상대자들이 올바른 '성적 조정'을 하지 못한 데 있다고 믿었다. 이처럼 잘못을 저지르는 이유는 '올바른' 성행위에 대한 무지에 의해, 배우자 중 어느 한쪽 또는 그 둘의 불완전한 성적 테크닉에 있다고 생각되었다.

이러한 결점을 치유하기 위하여, 그리고 서로 사랑할 수 없는 불행한 부부들을 돕기 위하여 많은 책들이 올바른 성행위에 관한 지식과 상담을 해주었으며, 그 결과 행복과 사랑이 찾아오리라는 점을 묵시적이든 공개적이든 약속했다. 이러한 생각은, 사랑은 성적 쾌락의 소산이며, 만일 두 사람이 서로를 성적으로 만족시켜 주는 방법을 터득하게 되면 그들은 서로 사랑하게 되리라는 것에 기초를 두고 있다. 이것은 올바른 테크닉이 산업 생산의 기술적 문제뿐만 아니라 모든 인간 문제의 해결책이라고 가정하는 그 시대의 일반적 환상과 잘 부합되었다.

사람들은 이러한 기본적 가정과는 정반대의 것이 오히려 진실이라는 사실을 깨닫지 못했다. 사랑은 적절한 성적 만족에서 얻어지는 결과가 아니다. 오히려 성적 행복—심지어는 소위 성의 테크닉에 관한 지식조차도—이 사랑의 결과인 것이다.

일상생활의 관찰을 제외하고 이러한 명제가 증명될 필요가 있다면, 그것은 광범위한 정신분석학적 자료에서 발견할 수 있다. 가장 흔한 성 문제들에 관한 연구—여자의 불감증과 남자의 다소 심각한 정신적 음위(陰萎)는 올바른 테크닉에 관한 지식의 결여에 그 원인이 있는 것이 아니라, 사랑하는 것을 불가능하게 하는 억제에 있음을 말해준다. 타인의 성에 대한 공포나 혐오는 자신을 완전히 주는 것을 방해하고 자발적으로 행동하는 것을 방해한다. 성의 상대자에게 직접 접근하여 몸을 내맡기는 것을 방해하고 있는 것이 그 원인이다.

만일 성적으로 억제된 사람이 공포나 혐오에서 벗어날 수 있다면, 따라서 사랑할 수 있게 된다면, 그 또는 그녀의 성 문제는 해결된다. 만약 공포나 혐오에서 벗어날 수 없다면, 성적 테크닉에 대해 아무리 많은 지식을 가졌다 하더라도 전혀 도움이 되지 않을 것이다.

정신분석학적 치료에 관한 자료는 올바른 성적 테크닉에 관한 지식이 성적 행복과 사랑으로 인도한다는 생각의 오류를 지적하는 것이지만, '사랑은 상호간의 성적 만족의 부산물이다'라는 근본적 사상은 주로 프로이트의 이론에 영향을 받은 것이다.

프로이트에게 있어서 사랑은 기본적으로 성적 현상이었다. '성적(생식적) 사랑이 가장 큰 만족을 주었으며, 따라서 그것이 사실상 그에게 모든 행복의 원천이 되었음을 경험을 통해 알고 있는 인간은 성적 관계를 통해 자신의 행복을 더욱 추구하고 생식기의 에로티시즘을 자신의 생활의 핵심으로 삼도록 강요받았을 것임에 틀림없다.'[2] 프로이트에게 있어서 형제애의 경험은 성적 욕구의 결과이지만, 성적 본능과 함께 '억제된 목적'을 갖는 충동으로 변화된다.

'억제된 목적을 갖는 사랑은 원래는 관능적 사랑으로 충만된 것이었고, 인간의 무의식적 정신 안에서는 여전히 그러하다.' 신비한 경험의 핵심이고, 어떤 다른 사람과의 혹은 동료와의 결합에 있어서 가장 강렬한 의미의 근원이기도 한 융합, 일체감의 느낌(대양의 느낌)에 관한 한, 그것은 프로이트에 의해 하나의 병리적 현상으로서 초기의 '무제한의 나르시시즘' 상태의 퇴행으로 해석되었다.

한걸음 더 나아가면 프로이트에게 있어서 사랑이란 본질적으로 하나의 비합리적 현상이 된다. 비합리적인 사랑과 성숙한 퍼스낼리티의 표현으로서의 사랑의 차이는 프로이트의 경우에는 존재하지 않는다. 그는 감정전이(感情轉移)의 사랑에 관한 논문에서[3], 감정전이적 사랑은 본질적으로는 '정상적인' 사랑의 현상과 다르지 않다고 지적했다. 사랑에 빠진다는 것은 언제나 비정상적인 것으로 기울어지며, 항상 실재에 대해서는 맹목이며 강박성을 동반하고, 유년기 사랑의 대상으로부터의 감정전이인 것이다. 합리적 현상으로서의 사랑, 성숙의 성취로서의 사랑은 프로이트에

---

2 프로이트의 《문명과 그것의 불만》 69페이지 참조.
3 《프로이트 전집》 제10권 참조.

게는 실제 존재하지 않는 것이므로 탐구의 대상이 될 수 없었다.

그렇지만 사랑은 성적 매력의 결과라거나, 혹은 의식적인 감정 속에서 반영된 성적 만족과 동일한 것이라는 개념에 대해 프로이트의 견해가 미친 영향을 과대평가하려는 것은 잘못이 아니다. 본질적으로 이러한 인과관계는 서로 다른 길을 밟아 왔다. 프로이트의 관념은 부분적으로는 19세기 정신의 영향을 받았으며, 또 제1차 세계대전 후 그 시대의 지배적인 정신을 통해 인기를 끌었다. 이러한 인기와 프로이트적인 개념에 영향을 준 요인들로는 첫째 빅토리아 시대의 엄격한 규칙들에 대한 반발을 들 수 있다. 프로이트의 이론을 결정짓는 두 번째 요인은 자본주의의 구조에 기초를 두고 있는 지배적인 인간의 개념에 있다. 자본주의가 인간의 자연적 욕구에 상응함을 증명하기 위해 인간은 본성상 경쟁적이며 서로 적대감으로 충만되어 있다는 것을 밝혀야만 했다.

경제학자들은 이것을 경제적 이익을 위한 탐욕스러운 욕구라는 면에서 증명했고, 다윈주의자들은 적자생존이라는 생물학적 법칙에서 증명한 반면, 프로이트는 남자는 모든 여성에 대한 성적 정복의 무제한적 욕구에 쫓기고 있으며, 오직 사회의 압력이 그로 하여금 욕구에 따라 행동하는 것을 저지한다고 가정함으로써 동일한 결과에 도달했다. 그 결과 사람들은 필연적으로 서로 질투하며, 이러한 질투와 경쟁은 비록 그것의 모든 사회적·경제적 원인이 사라지더라도 계속될 것이라고 본 것이다.[4]

프로이트는 19세기에 지배적이었던 유물론의 영향을 많이 받았다. 사

---

4 상도르 페렌치는 스승인 프로이트와는 결코 헤어지지 않았지만, 만년에 프로이트의 사랑에 관한 견해를 수정한 유일한 제자였다. 이 문제에 관한 훌륭한 토의를 위해서는 포레스트의 《사랑의 영향》 참조.

람들은 모든 정신적 현상의 기초는 생리적인 현상에서 발견할 수 있다고 믿었다. 따라서 사랑, 혐오, 야망, 질투 등은 프로이트에 의해 다양한 형태의 성적 본능의 수많은 결과로 설명되었다. 그러나 그는 기본적 실재가 인간 존재의 전체성 안에 있다는 것, 즉 첫째로는 모든 사람에 공통된 인간 상황에 있으며, 둘째로는 특수한 사회구조에 의해 규정된 생활의 실천에 있다는 점을 보지 못했다. 이러한 유형의 유물론을 초월하는 결정적인 단계는 마르크스의 '사적(史的) 유물론'에 의해 취해졌다. (이 사적 유물론은 인간을 이해하기 위한 핵심적인 열쇠는 육체나 식욕이나 소유욕과 같은 본능이 아니라 인간의 전체적인 생활 과정, 즉 '생활의 실천'이라고 주장한다.)

프로이트에 의하면, 모든 본능적 욕구가 완전히 억제되지 않은 만족은 정신적 건강과 행복을 만들어 낸다. 그러나 성적 만족을 추구하며 삶을 방탕하게 보낸 사람들은 행복을 얻지 못하며, 흔히 심각한 신경병적인 갈등이나 증상으로 괴로워하고 있음을 임상적 사실들을 통해 알 수 있다. 모든 본능적 욕구의 완전한 만족은 행복의 기초가 아닐 뿐만 아니라 정신적인 건전도 보장하지 않는다. 그렇지만 프로이트의 관념은 1차 세계대전 후에 자본주의의 정신 속에 일어난 변화, 즉 저축의 강조로부터 소비의 강조로, 그리고 경제적 성공을 위한 수단으로서 자기 좌절로부터 더욱 팽창하는 시장을 위한 기초로서, 그리고 불안하고 자동화된 개인을 위한 주된 만족으로서 소비에로의 변화로 인해 대단히 인기를 끌었을 뿐이다.

어떠한 욕구도 그것의 만족을 연기하지 않는 것이 모든 물질적 소비의 면에서뿐만 아니라 성의 면에서도 주된 경향이 되었던 것이다. 금세기 초에 존재했고 아직도 붕괴되지 않았지만, 자본주의의 정신에 상응하고 있는 프로이트의 개념을 가장 탁월한 정신분석학자의 한 사람인 고(故) 술리반의 이론적 개념과 비교해 보는 것은 흥미 있는 일이다. 술리반의 정신분석 체계에 있어서는 우리들은 프로이트의 체계와는 대조적으로 성적 관심과 사랑을 엄격히 구분하고 있음을 발견한다.

술리반의 개념에 있어서 사랑과 친밀의 의미는 무엇인가? "친밀은 인간적 가치가 있는 모든 구성요소가 가치를 갖도록 허용하는 두 사람간의 상황의 유형이다. 인간적 가치가 진정한 가치를 가지기 위해서는 내가 공동 협력이라 부르는 관계의 유형을 필요로 한다. 공동 협력이란 동일성의 증대를 추구하여 자신의 행위를 타인의 표출된 욕구에 적응시키는, 명백하게 공식화된 유형을 의미한다 ─ 즉 더욱더 상호 만족에 가깝게 접근하고, 유사한 안전성의 증대를 유지하는……"[5]

만약 우리들이 술리반의 진술에서 다소 까다로운 어법을 배제한다면, 사랑의 핵심은 두 사람이 느끼는 공동 협력의 상황에 있는 것으로 보여진다. 즉 "우리들은 우리의 명예와 우월감, 그리고 장점을 보호하기 위해 게임의 규칙에 따라 경기한다."[6]

프로이트의 사랑의 개념이 19세기 자본주의의 면에서 가부장적 남성의 경험에 관한 기술인 것과 마찬가지로, 술리반의 기술은 20세기의 소외된 시장에서 매매하는 퍼스낼리티의 경험에 관한 것이다. 그것은 그들

---

5 H.S. 술리반의 《The Interpersonal Theory of Psychiatry》 참조. 다음의 사실이 주목되어야 한다. 술리반은 사춘기 전의 욕망과 관련시켜 이러한 정의를 내리고 있지만, 그는 그것들을 사춘기 전에 오는 통합적 경향으로서, "이 경향이 완전히 발전되었을 때, 우리는 이것을 사랑이라 부른다."고 말하고 있으며, 또한 사춘기 전의 이러한 사랑은 "충분히 발달한, 또한 정신의학적으로 정의된 '사랑'과 대단히 흡사한 것의 시초를 의미한다."고 말한다.

6 술리반 사랑에 관한 또 하나의 정의는 사랑은 어떤 사람이 타인의 욕구를 자신의 욕구와 마찬가지로 중요한 것이라고 느낄 때 비롯된다는 것인데, 이 정의에는 시장적 측면이 위의 공식에서 보다 더 짙게 깔려 있다.

의 공통된 관심사를 합동으로 하고, 적대적이고 소외된 세계에 대해 연합하는 두 사람의 자기중심벽에 관한 기술이다. 실제로 그의 친밀의 정의는 모든 협동하는 팀의 감정에 대해 원칙적으로 타당하며, 이 팀에 있어서는 "개개인은 공동의 목적을 추구하기 위해 자신의 행위를 타인의 표출된 욕구에 조정시킨다." (여기서 술리반이 표출된 욕구를 말하고 있음은 주의할 만하다. 사랑에 관해 말할 수 있는 최소의 것은 사랑은 두 사람간의 표출되지 않은 욕구에 대한 반응을 의미한다.)

상호간의 성적 만족으로서의 사랑, 그리고 팀워크로서의, 고독으로부터의 피난처로서의 사랑은 근대 서구사회에서 사랑이 붕괴되는 두 가지 정상적인 형태이며, 사회적으로 유형화된 사랑의 병리적 형태이다. 사랑의 병리적 현상에 대해서는 수많은 개별화된 형태들이 있다. 의식적인 고통으로 끝나는 것이 있고, 정신과 학자들에 의해서, 또한 대다수의 문외한에 의해서도 신경증으로 간주되는 것이 있다. 그 중 가장 흔히 볼 수 있는 것들 가운데 몇 가지 예를 들어 설명하겠다.

신경증적 사랑의 기본적인 조건은 '연인들'의 어느 한쪽이나 양쪽이 부모에게 계속 애착을 갖고 있으며, 상대방에게 아버지나 어머니에게 가졌던 느낌, 기대, 공포 등을 감정전이한다는 사실에 있다. 사람들은 유아적 관계의 유형에서 결코 벗어나지 못하고, 성인생활에 있어서 그들의 정서적 욕구로 이러한 유형을 갈구한다. 이 경우 지적, 사회적으로는 자신의 연대학적 연령의 수준에 있지만, 정서적으로는 2세나 5세, 또는 12세의 어린아이 상태에 머물러 있다. 더 심각한 경우 이러한 정서적 미성숙은 그의 사회적 유효성을 파괴하기도 한다. 그보다 조금 덜 심한 경우에 그 살능은 진밀한 인간적 관계의 국면에 한정된다.

앞에서 논한 어머니 중심, 혹은 아버지 중심의 퍼스낼리티에 관해 살펴보면, 오늘날 흔히 발견되는 이러한 신경증적 사랑의 유형에 관한 다음의 예는 그들의 정서 발전에 있어서 유아기의 어머니에 대한 애착심에서 벗어나지 못한 사람들을 다루고 있다. 이들은 아직도 어머니의 젖에 연연하는 사람들이다. 그들은 자신을 어린애처럼 느끼며, 어머니의 보호, 사랑, 온정, 배려, 그리고 칭찬을 원한다. 또한 그들은 어머니의 무조건적인 사랑을 갈구하며, 이 사랑은 다른 무엇보다도 그들이 그것을 필요로 한다는 것, 그들은 어머니의 자식이라는 것, 그들은 무력하다는 것 등의 이유로 주어지는 사랑이다. 이러한 사람들은 흔히 어떤 여성에게 사랑을 구할 때 대단히 애정에 넘치고 매력적이다. 심지어는 그들이 사랑에 성공한 후에도 그러하다.

그러나 그 여성에 대한 그들의 관계(실제로 다른 모든 사람에 대해서도 마찬가지이지만)는 피상적이고 무책임한 상태에 머물러 있다. 그들의 목표는 사랑받는 것이지 사랑을 주는 것이 아니다. 이러한 유형의 인간은 보통 속이 텅 비어 있으며, 많든 적든 눈에 보이지 않는 과장된 관념을 갖고 있다. 만일 그들이 환상적인 여성을 발견한다면 그들은 안전을 느끼고 의기양양해진다. 그리고 그들은 애정과 매혹을 연출할 수 있다. 이것이 바로 이러한 사람들이 대체로 기만적인 이유이다. 그러나 얼마 후 그 여성이 그의 환상적인 기대에 부합된 사랑을 더 이상 계속할 수 없게 되면 갈등과 불만이 싹트기 시작한다.

만일 그 여성이 계속해서 그를 칭찬해 주지 않으며, 그녀 자신의 생활에 맞추기를 요구하고, 그리고 그 여성이 사랑받고 보호받기를 원할 때, 그리고 극단적인 경우 그가 다른 여자들과의 사랑관계 또는 다른 여자들에게 반해 있는 것을 그녀가 관대히 용서해 주지 않을 때, 그 남자는 깊은 상처를 받고 절망감을 느끼며, 대개 '그녀는 나를 사랑하지 않으며, 이기적이고 거만하다'라고 생각하며 이러한 감정을 합리화한다. 귀여운 어린아이를 사랑하는 어머니의 태도가 조금이라도 결여되면 그것을 사랑이 없음을 의미하는 증거로 받아들인다.

　이런 남성들은 언제나 그들의 사랑스런 행위, 즐거워하고 싶은 욕망을 진실한 사랑으로 혼동하며, 그리하여 그들이 매우 부당한 대우를 받고 있다는 결론에 도달한다. 그들은 자신을 위대한 연인으로 상상하고 자신의 배우자가 은혜를 모른다고 몹시 불평한다. 매우 드물기는 하지만, 어머니 중심적인 인간도 별로 심각한 혼란 없이 활동할 수 있다. 만일 그의 어머니가 실제로 지나치게 보호하는 방식으로 그를 '사랑'한다면(아마도 지배적이겠지만 그러나 파괴적인 것은 아닌), 혹은 그가 이러한 어머니와 동일한 유형의 아내를 발견한다면, 또 만약 그의 특별한 자질과 재능이 그에게 자신의 매력을 나타내고 칭찬받는 것을 허용한다면(성공적인 정치인들에게서 가끔 볼 수 있는 경우이지만), 그는 더 높은 수준의 성숙에 도달하지 않더라도 사회적 의미에서 '잘 적응'하고 있는 것이다. 그러나 조금 덜 유리한 조건하에서는―그리고 이것이 보다 더 많은 것은 당연하지만―그의 사랑은, 그의 사회생활은 그렇지 않다 하더라도, 심각한 실망에 빠지게 될 것이다. 즉 갈등이나 심각한 불안과 침울 현상이, 이런 유형의 성격의 소유자가 고립되어 혼자 있을 때 나타난다.

　더욱 심각한 형태의 병리(病理)의 경우에 어머니에 대한 집착은 더욱 깊어지고 비합리적으로 변한다. 이 경우 상징적으로 말하면 욕망은 어머니의 보호의 팔이나 그녀의 자양분이 많은 젖가슴으로 되돌아가고자 하는 것이 아니라, 그녀의 모든 것을 수용하는―그리고 모든 것을 파괴하는―자궁으로 되돌아가고자 한다. 만일 건전한 정신의 본질이 자궁에서 세계로 성장해 나오는 것이라면 심각한 정신적 질환의 본질은 자궁에 이끌려 그 안으로 흡입되는 것이다. ― 더구나 이것은 생활로부터의 이탈을 의미한다.

이런 종류의 병적인 집착은 보통 삼키고 파괴하는 방식으로 자식을 대하는 어머니와의 관계에서 발생한다. 어떤 때는 사랑의 이름으로, 어떤 때는 의무의 이름으로 어머니는 자기 자신 속에 어린이, 청년, 남성을 간직하기를 원한다. 즉 그는 어머니를 통하지 않고는 호흡할 수 없으며, 천박한 성적 수준의 것을 제외하고는 사랑할 수 없다―그리하여 모든 다른 여성을 타락시킨다. 그는 자유로울 수도 독립적일 수도 없다. 오직 영원한 불구자, 또는 범죄자일 수밖에 없는 것이다.

어머니의 이러한 측면, 즉 파괴적이고 삼켜버리는 측면은 어머니 모습의 부정적 측면이다. 어머니는 생명을 줄 수도 있으며, 생명을 빼앗을 수도 있다. 어머니는 소생시키는 것인 동시에 파괴시키는 것이다. 그녀는 사랑의 기적을 행할 수 있으며, 어느 누구보다도 깊은 상처를 줄 수 있다. 종교적 이미지에서(힌두교의 여신 칼리처럼), 그리고 꿈의 상징에서, 어머니의 이러한 태도는 서로 반대되는 두 가지 측면이 흔히 발견된다.

또 하나의 신경증적 병리현상은 주된 애착심이 아버지에게 향해 있는 경우에 발견된다.

예를 들면 그의 어머니는 냉정하고 무관심한 반면 그의 아버지는(부분적으로는 그의 아내가 냉정하기 때문이지만) 아들에게 모든 애정과 관심을 집중시키는 경우가 있다. 그는 '좋은 아버지'이지만 동시에 권위적이다. 그는 아들의 행동에 만족할 때마다 아들을 칭찬하고 선물을 주며, 다정하게 대한다. 그러나 아들이 그의 비위를 거슬릴 때는 물러서고 꾸짖는다. 이와 같이 아버지의 애정이 아들에게 유일한 애정이 될 때는 마치 노예처럼 아버지에게 집착하게 된다. 그의 생활의 주된 목표는 아버지를 즐겁게 하는 일이다. 그 일에 성공할 때 그는 행복과 안전을 느끼며 만족해한다.

그러나 실수를 저지를 때, 즉 아버지를 즐겁게 해주는 일에 성공하지 못했을 때, 그는 위축되고 사랑받지 못하고 버림받는다. 이러한 사람은 성장한 뒤에도 그가 애착을 가지고 있는 아버지의 모습을 동일한 방식으로 찾아내려고 할 것이다. 그의 모든 생활은 그가 아버지의 칭찬을 얻는 데 성공했는가에 따라 상승과 하강이 연속된다.

이러한 사람은 흔히 사회적으로 성공한다. 그들은 양심적이고 신뢰할 수 있으며, 열성적이다. 만약 그들이 선택한 아버지상을 어떻게 다루어야 하는지 알고 있다면 그러하다. 그러나 여성에 대해서는 무관심하고 동떨어져 있다.

그들에게 있어서 여성은 중요한 의미를 갖지 못한다. 그들은 여성에 대해 약간의 경멸을 가지고 있다. 흔히 어린 소녀에 대해서는 아버지다운 관심으로 위장하지만. 처음에는 남성적인 매력으로 여성을 감동시켰지만 점점 실망을 안겨주게 된다. 그것은 그 남성들과 결혼한 여성이, 자기는 항상 남편에게 우선시되고 있는 아버지의 모습에 대한 일차적인 애정에 대해 자신은 이차적인 역할밖에 하지 못하도록 운명지어져 있다는 사실을 발견할 때이다. 즉 아내가 아버지에게 계속 집착하지 않는다면, 따라서 남편이 변덕스런 어린애처럼 다루는 것을 행복하다고 느끼지 않는다면, 그녀는 실망하게 된다.

더욱 복잡한 것은 다른 종류의 부모의 상황에 따른 신경증적인 사랑의 혼란이다. 이것은 부모가 서로 사랑하지 않지만, 밖으로 불만을 표시하거나 다툼이 너무 억제되어 있을 때 발생한다. 이러한 소원한 관계는 자녀들과의 사이도 역시 부자연스럽게 만든다. 어린 소녀가 경험하는 것은 이른바 '예의바른' 분위기이다. 이 분위기는 아버지나 어머니 어느 쪽도 밀접한 접촉을 허용하지 않는 것이고, 따라서 그 소녀를 당황스럽고 두렵게 만든다.

그녀는 부모가 무엇을 느끼고 생각하는지 결코 확실히 알 수가 없다. 그 분위기 속에는 알지 못할 신비로운 것이 존재한다. 결과적으로 그 소녀는 그녀 자신의 세계, 백일몽에 빠지게 되는데 후에 그녀의 애정 관계에 있어서도 이와 동일한 태도를 유지한다. 이러한 위축은 강한 불안감, 즉 이 세계에 확고하게 뿌리박지 못하고 있다는 느낌을 발전시키며, 강렬한 흥분에 이르는 유일한 방법으로서 흔히 마조히즘적인 경향으로 나아가게 된다.

이런 여성들은 대부분 남편이 정상적이고 지각 있는 행동을 유지하는 것보다는 소란을 피우고 떠드는 것을 더 좋아한다. 왜냐하면 그것은 그들로부터 긴장과 공포의 짐을 덜어줄 것이기 때문이다. 그리고 그들은 감정 중립성의 고통스러운 불안을 끝내기 위해 무의식적으로 그런 행위를 유발시키는 경우도 드물지 않다.

다음에는 또 하나의 비합리적인 사랑의 형태에 대해 살펴보겠다. 그러나 유아기의 성장에 작용하는 특수한 요인들은 분석하지 않기로 한다.

흔히 '위대한 사랑'으로서 경험되는 거짓 사랑의 하나의 형태(영화나 소설에서 더욱 흔히 묘사된다)는 우상숭배적 사랑이다. 만약 어떤 사람이 일체감, 즉 그 자신의 힘의 생산적인 전개에 근거를 둔 자아성의 감각을 갖는 수준에 이르지 못했다면, 그는 사랑하는 사람을 '우상화'하는 경향이 있다. 그는 그 자신의 힘으로부터 소외되고 그것을 사랑하는 사람에게 투사한다. 사랑하는 사람은 최고의 선으로서, 모든 사랑, 모든 빛, 모든 축복의 운반자로서 존경된다.

이 과정에서 그는 자신으로부터 모든 힘의 의미를 박탈하고, 사랑하는 사람 속에서 자신을 발견하기는커녕 오히려 자신을 상실한다. 어떤 사람도 결국에 가서는 그녀의, 혹은 그의 우상적인 숭배의 기대에 맞게 살아갈 수 없는 것이므로 그는 실망하게 마련이며, 따라서 그 처방으로서 새로운 우상을 추구하여 결국은 끊임없이 순환 과정을 밟게 된다. 이러한 유형의 우상숭배적 사랑의 특징은, 첫째 강렬하고 갑작스러운 사랑의 경험이다. 이 우상숭배적 사랑은 흔히 진실하고 위대한 사랑으로 묘사된다.

그러나 그것이 사랑의 강도와 깊이를 묘사하는 것인 반면에, 오직 우상숭배자의 굶주린 절망을 나타낼 뿐이다. 말할 것도 없이 두 사람이 어떤 극단적인 경우에 서로를 우상으로 삼는 경우에는 두 사람 모두 광적인 정신착란 상태가 되어버리는 것이다.

거짓 사랑의 또 하나의 형태는 소위 '감상적 사랑'이다. 그것의 핵심은 사랑은 실재하고 있는 다른 사람에 대한 이곳에서의 현재의 관계가 아니라 오직 환상 속에서만 경험된다는 사실에 있다. 이러한 사랑이 가장 많이 퍼져 있는 형태는, 영화나 잡지의 사랑 이야기와 사랑의 노래 등을 감상하는 사람들에 의해 경험되는 대리적인 만족에서 찾아볼 수 있다.

사랑과 결합, 친밀에 대한 충족되지 못한 모든 욕구는 이들 매개체들을 사용함으로써 만족을 찾는다. 그 배우자와의 관계에서 고독의 벽을 깨뜨리지 못하는 남성이나 여성은 영화의 화면에서 한 쌍의 행복한 또는 불행한 사랑의 이야기에 참여할 때 눈물을 흘리며 감동을 받는다. 많은 부부의 경우 영화의 화면에서 이러한 사랑의 이야기를 관람하는 것은 그들이 사랑을 경험하는 유일한 기회이다. 서로를 위해서가 아니라 함께 다른 사람의 사랑을 구경하는 관객으로서 사랑이 하나의 백일몽인 한에서만 그들은 참여할 수 있다. 실재하는 두 사람 사이의 현실의 관계로 돌아오자마자 그것은 녹아버린다.

감상적 사랑의 또 다른 하나의 측면은 시간을 돌이켜 사랑을 회상하는 것이다. 한 쌍의 남녀는 그들의 과거의 사랑의 기억에 의해 깊이 감동될 수 있다. 비록 이 과거가 현재였을 때는 전혀 사랑을 느끼지 못했을지라도……. 혹은 그들의 미래의 사랑에 관한 환상에 의해 깊이 감동된다.

약혼했거나 새로 결혼한 수많은 쌍들이 장래에 일어날 사랑의 축복을 얼마나 꿈꾸고 있는가? 반면에 그들이 생활하고 있는 바로 그 순간에 그들은 이미 서로에게 싫증을 내고 있는 것이다. 이러한 경향은 현대인들의 일반적인 태도와 일치한다. 그는 감상적으로 자신의 어린 시절과 자신의 어머니를 기억한다. 혹은 그는 미래를 향한 행복한 계획을 세운다. 사랑이 타인의 가공적인 경험에 참여함으로써 대리적으로 경험되는, 혹은 그것이 현재에서 과거로, 혹은 미래로 바뀌어 버리든, 이러한 추상화되고 소외된 형태의 사랑은 현실의 고통, 개인의 고립감과 고독감을 완화시켜 주는 진정제로서 작용한다.

신경증적 사랑의 또 하나의 형태는 사람들이 그 자신의 문제를 회피하고 대신에 사랑하는 사람의 결점과 약점에 관심을 두는 '투사적 메커니즘'의 사용에 있다. 이러한 점에서 개인은 집단이나 국가 혹은 종교가 행하는 바와 매우 비슷한 행동을 한다. 그들은 타인의 조그만 결점에 대해 훌륭한 식별력을 갖고 있으며, 그들 자신의 것은 더없이 행복하게 무시하고 전진한다. 언제나 다른 사람들을 비난하고 개조하기에 바쁜 것이다. 만약 두 사람이 모두 이와 같이 하면 — 흔한 경우이지만 — 사랑의 관계는 상호 투사의 관계로 변형된다.

만약 내가 거만하거나 우유부단하거나 탐욕스럽다면 나는 그것에 관해 배우자를 비난하며, 그리고 나의 성격에 의존하여 나는 그를 치유하거나 처벌하기를 원한다. 다른 상대자도 이와 마찬가지로 행동한다. 그리하여 양자는 그들 자신의 문제를 무시하는데 성공하며, 따라서 그들을 발전시키는데 도움이 되는 어떠한 작업도 시도하지 못한다.

투사의 또 하나의 형태는 자신의 문제를 어린이에게 투사하는 것이다. 이러한 투사는 흔히 자식에 대한 소망과 관련해서 일어난다. 그러한 경우에 자식에 대한 소망은 그 자신의 존재를 자식의 존재의 문제에 투사함으로써 결정된다. 어떤 사람이 그 자신의 생활을 이해할 수 없다고 느낄 때 그는 자식의 생활에서 의미를 느끼려고 한다. 그러나 그는 자신에 있어서도 또 그 어린아이를 위해서도 실패하고 만다. 전자는 존재의 문제가 대리인에 의해서가 아니라 오직 스스로 각자에 의해 해결될 수 있는 것이기 때문이며, 후자는 자기 자식들로 하여금 스스로 해답을 찾도록 인도하는 데 필요한 자질이 결여되어 있기 때문이다.

불행한 결혼을 결말짓는 문제가 발생할 때도 역시 어린아이는 투사의 목적을 위해 봉사한다. 이러한 상황에 있어서 부모의 진부한 주장은, 자녀에게 통일된 가정의 축복을 박탈하지 않기 위해서 그들은 헤어질 수 없다는 것이다. 그렇지만 세부적인 모든 연구는, 통일된 가족 내의 긴장과 불행한 분위기는 공개적인 파탄보다 더욱 어린아이에게 해롭다는 사실을 밝히고 있다. 공개적인 파탄은 적어도 남자는 용기 있는 결정에 의해 견딜 수 없는 상황을 끝낼 수 있다는 교훈을 어린아이들에게 가르쳐 준다.

여기서 자주 볼 수 있는 또 하나의 오류에 대해 언급해야만 한다. 즉 사랑은 반드시 갈등의 부재(不在)를 의미한다는 환상이다. 고통과 슬픔은 모든 환경에서 배제되어야 한다는 것이 사람들의 습관인 것처럼 사랑은 어떤 갈등도 없는 것을 의미한다고 그들은 믿고 있다. 이러한 생각의 이유는 그들 사이의 다툼은 어느 누구에게도 도움이 되지 않는 파괴적인 결과를 낳을 뿐이라는 생각이다. 그러나 이와 같이 되는 이유는, 대부분의 사람들이 갈등은 '진실한' 갈등을 피하려는 기도라는 사실에 있다. 그 갈등은 본질적으로 그들에게 확실해지거나 해결책이 소수의 혹은 피상적인 문제들에 관한 의견의 불일치이다. 두 사람 사이의 실제적인 갈등, 즉 숨기거나 투사하는 데 도움이 되는 것이 아니라 그들이 속하고 있는 내적인 실재의 깊은 수준에서 경험되는 갈등은 파괴적이 아니다.

그것들은 해명에로 나아가며, 두 사람이 더 많은 지식과 더 많은 힘을 가질 때 카타르시스 작용을 한다. 이러한 점 때문에 앞에서 말한 바를 강조한 것이다. 사랑은 두 사람이 그들의 존재의 중심에서 서로 의사를 전달할 때만, 따라서 그들 각자가 자신의 존재의 중심에서 스스로 경험할 때만 가능하다. 이러한 중심적 경험 안에서만 인간의 실재가 존재하며, 바로 여기에 살아 있는 생동감이 있고 바로 여기에만 사랑의 기초가 존재한다. 따라서 경험된 사랑은 끊임없는 도전이다.

그것은 휴식처가 아니라 움직이고 성장하고 함께 작용하는 것이다. 조화나 갈등이 존재한다든가, 기쁨이나 슬픔이 존재한다는 것은 두 사람이 그들의 존재의 핵심에서 자신을 경험하며, 그들은 자신으로부터 피하기보다는 자신과 함께 있음으로써 서로가 하나라는 근본적인 사실에 비하면 부차적인 것에 지나지 않는다. 사랑이 존재하고 있음에 대한 오직 하나의 증명이다. 즉 그 관계의 깊이, 그리고 존재하는 생동감과 힘이다. 이것은 사랑을 인식하게 하는 열매이다.

기계화된 인간이 서로 사랑할 수 없는 것과 마찬가지로 그들은 신을 사랑할 수 없다. 인간의 사랑이 붕괴함에 따라 신에 대한 사랑도 붕괴하고 있다. 이 사실은 이 시대에 있어서 종교적 르네상스를 목격하고 있다는 생각과 분명하게 모순임을 보여준다. 어떠한 것도 진리 그 이상이 될 수는 없다. 우리들이 목격하고 있는 것(비록 예외는 있다 하더라도)은 신에 관한 우상숭배적 개념에로의 퇴행이며, 그리고 소외된 성격 구조에 적합한 관계로의 신의 사랑의 변형이다. 신에 대한 우상숭배적 개념으로의 퇴행은 쉽사리 볼 수 있다.

사람들은 어떠한 원리나 신념 없이는 불안해하고, 그들은 전진하는 것을 제외하고는 아무런 목표를 가지고 있지 않다는 것을 인식하게 된다. 따라서 그들은 계속 어린아이의 상태에 머물러 있으며, 아버지나 어머니의 도움이 필요할 때 그들이 도와주러 와주기를 계속 희망하고 있다.

중세기 문화와 같은 종교적 문화에 있어서는 일반 사람들은 신을 도움을 주는 아버지와 어머니로 간주했다. 그러나 동시에 그들은 그들의 생활의 최대 목표를 신의 원리에 따라 살아가는 것, 즉 '구원'을 모든 다른 활동이 이에 종속되는 최고의 관심사로 하여 신을 진지하게 의지했다. 오늘날 이런 노력은 전혀 보이지 않는다. 일상생활은 엄격하게 어떤 종교적 가치로부터도 분리되고 있다.

그것은 물질적 안락의 추구에 몰두하고 있으며, 퍼스낼리티 시장에서의 성공을 향해 치닫고 있다. 우리들의 세속적인 노력이 기초하고 있는 그 원리는 무관심과 자기 중심적(후자는 흔히 '개인적 이니셔티브'로 불리고 있다)이다. 진실하게 종교적 문화를 가진 사람은 8세의 어린아이와 비교된다. 즉 아버지를 조력자로서 필요로 하지만 그러나 그의 가르침과 원리를 자신의 생활 속에 적용하기 시작하는 어린아이와 같다. 즉 그가 아버지를 필요로 할 때는 아버지를 향해 울고, 그가 놀 수 있을 때는 자부심이 지나치게 강하여 거만하게 되는 세 살 난 어린아이와 같은 것이다.

이러한 관점에서 신의 원리를 좇아 생활을 변형시키지 않고 신에 관한 신인동형적(神人同形的)인 상에 어린아이처럼 의존하고 있다는 점에서 우리들은 중세의 종교문화보다도 원시적인 우상숭배의 부족에 더 가깝다. 다른 관점에서 보면 우리들의 종교적 생활은 현대 서구의 자본주의 사회에서만 특징적인 새로운 양상을 보여준다. 나는 이 책의 앞부분에서 논술한 것을 지적할 수 있다. 현대인은 자신을 상품으로 만들었다. 그는 자신의 에너지를 퍼스낼리티 시장에서의 자신의 위치와 생활을 고려하여 최고의 이윤을 얻기 위한 하나의 투자로서 경험한다. 그는 자신으로부터, 동료로부터, 그리고 자연으로부터 소외되어 있다.

그의 목표는 자신의 기술, 지식, 그리고 그 자신의 '퍼스낼리티라는 상품'을 그와 마찬가지로 공정하고 이윤이 남는 교환을 의도하고 있는 다른 사람과 유리한 조건으로 교환하는 데 있다. 생활이란 움직이는 것 이외에는 어떤 목적도 갖지 않으며 공정한 교환의 원리 이외에는 어떤 원리도 갖지 않으며, 소비하는 만족 이외에는 어떤 만족도 갖지 않는다. 이러한 환경에서 신의 개념이 의미할 수 있는 것은 무엇인가? 그것은 그 본래의 종교적 의미로부터 변형되어 성공의 소외된 문화에 적합한 것으로 되었다. 최근의 종교의 부흥은 신의 믿음을 경쟁적인 투쟁에 보다 잘 적응하기 위해 만들어진 생리학적인 고안물로 변형시켜 버렸다.

종교는 그 자체가 인간의 사업 활동에 있어서 인간을 돕는 자기 암시라든가 정신요법 등과 결합하고 있다. 1920년대까지만 해도 사람들은 자신의 퍼스낼리티의 개선을 위한 목적으로 신을 요구하지는 않았다. 1938년의 베스트셀러인 데일 카네기의《친구를 얻고 사람들에게 영향을 주는 방법》은 세속적인 수준에 머물러 있었다. 그 당시 카네기의 책이 수행한 역할은 오늘날의 가장 위대한 베스트셀러인 필의《적극적 사고방식》이라는 책의 기능한 바와 같다. 이러한 종교적인 책에서는 성공에 관한 우리들의 지배적인 관심이 일신교적 종교의 정신에 따르고 있는가에 대해서는 전혀 의문이 제기되고 있지 않다.

반대로 이러한 최고의 목표가 의심되고 있는 것은 결코 아니지만, 신에 대한 믿음과 기도는 자신의 능력을 증대시키는데 하나의 수단으로 권장되고 있다. 현대의 정신과 의사들이 고객들에게 좀더 어필하기 위해서는 고용인이 행복해야 한다고 권고하는 것처럼, 어떤 성직자들은 더욱 성공하기 위해 신의 사랑을 권장한다. "신을 당신의 반려자로 삼으라."는 말은 사랑이나 정의, 그리고 진리에 있어서 신과 함께 하나가 되라는 것이기보다는 오히려 사업에 있어서 신을 배우자로 하라는 것을 의미한다.

형제애가 비인간적 공정성으로 대치된 바와 마찬가지로, 신은 '멀리 떨어져 있는 우주 회사의 대표이사'로 변했다. 당신은 그가 그곳에 있으며, 그가 그 연극을 연출하고 있음을 알고 있다(비록 그가 없어도 역시 연극은 연출될 것이지만). 당신은 결코 그를 보지 못하지만 당신이 자신의 역할을 연출하고 있는 동안에는 그의 리더십을 인정하고 있다.

사랑의 실천　제4장

지금까지 우리는 사랑의 기술에 관한 이론적 측면을 다루었는데, 지금은 훨씬 더 어려운 문제, 즉 사랑의 기술의 실천에 관한 문제에 직면하게 되었다. 기술의 실천이라는 것은 그것을 실제로 실천해 보지 않고서는 어떤 것도 배울 수 없는 것이 아닌가? 이 문제는 오늘날 대부분의 사람들, 이 책의 많은 독자들이 사랑의 기술을 어떻게 실행할 것인가의 처방을 바란다는 사실, 그리고 우리들의 경우 말한다면 어떻게 사랑하는지 그 방법을 가르쳐야 한다는 사실에 의해 더욱 어려워진다. 이러한 생각으로 이 마지막 장에 접근하는 사람은 누구든지 크게 실망할 것이라는 점을 나는 두려워하고 있다.

사랑한다는 것은 각자가 그 자신에 의해, 또 그 자신을 위해서만 가질 수 있는 인간적 경험이다. 실제로 이러한 경험을 적어도 아동으로서, 청년으로서, 또 성인으로서 초보적인 방법으로라도 겪지 않았던 사람은 거의 없을 것이다. 사랑의 실천에 관한 토의가 행할 수 있는 것은 사랑의 기술의 기본 전제와 있는 그대로의 사랑에 관한 접근 방법, 그리고 이들 전체와 접근 방법의 실천 등을 논의하는 것이라 할 수 있다. 이 목표를 향한 단계는 오직 그 자신에 의해서만 실천될 수 있으며, 논의는 결정적인 단계가 취해지기 전에 끝난다. 그렇지만 나는 이 접근에 관한 논의는 사랑의 기술을 완전히 터득하는 데 도움을 줄 수 있는 유익한 것이라고 믿는다. 적어도 '처방'을 기대하는 것으로부터 자신을 해방시킨 사람에 대해서는……. 우리들이 목수의 기술, 의료 기술, 사랑의 기술 등 어떤 기술을 다루든 간에 일반적인 요구 조건이 있다.

첫째로 기술의 실천은 '훈련'을 요구한다. 훈련된 방법으로 그 기술을 행하지 않는다면 결코 그 일에 숙달자가 되지는 못할 것이다. 내가 오직 마음이 내킬 때만 행하는 것은 좋은, 혹은 재미있는 취미일지도 모른다. 그러나 그런 방식으로는 결코 그 기술의 숙달자가 되지는 못할 것이다. 그러나 문제는 특수한 기술의 실천(매일 일정한 시간 동안 실천하는 것을 말함)에서의 훈련 문제일 뿐만 아니라, 그것은 그 사람의 생활에 있어서 필요한 훈련의 문제이다. 현대인들은 배우기 위해서는 훈련보다 더 쉬운 것은 없다고 생각할 것이다. 사람들은 엄격하게 일상화되어 있는 일 속에서 가장 훈련된 방법으로 하루에 8시간씩을 소비하는 것이 아닌가?

그렇지만 실제에 있어서는 하루에 8시간을 그 자신의 목적을 위해서나 그 자신의 방법으로써도 아니고, 오직 일의 리듬에 의해 그에게 부과된 목적을 달성하고자 자신의 에너지를 소비하도록 강제되어 있기 때문에 반항하며, 이 반항은 아동기의 자기방종의 형태를 취한다. 이에 덧붙여 권위주의에 반대하는 투쟁에서, 그는 모든 훈련을, 즉 비합리적 권위에 의해 강제된 훈련에 대해서도 불신하게 되었다. 그렇지만 이러한 훈련 없이는 생활이 파괴되고 혼란에 빠지며, 중심을 잃게 된다.

'정신집중'이 어떤 기술의 숙달에 필수조건이라는 것은 구태여 증명할 필요도 없다. 어떤 기술을 배우려고 노력해 본 사람이면 누구나 이 점을 알고 있다. 그러나 우리들의 문화에 있어서는 자기훈련의 문화는 다른 어떤 곳의 문화와도 거의 비교할 수 없을 만큼 집중되지 못한 분산된 생활양식으로 이끌고 있다. 당신은 한꺼번에 많은 것을 행하고 있다. 즉 당신은 책을 읽고 라디오를 청취하며 이야기하고 담배를 피우며 먹고 마신다. 당신은 입을 열어 모든 것 — 그림, 술, 지식 — 을 삼켜버리는데 열중하고 또 준비하는 소비자이다. 이와 같은 집중의 결여는 우리들이 홀로 있기 곤란하다는 점에서 명백하게 알 수 있다. 이야기하거나 담배를 피우거나 독서를 하거나 마시는 것 없이 조용히 앉아 있는다는 것은 대부분의 사람들에게 있어서 불가능한 일이다. 그들은 신경질적이고 안절부절못하게 되며, 그리하여 입이나 손으로 어떤 무엇인가를 하고 있지 않으면 안 된다(담배를 피우는 행위는 정신집중이 결여되어 있는 증상의 하나이다. 담배를 피우려면 손, 입, 눈, 코가 필요하다).

세 번째 요인은 '인내'이다. 기술을 숙달하려고 노력한 사람이면 누구나, 어떤 무엇을 성취하려면 반드시 인내가 필요하다는 사실을 알고 있다. 만약 결과를 빨리 얻으려 한다면 그는 결코 그 기술을 배우지 못한다. 그러나 현대인에게 있어서 인내는 훈련이며, 정신집중과 마찬가지로 실행하기 어려운 사항이다. 우리들의 모든 산업 체계는 반대의 것, 즉 신속성을 원하고 있다. 모든 기계는 신속성을 목적으로 설계되어 있다. 자동차와 비행기는 우리들을 신속하게 목적지까지 데려다 준다. 그리고 빠르면 빠를수록 더욱 좋은 것이다. 동일한 양을 그 절반의 시간으로 생산할 수 있는 기계는 낡고 느린 기계보다 두 배나 좋다. 물론 여기에는 중요한 경제적 이유가 있다.

그러나 여러 다른 면에 있어서와 마찬가지로 인간의 가치는 경제적 가치에 의해 결정되어 왔다. 기계에 있어서 좋은 것은 인간에게도 좋은 것이어야 한다. 논리는 이렇게 전개된다. 현대인은 일을 신속히 처리하지 못할 때 어떤 것 ─ 시간 ─ 을 잃고 있다고 생각한다. 그렇지만 그는 그렇게 해서 얻은 시간에 무엇을 할 것인가는 알지 못한다. 시간을 허비하는 것 이외에는…….

　마지막으로 기술을 배우기 위한 조건은 그 기술의 숙달에 대한 '최고의 관심'이다. 그 기술이 최고로 중요한 것이 아니라면 도제(徒弟)는 결코 그것을 배우려 하지 않을 것이다. 그는 기껏해야 아마추어의 수준에 머물고 결코 숙달자는 되지 않을 것이다. 이 조건은 다른 어떤 기술과 마찬가지로 사랑의 기술에 대해서도 필요한 것이다. 비록 숙달자와 아마추어의 비중이 다른 기술의 경우보다 사랑의 기술에 있어서는 아마추어 쪽이 훨씬 더 무거운 듯이 보이지만…….

　기술의 습득에 관한 일반적인 조건에 관해서 보다 중요한 한 가지가 논의되지 않으면 안 된다. 사람들은 기술을 배우기 시작할 때 직접적이 아니라 간접적으로 배우기 시작한다. 사람들은 그 기술을 배우기 시작하기 전에 대단히 많은 다른 것, 흔히 외관상으로는 관계가 없는 것들을 배워야 한다. 목수 일을 배우는 자는 나무를 편편하게 깎는 법부터 배워야 하며, 피아노 연주를 배우는 자는 음계 연습부터 시작해야 한다. 활쏘기를 배우는 사람은 호흡 연습부터 시작해야 한다.[1]

　어떤 기술이든 그 기술에 숙달자가 되려면 자신의 모든 생활을 그것에 바치든가 아니면 적어도 그것에 관련시켜야만 한다. 그 자신의 인격은

---

1 기술의 학습에 필요한 정신집중, 규율, 인내, 관심 등에 대해서 나는 독자에게 헤리겔의 《궁술에서의 선》(1953)이란 책을 권하고 싶다.

그 기술을 실천함에 있어서 하나의 도구가 되며, 그것이 수행해야 할 특수한 기능에 따라야 한다. 사랑의 기술에 관해서는, 이것은 이 기술에 숙달자가 되기를 희망하는 사람은 누구나 그의 생활의 모든 국면에 걸쳐 훈련과 정신집중, 그리고 인내를 실천하는 것부터 시작하지 않으면 안 된다는 것을 의미한다.

어떻게 훈련을 하는가? 우리들의 할아버지는 이 질문에 훨씬 더 잘 대답할 수 있을 것이다. 할아버지가 권장하는 바는 아침에 일찍 일어나고 불필요한 사치에 탐닉하지 않으며, 열심히 일하라는 것이다. 이런 유형의 훈련은 명백한 결점을 갖고 있다. 그것은 엄격하고 권위주의적이며, 검소와 저축의 미덕을 강조했고, 생에 대한 적의에 차 있다. 그러나 이런 종류의 규율에 대한 반발로서, 어떠한 규율이든 의심하고 그의 나머지 생활에서 무규율한 게으른 방종을, 8시간의 노동 시간 동안에 우리들에게 부과된 일상화된 생활방식을 위한 대응과 균형으로 만드는 경향이 점차 증대하고 있다.

일정한 시간에 일어나고 하루의 일정한 시간을 명상과 독서, 음악감상, 도보 등과 같은 활동에 할당하는 것, 그리고 신비스런 이야기나 영화와 같은 현실도피적인 활동에 탐닉하지 않으며 적어도 최소의 범위를 넘지 않는 것, 또한 과식하거나 과음하지 않는 것 등은 명백하고도 초보적인 규칙이다. 그러나 중요하고도 본질적인 것은 규율은 외부로부터 자신에게 부과된 규칙처럼 실천되어서는 안 되며, 그 자신의 의지의 표현이 되어야 한다는 점이다. 즉 그것은 즐겁게 생각되어야 하며, 만약 그가 이러한 훈련을 행하지 않는다면 그는 반드시 항상 잘못하는 행위에만 차차 익숙해질 것이다.

규율에 대한 우리들의 서구적 개념의 불행한 측면 중 하나는, 그것의 실천은 고통스러운 것으로 생각되고 또 그것이 고통스러운 것일 때만 '좋은' 것이라고 생각한다는 점이다. 동양에서는 오래 전부터 인간에게 좋은—그의 신체와 정신에 대해 좋은—것은 비록 처음에는 다소의 저항을 극복해야 하는 것일지라도 역시 유쾌한 것이어야 한다고 인식되었다.

정신집중은, 집중할 수 있는 능력에 대해 반대로 움직이고 있는 우리들의 모든 문화에 있어서는 실천이 훨씬 더 어렵다. 정신집중을 배움에 있어 가장 중요한 단계는 독서나 라디오 청취, 흡연, 혹은 술을 마시지 않고 홀로 있는 법을 배우는 것이다. 정신을 집중할 수 있다는 것은 홀로 있을 수 있다는 것을 의미한다. 그리고 이 능력은 바로 사랑을 할 수 있는 능력에 필수적인 조건이다. 만약 내가 자립할 수 없기 때문에 다른 사람에게 집착하고 있다면 그 사람 혹은 그녀는 생명의 은인인 것이다. 그러나 그 관계는 사랑의 관계가 아니다. 역설적으로 말한다면 홀로 고독하게 있을 수 있는 능력은 사랑을 할 수 있는 능력을 위해 필수적인 조건이라고 할 수 있다.

홀로 있어 보려고 노력해 본 사람이라면 누구나 그것이 얼마나 어려운지 알 것이다. 초조하고 안절부절못하며, 심한 불안마저 느끼기 시작할 것이다. 그는 훈련을 계속하기 싫은 자신의 마음을, 그것은 별로 가치 없고 어리석은 짓이며, 또한 시간이 너무 걸린다는 이유를 들어 합리화하려는 경향이 있다. 또한 그는 그의 마음을 사로잡고 있는 모든 생각들이 머리에 떠오르는 것을 관찰할 것이다.

그는 자신이 그날 이후에 해야 할 계획이나 또는 그가 해야 할 직무의 어려움에 관해 생각하고 있음을 발견할 것이며, 혹은 저녁에 갈 곳이나 그의 마음을 사로잡고 있는 어떤 것에 관해 생각하고 있음을 발견할 것이다. 몇 가지의 간단한 연습을 해 보는 것, 이를테면 휴식의 자세로(축 늘어지거나 뻣뻣하지 않은 자세로) 앉아서 눈을 감고 자신의 눈앞에 있는 흰 스크린을 응시하고, 마음속에 떠오르는 모든 상념이나 생각들을 제거하고, 그리고 나서 자신의 호흡을 맞춰 나가려고 애써 보는 것 ─ 그것을 생각하지도 강제하지도 않고 따르기만 하는 것은 퍽 도움이 될 것이다.

 더 나아가서 '나'의 감각, 즉 내 힘의 중심으로서, 나의 세계에 창조자로서 나는 나 자신이라는 감각을 가지려고 애쓰는 것은 더욱 도움이 될 것이다. 적어도 매일 아침 20분씩(가능하다면 더 오랫동안), 매일 저녁 잠자리에 들기 전에 이러한 정신집중을 해야 한다.[2] 이러한 연습 이외에도 당신은 당신이 행하고 있는 모든 것, 즉 음악을 듣거나 독서를 하거나 대화를 나누거나 경치를 구경하는 등의 일에 있어서 정신 집중을 배우지 않으면 안 된다. 바로 이 순간에 하고 있는 이 활동이 당신에게 유일한 일이 되어야 한다. 만약 정신이 집중된다면, 그가 지금 무엇을 행하고 있는가는 별로 문제가 되지 않는다. 중요한 것뿐만 아니라 중요하지 않은 것도 그의 집중을 받기 때문에 새로운 차원의 현실성을 갖게 된다. 정신집중을 배운다는 것은 가능한 한 하찮은 대화, 즉 진실하지 않은 대화는 피할 것을 요구한다. 만약 두 사람이 모두 다 알고 있는 어떤 나무의 성장에 관해 얘기한다면, 혹은 그들이 방금 함께 먹은 빵의 맛이나 그들의

---

2 동양 특히 인도의 문화에 이 점에 관한 수많은 이론과 실천이 있으며, 최근에는 서양에서도 이와 동일한 목표가 추종되어 왔다. 나의 견해로는, 그 중에서 가장 의미 있는 것은 '긴들러(Gindler)학파'이다. 이 학파의 목적은 자기 자신의 육체를 이해하는 것이다. 이 '긴들러' 방법의 이해를 위해서는 '셀버'의 연구, 특히 뉴욕에 있는 '뉴 스쿨(New School)'에서의 그녀의 강연을 참조할 것.

직업에서 공통된 경험을 얘기한다면, 그러한 대화는 그들이 지금 말하고 있는 바를 이미 경험하고, 또 그것을 추상적인 방법으로 다루지 않는다면 적절한 대화일 수 있다. 한편 비록 정치나 종교의 문제를 다루고 있더라도 하찮은 대화일 수 있다. 즉 두 사람이 케케묵은 표현으로 이야기하고, 지금 말하고 있는 대상에 그들의 마음이 집중되어 있지 않을 때, 그것은 하찮은 대화인 것이다.

여기서 덧붙이고 싶은 것은 하찮은 대화를 피하는 것이 중요하듯이 나쁜 친구를 피하는 것 역시 중요하다는 점이다. 나쁜 친구란 사악하고 파괴적인 사람만을 지칭하는 것은 아니다. 생활태도가 불쾌하고 타인들을 우울하게 만드는 친구를 말한다. 또한 그것은 육체는 살아 있어도 정신은 죽어 있는 사람들, 사상과 대화가 보잘것없는 사람들, 생각하며 말하는 대신 입으로만 조잘거리는 사람들, 케케묵은 상투적인 의견만을 주장하는 사람들을 말한다.

그렇지만 이러한 사람들과의 교제를 피하는 것이 언제나 가능한 것은 아니며, 피할 필요도 없다. 만약 당신이 기대된 방법 — 즉 상투적이고 평범한 방식 — 으로 반응하지 않고 직접적으로, 인간적으로 반응한다면, 그들은 예기치 못한 반응에 충격을 받아 자신들의 행동을 변경하게 될 것이다.

타인과의 관계에 정신을 집중한다는 것은 귀를 기울인다는 것을 의미한다. 대부분의 사람들은 타인의 말에 귀 기울이지 않은 채 듣고 심지어는 충고까지 해준다. 그들은 타인의 이야기를 진지하게 받아들이지 않으며, 자신의 대답 또한 진지하게 생각지 않는다. 그 결과 대화는 그들을 피로하게 만든다. 그들은 정신을 집중시켜 경청했다면 더욱 피로하게 되었을 것이라는 환상을 갖고 있다. 그러나 실상은 정반대이다. 어떤 활동이든 정신이 집중된 상태에서 행한다면 한층 더 사람을 각성시키며(비록 나중에는 자연적이고 유익한 피로가 온다 하더라도), 정신이 집중되지 않은 모든 활동은 사람을 졸립게 만들며 그날 밤에 잠들기 어렵게 만든다.

정신이 집중된다는 것은, 전적으로 자신의 현재 상태만을 생각하며 다음 일을 생각하지 않는다는 것을 의미한다. 말할 필요도 없이 정신집중은 서로 사랑하는 대부분의 사람들에 의해 실행되고 있다. 그들은 관습적으로 행해지고 있는 수많은 방법으로 도피하지 말고 서로가 친밀해질 수 있는 법을 배워야 한다. 정신집중의 실천도 처음에는 어려울 것이다. 마치 그 목표를 결코 달성하지 못할 것처럼 보일 것이다. 이것이 인내가 필요하다는 것을 의미함은 말할 것도 없다.

만약 그가 모든 일에는 제각기 때가 있다는 사실을 알지 못하고 강제적으로 일을 하기 바란다면 그는 결코 정신 집중도 사랑의 기술도 성공하지 못할 것이다. 인내가 어떤 것인지 알기 위해서는 걸음마를 배우는 어린애를 눈여겨 볼 필요가 있다. 어린애는 넘어지고 또 넘어지지만 걸을 수 있을 때까지 계속 노력하고 잘못된 점을 개선해 나간다.

성장한 사람이 자신에게 중요한 일을 추구함에 있어서 어린애의 인내와 정신집중을 갖는다면 무엇이든지 성취하지 못하겠는가? 사람들은 자신에게 민감하지 않고서는 결코 정신집중을 배울 수 없다. 민감하다는 것은 무엇을 의미하는가? 언제나 자신에 관해 생각하고, 자신을 분석해야 한다는 것인가? 만약 우리들이 어떤 기계에 대해 민감하다고 말한다면, 이 말의 의미를 설명하는 데 별로 어려움이 없을 것이다.

이를테면 자동차를 운전하는 사람은 누구나 자동차에 민감하다. 조금만 이상한 소리가 나도 그 소리에 주의하게 되며, 모터의 가속장치에 조그만 변화가 보여도 그 변화에 민감하다. 운전자는 도로 표면의 변화나 앞뒤에 있는 자동차의 움직임에 대해서 민감하다. 그렇지만 그는 이런 모든 요인들에 관해서는 생각하고 있지 않다. 그의 정신은 느긋하면서도 방심하지 않은 상태로 그가 정신을 집중시키고 있는 상황 — 차를 안전하게 운전하는 것 — 에 관련된 모든 변화에 대하여 개방적이다.

만약 우리들이 다른 사람에 대해 민감한 상황을 살펴본다면, 어린아기에 대한 어머니의 민감성과 재빠른 반응에서 가장 뚜렷한 예를 발견하게 된다. 그녀는 어린애의 신체적 변화, 욕구, 불안 등에 대해 그것이 분명히 표현되기도 전에 깨닫는다. 그녀는 불안해하거나 걱정하지 않는다. 어머니는 방심하지 않은 균형 상태에 있어서 아기가 표현하는 어떤 커뮤니케이션도 받아들일 수 있는 것이다.

이와 마찬가지로 사람들은 자신에 대해 민감해질 수 있다. 이를테면 피로하다거나 우울하다는 것을 알았을 경우 주변에 있는 우울한 생각으로 이러한 느낌을 확인하는 대신, 자신에게 무슨 일이 일어났는가, 왜 내가 우울할까 하고 반문한다. 그가 흥분해 있거나 백일몽을 꾸거나 다른 도피적인 활동을 할 때도 이와 마찬가지로 자신에게 반문한다. 이러한 예에서 중요한 것은 그것을 깨닫는 것이지 여러 가지 방법으로 그것을 합리화하는 것은 아니다. 더구나 우리들이 왜 우울해하고 불안해하고 흥분해 있는가를 말해주는, 직접적으로 우리 마음의 소리에 개방적이어야 하는 것이 중요하다.

일반적인 사람들은 자신의 신체적 상태에 대해서는 민감하다. 그는 신체의 변화에 주의하며 조금만 고통스러워도 즉시 감지한다. 이러한 신체적 민감성은 대부분의 사람들이 어떻게 하면 회복되는가에 대해 의견을 갖고 있기 때문에 비교적 쉽게 경험한다. 그러나 동일한 민감성이라 하더라도 자신의 정신적 상태에 대해서는 쉽지 않다. 왜냐하면 많은 사람들은 누가 가장 적절하게 기능하고 있는지 알지 못하기 때문이다. 그들은 부모나 친척의 정신적 기능, 또는 그들이 태어난 사회집단의 정신적 기능을 규범으로 받아들인다.

그리고 이 사람들과 다른 점이 없는 한 정상이라고 느끼며, 다른 것을 관찰해 보려는 관심은 전혀 없다. 이를테면 사랑하는 사람, 성실하고 용기 있는 사람, 정신집중을 하는 사람을 한 번도 보지 못한 사람들도 많이 있다.

자기 자신에 대해 민감해지기 위해서는 완전하고 건강한 인간의 기능상을 갖고 있어야 한다는 것은 너무도 분명한 사실이다. 그리고 만약 자신의 아동기나 또는 그후의 생애에서 이러한 상을 갖지 못했다면 어떻게 이러한 경험을 할 수 있겠는가?

이 질문은 우리들의 교육체계에 있어서 한 가지 비판적인 요인을 지적하고 있다. 우리들은 지식을 가르치는 동안에 인간의 발전에 있어서 가장 중요한 가르침을 잃어가고 있다. 이 가르침은 성숙한 사랑하는 사람의 출현에 의해서만 주어질 수 있을 뿐이다. 우리들 문화 이전의 시대에는, 혹은 중국이나 인도에서는 가장 높게 평가되는 사람은 탁월한 정신적 자질을 가진 사람이었다.

교사라 하더라도 그는 지식의 공급원일 뿐만 아니라 그의 기능은 인간적 태도를 전달해 주는 것이기도 했다. 현대 자본주의 사회에 있어서 ─ 그리고 러시아의 공산주의에 대해서도 마찬가지이지만 ─ 칭찬과 경쟁을 위해 모범으로 제시된 사람들은 결코 뛰어난 정신적 자질의 소유자는 아니다.

본질적으로 그들은 일반적인 눈에는 아주 평범한 사람들에게 자기를 대신하여 만족감을 주는 사람들이다. '영화배우, 성우, 비평가, 주요 기업가나 정치가……' 이들이 경쟁을 위한 모델로 제시되고 있는 것이다. 이 기능에 대한 그들의 중요한 자격은 흔히 이들이 뉴스의 원천이 되어 왔다는 사실에 있다.

그렇지만 상황은 전혀 절망적인 것으로는 보이지 않는다. 만약 당신이 알베르트 슈바이처와 같은 사람이 미국에서 유명하게 될 수 있다는 사실을 고려한다면, 또한 당신이 젊은이들에게 연예인(이 말은 넓은 의미에서)으로서가 아니라 인간으로서 무엇을 성취할 수 있는가를 보여주는 살아 있는 인물들과 역사적 인물들에 친숙해지도록 마음속에서 많은 가능성을 그려본다면, 또한 당신이 모든 시대의 위대한 문학작품과 예술작품을 생각해 본다면 거기에는 훌륭한 인간의 기능에 관한 비전을 창조할 수 있는, 따라서 역기능에 대한 감수성의 기능을 만들어 낼 기회는 남아 있는 것으로 보인다.

만약 우리들이 성숙한 생활에 대한 비전을 생생하게 유지하는데 성공하지 못한다면, 그때는 실로 우리들의 모든 문화적 전통이 붕괴되어 버릴 위험성에 직면하게 될 것이다. 이러한 전통은 근본적으로 어떤 종류의 지식을 전달하는 데 기초하고 있는 것이 아니라 인간의 어떤 특성을 전달하는 데 기초하고 있다. 만약 다음 세대들이 이러한 특성을 더 이상 보지 못하게 된다면 5000년 동안의 문화는 비록 그것의 지식이 전달되고 또 발전된다 하더라도 붕괴되고 말 것이다.

나는 지금까지 어떤 기술을 실천하는 데 있어 무엇이 필요한가에 대하여 논의해 왔다. 이제 나는 사랑의 능력에 대해 특별한 중요성을 갖는 몇 가지의 특성에 관해 논의하고자 한다. 내가 앞에서 말한 사랑의 본성에 따르면, 사랑의 성취를 위한 주요 요건은 자신의 나르시시즘을 극복하는 것이다. 나르시시즘적 지향이라 함은 자기 자신 속에 존재하는 것들만을 실재로서 경험하는 것을 말한다.

반면에 외부적 세계의 모든 현상은 그 자체로서는 전혀 현실성이 없다. 그것들은 오직 자기에게 유용한가 혹은 위험한 것인가라는 관점에서만 적용된다. 나르시시즘에 대한 정반대의 극(極)은 객관성이다. 이것은 사람과 사물을 있는 그대로, 즉 객관적으로 볼 수 있는 능력을 의미하며, 또한 자기의 욕망과 공포에 의해 형성된 상으로부터 이러한 객관적인 상을 분리해 낼 수 있는 기능을 의미한다.

모든 형태의 정신병은 객관적일 수 없다는 점에서 극도로 무능함을 보여준다. 광인에게 존재하는 유일한 실재는 그의 내면에 있는 공포와 욕망뿐이다. 그는 외부세계를 자신의 내부세계의 상징으로서, 또 자신의 창조물로 생각하고 있다. 우리들도 꿈을 꿀 때는 이와 같은 행동을 한다. 꿈속에서 사건을 만들고 또 우리의 욕망과 공포의 표현(비록 때로는 우리들의 통찰과 판단의 표현이기도 하지만)인 연극을 상연한다. 그리고 잠자는 동안에 우리들은 꿈의 산물을, 깨어 있을 때 인식하는 현실과 같이 현실적인 것이라고 확신한다.

미친 사람이나 꿈을 꾸고 있는 사람은 외부세계에 대해 객관적인 관점을 전혀 갖지 못한다. 그러나 우리는 모두 다소간 미쳐 있거나 잠을 자고 있는 것이다. 즉 우리들은 나르시시즘적 지향에 의해 왜곡되어 있어 세계에 대해 객관적인 관점을 갖고 있지 못한 것이다. 예를 들 필요가 있겠는가? 누구든지 자신 또는 이웃을 관찰하거나 신문을 읽는다면 이러한 현상을 쉽사리 발견할 수 있다.

현실에 대한 나르시시즘적 왜곡의 정도는 실로 다양하다. 예를 들면 한 여자가 의사에게 전화를 걸어 오후에 진찰받으러 가고 싶다고 말했다고 하자. 의사는 오후에는 바쁘니 다음날 와달라고 대답한다. 그러나 그녀는 병원에서 불과 5분밖에 안 되는 거리에 살고 있다고 의사에게 말한다. 그녀는 거리가 가깝다는 것이 그의 시간을 절약해 주지는 못한다는 의사의 설명을 이해하지 못한다. 그녀는 나르시시즘적으로 경험하고 있다. 즉 그녀는 자신이 시간이 걸리지 않으므로 의사도 시간이 걸리지 않을 거라고 생각하고 있다. 그녀에게 있어 유일한 실재는 그녀 자신인 것이다.

다소 덜 극단적인 ─ 혹은 덜 명백한 ─ 것으로는 개인간의 관계에 있어서 흔히 일어나고 있는 왜곡을 들 수 있다. 어린이 스스로가 무엇을 느끼고 있는가를 인식하거나 또는 관심을 갖는 것이 아니라, 오히려 온순한 어린애라는 면에서 어버이에게 기쁘게 해주고 또 자기들에게는 하나의 명예라는 면에서만 어린이의 반응을 경험하는 부모들이 얼마나 많은가? 어머니에 대한 애착으로 말미암아 어떤 요구이든 그들의 자유를 억제하는 것이라고 해석함으로써 아내를 귀찮은 존재로 여기는 남편들이 얼마나 많은가? 어린 시절에 그려보았던 훌륭한 기사의 환상에 어울리는 생활을 하지 못한다고 남편을 무능하거나 어리석다고 생각하는 아내들이 얼마나 많은가?

외국인에 대한 객관적인 결여는 잘 알려진 사실이다. 어느 시대에나 자국민은 선하고 훌륭한 모든 것을 나타내는 반면에 다른 나라의 국민은 퇴폐적이고 악마적인 사람으로 취급된다. 적의 모든 행위는 한 가지 기준에 의해 판단되며, 자신의 모든 행동은 다른 기준에 의해 판단된다. 적의 선한 행위에도 그것은 악마적인 것의 조짐으로 간주되며, 우리들과 세계를 기만하려는 것으로 본다. 한편 우리들의 나쁜 행위는 불가피한 것이며, 우리들이 설정한 고귀한 목표를 달성하는 데 공헌하는 것이라고 정당화된다. 실로 국민들 사이의 관계나 개인들간의 관계를 생각해 보면 객관성이란 오히려 예외적인 것이며, 다소 정도의 차이는 있지만 나르시시즘적 왜곡이 오히려 정상적인 것이라는 결론에 도달하게 된다.

객관적으로 사고할 수 있는 능력은 이성이다. 이성의 배후에 있는 정서적 태도는 겸손이다. 객관적이기 위해 자신의 이성을 사용하는 것은 그가 겸손의 태도를 몸에 지니고, 또 그가 어린아이로서 갖는 전지전능의 꿈속에서 벗어날 때만 가능하다. 사랑의 기술을 실천한다는 관점에서 본다면 사랑이란 나르시시즘적인 상대적 부재에 의존하며, 또 겸손과 객관성, 그리고 이성의 발전을 요구한다는 것을 의미한다. 우리들의 모든 생활은 이러한 목적을 위해 몰두되어야 한다. 겸손과 객관성은 사랑과 마찬가지로 분리될 수 없는 것이다. 만약 내가 낯선 사람에게 객관적일 수 없다면 내 가족에게도 진실하게 객관적일 수 없으며, 그 역(逆)도 성립한다.

사랑의 기술을 배우고 싶다면, 나는 모든 상황에서 객관성을 추구하지 않으면 안 되며, 내가 객관적이지 못한 상황에 대해서는 민감해져야 한다. 나는 어떤 인물과 그의 행동에 관해 나르시시즘적으로 왜곡된 나의 상과, 나의 관심이나 욕구, 공포 등과는 무관하게 존재하고 있는 그 사람의 실재적인 모습 사이에 존재하는 차이를 알아보려고 노력해야 한다. 객관성과 이성의 능력을 획득했다면 사랑의 기술을 성취하는 길을 반쯤은 걸어온 셈이다.

그러나 이 능력은 그가 접촉하고 있는 모든 사람들에 관해서도 획득되어야 한다. 만약 누군가가 사랑하는 사람에 대해 객관성을 보유하기를 원하고 그밖의 세계에 대한 자신의 관계에 있어서 객관성이 없어도 좋다고 생각한다면, 그는 이곳에서도 또 저곳에서도 결국은 실패하게 된다는 사실을 곧 알게 될 것이다.

사랑할 수 있는 능력은 나르시시즘으로부터 벗어날 수 있는 능력에 달려 있으며, 또한 어머니와 친척에 대한 근친상간적인 집착으로부터 벗어나는 능력에 달려 있다. 즉 그것은 세계와 우리들 자신에 대한 관계에 있어서 생산적인 방향을 성장시키고 개발시키는 우리들의 능력에 의존한다. 이러한 출현, 탄생, 깨달음의 과정은 필수적 조건으로서 하나의 특성, 즉 신념을 요구한다. 사랑의 기술의 실천은 곧 신념의 실천을 요구하는 것이다.

신념이란 무엇인가? 신념은 반드시 신이나 종교적 교리에 대한 믿음의 문제인가? 신념은 이성과 합리적 사고에 반드시 대조되는 것인가? 또는 그것과는 구별되는 것인가? 신념의 문제를 이해하기 위해서는 먼저 합리적 신념과 비합리적 신념을 구분해야 한다.

여기서 필자가 말하는 비합리적 신념이란 불합리한 권위에 대한 복종에 바탕을 두고 있는 신념을 말한다. 반대로 합리적 신념이란 자신의 사고의 경험이나 느낌에 근거를 두고 있는 확신을 의미한다. 그러므로 합리적 신념은 어떤 무엇을 믿는 것이 아니라 우리들의 확신이 지니고 있는 확실성과 견고성이다. 신념은 어떤 특별한 믿음이라기보다는 오히려 퍼스낼리티 전체에 충만해 있는 성격상의 특성을 말한다.

합리적 신념은 생산적인 지적, 정서적 활동에 근거하고 있다. 신념이 끼여들 여지가 없다고 생각되는 합리적 사고에 있어서조차 합리적 신념은 중요한 구성 요소이다. 이를테면 과학자는 어떻게 새로운 발견을 하는가? 그는 발견하기를 기대하는 것에 대한 비전도 없이 실험을 계속하고, 자료들을 수집하는 방법으로 시작하려는 것일까?

어떤 분야에서든 진실로 중요한 발견은 이러한 방법으로는 거의 이루어지지 않았다. 또한 사람들이 오직 환상만을 추구할 때도 중요한 결론에는 결코 도달하지 못했다. 어떤 분야에서든 창조적 사고의 과정은 소위 '합리적 비전'이라고 흔히 불려지는 것과 더불어 시작되며, 이 '합리적 비전' 그 자체는 이전의 상당한 연구, 반성적 사고 및 관찰의 결과인 것이다. 과학자가 필요한 자료를 충분히 수집하는 데 성공하거나 또는 그의 본래의 비전을 대단히 확실성 있는 것으로 만드는 수학적 공식을 완성하는 데 성공할 때, 그는 잠정적 가설에 도달했다고 말할 수 있다.

그것이 의미하고 그것을 지지하고 있는 자료들을 수집함으로써 보다 적절한 가설에 도달하게 되고, 따라서 더욱 폭넓은 이론에 흡수되기도 하는 것이다. 과학의 역사는 이성에 대한 신념과 진리의 비전 등의 예로 가득 차 있다. 코페르니쿠스, 케플러, 갈릴레이, 뉴턴 등은 모두 이성에 대한 확고한 신념을 갖고 있었다. 그 때문에 브루노는 화형에 처해졌고, 스피노자는 파문당했다. 합리적 비전의 관념에서 이론의 공식화에 이르는 모든 단계에 있어서 신념은 반드시 필요하다.

즉 추구해야 할 합리적으로 타당한 목표로서의 비전에의 신념, 그럴듯

한 명제로서의 가설에 대한 신념, 적어도 그것의 타당성에 대한 일반적 합의에 도달할 때까지 궁극적인 최종 이론에 대한 신념 등이 필요하다. 이러한 신념은 자신의 경험에 근거를 두고 있으며, 또한 자신의 사고력, 관찰력 및 판단력에 대한 확신에 근거를 두고 있다. 비합리적 신념이 어떤 권위나 대다수가 그렇게 말한다는 이유만으로 어떤 것을 진실한 것으로 받아들이는 반면에, 합리적 신념은 대다수 사람들의 의견에도 불구하고 자기 자신의 생산적인 관찰과 사고에 입각한 독립적인 확신에 기초를 두고 있다. 사고와 판단은 그 안에 합리적 신념이 나타나 있는 경험의 유일한 영역은 아니다.

인간관계의 분야에서도 신념은 어떤 중요한 우정이나 사랑에 있어서도 불가결한 특질이다. 다른 사람을 신뢰한다는 것은 자신의 퍼스낼리티 핵심의 불변성, 자신의 근본적인 태도의 불변성, 그리고 자신의 사랑과 신뢰성과 불변성을 확인하고 있음을 의미한다. 그렇지만 그렇다고 해서 사람이 자신의 의견을 바꾸지 않는다는 것을 의미하지는 않는다. 그의 기본적인 동기는 항상 동일하다는 것을 말하고 있는 것이다. 이를테면 생명과 인간의 존엄성에 대한 그의 존경은 그 자신의 일부분으로서, 쉽게 변화되지 않는다는 것이다.

이와 동일한 의미에서 우리들은 우리들 자신에 대해 신념을 갖고 있다. 우리는 자아의 존재를 알고 있다. 즉 불변적이며 환경이 변하더라도, 또 의견과 감정의 어떤 변화에도 불구하고 우리들의 생활을 통해 지속되는 우리들의 퍼스낼리티의 핵심을 알고 있다. 나라는 말의 배후에 존재하는 실재가 곧 핵심이며, 이 핵심에 기초하여 우리들 자신의 일체성에 대한 확신이 존재한다.

우리들의 자아의 지속성에 대해 신념을 갖지 않는다면, 우리들의 일체감은 위협받게 되며, 또 타인에게 의존하게 되고 타인의 승인이 우리들의 감정의 기초가 된다. 자기 자신에게 신뢰를 갖는 사람만이 신뢰할 수 있다. 왜냐하면 오직 그러한 사람만이 미래의 자신을 현재의 자신과 마찬가지로 믿을 수 있으며, 따라서 자신이 지금 바라고 있다고 느끼고 행동할 것이기 때문이다.

자기 자신에 대한 믿음은 약속할 줄 아는 능력의 조건이다. 인간은 약속할 줄 아는 능력에 따라 정의될 수 있다고 니체가 말한 바와 같이, 신념은 인간 존재에 필요한 조건들 중의 하나이다. 사랑에 관련해서 중요한 것은 각자의 사랑에 대한 믿음인 것이다. 즉 남을 사랑할 수 있는 자신의 능력과 자신의 신뢰성에 대한 신념인 것이다.

사람을 신뢰한다는 또 하나의 의미는 우리들이 타인의 잠재력에 대해 가지고 있는 신념과 관계된다. 이러한 신념의 가장 기본적인 형태는 어머니가 신생아에 대해 갖고 있는 신념이다. 즉 이 아이는 살아 있으며 성장하고, 걷고, 말하게 될 것이라는 신념이다. 그러나 이런 면에서 어린아이의 발육은 대단히 규칙적으로 행해지는 것이므로 그것을 기대할 때도 별다른 믿음이 필요하지 않다.

그것은 어린아이가 갖고 있는, 사랑할 수 있는 잠재능력, 행복해질 수 있는 잠재능력, 자기의 이성을 사용할 수 있는 잠재능력, 또는 예술가의 천성과 같은 보다 특수한 잠재능력 등 어린아이가 도저히 계발시킬 수 없는 그런 잠재능력에 대한 신념과는 다르다. 이것들은 어린아이의 발달 과정에 있어서 적당한 조건이 주어지면 성장하고 표현되는 씨앗이지만, 반대로 이러한 조건이 결여되면 질식되어 버리는 씨앗인 것이다. 이러한 조건 중에서 가장 중요한 조건의 하나는 어린아이의 생활에서 중요한 위치를 차지하고 있는 사람이 이러한 잠재력을 신뢰하는 것이다. 이러한 신뢰가 있느냐 없느냐에 따라 교육과 조종이 구별된다.

교육은 어린아이가 자신의 잠재력을 실현시키는 데 도움을 주는 것을 의미한다.[3]

교육에 반대되는 것은 조종이며, 이것은 잠재력의 성장에 대한 신념이 결여되어 있음을 기초로 하고 있다. 이것은, 어린아이는 다만 어른이 그 아이에게 바람직한 것을 주고 바람직하지 않다고 생각되는 것을 억압하기만 하면 올바르게 될 것이라는 확신에 기초하고 있다. 로봇에 대해서는 신뢰가 필요 없다. 왜냐하면 그것은 생명을 갖고 있지 않기 때문이다. 타인에 대한 신뢰는 인류에 대한 신뢰에서 절정에 이른다.

서구세계에서 이 신뢰는 유태교와 기독교의 종교적인 용어로 표현되었다. 세속적인 용어로는 그것은 지난 150년 동안 인본주의적(人本主義的)인 정치·사회적 사상에서 강력하게 표현되었다. 어린아이에 대한 신뢰와 마찬가지로, 그것은 인간의 잠재력이란 적당한 조건이 주어지면 평등·정의·사랑의 원리에 의해 통치되는 사회질서를 확립할 수 있는 것이라는 이념에 기초하고 있다.

인간은 아직 한 번도 이러한 질서를 확립해 본 적이 없었다. 따라서 그렇게 할 수 있다는 확신에는 신념이 요구된다. 모든 합리적 신념과 마찬가지로 이것도 역시 희망적인 사고가 아니며, 인류가 과거에 성취한 위대한 업적의 증거와 개개인의 내적 경험과 이성과 사랑의 경험 등에 기

---

3 education(교육)이란 말의 어원은 e-ducere이다. 이것은 문자 그대로 해석하면 잠재적으로 현존하고 있는 어떤 것을 앞으로 끌어내는 것, 혹은 밖으로 내놓는 것을 의미한다.

초를 두고 있다. 비합리적 신념이 불가항력적으로 강력하고 전지전능하다고 느껴지는 어떤 힘에 복종하고 그 자신의 힘과 능력은 포기해 버리는 것에 연유하고 있음에 비해, 합리적 신념은 이와 정반대의 경험에 바탕을 두고 있다.

합리적인 신앙은 우리 자신의 관찰과 사고의 산물이기 때문에 어떤 사상 속에서도 우리는 이러한 신념을 갖고 있다. 우리는 타인과 우리 자신, 그리고 인류에 대해 그의 잠재력을 신뢰하고 있다. 왜냐하면 우리는 자신의 잠재력의 성장을 경험했고 또 우리들 자신의 성장의 실재를 경험했으며, 우리들 자신의 이성과 사랑의 힘의 강대함을 경험했기 때문이다. '합리적 신념의 기초는 생산성이다.' 신념에 의거하여 산다는 것은 생산적으로 산다는 것을 의미한다. 그러므로 힘에 대한 신념(지배라는 의미에서)과 그 힘의 사용은 모두가 합리적 신념에 반대되는 것이다.

현존하는 힘을 믿는다는 것은 아직 실현되지 않은 잠재력의 성장을 믿지 않는 것과 같다. 그것은 단지 명백한 현재에 바탕을 두고 장래를 예측하는 것에 불과하다. 그러나 그것은 인간의 잠재력과 인간의 성장을 무시하고 있다는 점에서 커다란 오산이다. 권력에는 합리적인 신념은 존재하지 않는다. 권력에는 복종만이 있으며 권력을 가진 사람은 그 힘을 계속 보유하고 싶어하는 소망이 있을 뿐이다. 많은 사람들에게 권력은 모든 것 중에서 가장 현실적인 것으로 보이지만, 인간의 역사는 권력이 모든 인간의 업적 중에서 가장 불안한 것임을 증명했다. 신념과 힘은 상호배타적이라는 사실 때문에 원래는 합리적 신념에 기초하여 세워진 모든 종교적·정치적 체계도 권력에 의존하거나 권력과 타협할 경우 부패하고, 결국은 신념이 지니고 있는 힘마저 상실하게 된다.

신념을 갖기 위해서는 용기가 필요하다. 즉 위험을 감수할 수 있는 능력과, 고통과 실망을 받아들일 수 있는 준비를 필요로 한다. 안전과 무사(無事)를 생활의 첫째 조건으로 주장하는 사람은 누구나 신념을 가질 수 없다. 격리와 소유를 자신의 안전책으로 삼는 방위체제 속에 자신을 가두어 버린 사람은 누구나 자기 자신을 죄수로 만든다. 사랑을 받기 위해서도 사랑을 하기 위해서도 용기가 필요하다. 용기는 어떤 가치를 궁극적인 관심사로서 판단하고, 또 이 가치를 향해 달려가고 그 가치를 위해 모든 것을 내거는 용기를 말한다.

이 용기는 유명한 허풍쟁이 무솔리니가 "위험하게 살기 위하여"라는 슬로건을 내걸었을 때의 용기와는 전혀 다르다. 그가 말하는 용기는 허무주의의 용기이다. 허무주의 용기는 생에 대한 파괴적인 태도에 뿌리박고 있으며, 삶을 사랑할 수 없기 때문에 기꺼이 생명을 내던진다고 하는 데서 연유한 것이다. 절망의 용기는 사랑의 용기에 반대되는 것으로서, 이는 권력에 대한 신념이 생에 대한 신념과 반대되는 것과 마찬가지이다.

신념과 용기에 관해 어떤 실천이 필요한가? 신념은 모든 순간에 실현될 수 있다. 아이를 기를 때도 잠잘 때도 어떤 일을 시작할 때도 신념이 필요하다. 우리 모두는 이러한 신념을 갖는 데 익숙하다.

이 신념을 갖지 못한 사람은 누구나 아이에 대한 지나친 근심, 불면증, 또 생산적인 일을 할 수 없다는 등의 문제로 고민한다. 그렇지 않으면 의심을 잘하거나 누군가와 친밀한 관계를 맺는 데 제한을 받거나 또는 우울증에 빠지거나, 장기적인 계획을 세우지 못할 것이다. 비록 여론이나 예기치 않았던 몇 가지 사실들로 인하여 자신의 판단이 무효로 되는 것처럼 보인다 하더라도, 타인에 대한 자신의 판단을 고집하는 것, 또한 일반적으로 유행되지 않는 것이라 하더라도 자신의 확신을 주장하는 것, 이 모든 것은 신념과 용기를 필요로 한다. 생활의 곤란과 방해, 비애 등을 우리에게 결코 일어나서는 안 되는 부당한 처벌이라기보다는 오히려 우리를 더욱 강하게 만들기 위해 극복해야 할 하나의 도전으로 받아들이기 위해서는 신념과 용기가 필요한 것이다.

신념과 용기의 실천은 일상생활의 사소한 일에서 시작된다. 첫 단계는 언제 어디서 신념을 잃게 되는가에 주의하며, 이 신념의 상실을 은폐하기 위해 사용되는 합리화를 간파하고, 어디서 우리가 비겁하게 행동하고 또 이것을 어떻게 합리화하는지 인식하는 것이다. 신념의 배반이 사람을 얼마나 약화시키며, 또 약화될수록 새로운 배반이 더욱 많이 나타나게 되고, 그리하여 이러한 악순환이 계속된다는 것을 인식해야 한다. 그러면 우리는 다음의 사실을 인식할 수 있을 것이다. 즉 '우리들은 의식적으로는 사랑받지 못하는 것을 두려워하고 있지만, 실제적으로 그 두려움은 바로 사랑이라는 것이다.'

사랑한다는 것은 아무런 보상도 없이 자신을 내맡기는 것을 의미한다. 즉 우리의 사랑은 우리가 사랑하는 사람의 사랑을 불러일으키리라는 희망을 갖고 자기 자신을 완전히 맡겨버리는 것을 의미한다. 사랑은 신념의 행동이다. 신념이 없는 사람은 사랑도 없다. 신념의 실천에 관해 더 이상 말할 것이 있을까? 누군가는 자신이 시인이나 선교사였다면 더 말해 보려고 노력할 텐데 하고 생각할지도 모른다. 그러나 나는 어느 편도 아니기 때문에 신념의 실천에 대하여 더 이상 말할 것이 없다. 이 문제에 진정 관심을 갖고 있는 사람이라면 누구나 어린아이가 걸음마를 배우는 것처럼 신념을 갖는 것을 배울 수 있다고 나는 확신한다.

사랑의 기술의 실천에 불가결한 한 가지 태도를 지금까지는 함축적으로만 언급해 왔지만, 그것은 사랑의 실천에 있어서 근본적인 것이기 때문에 여기서는 더 분명하게 논의할 필요가 있다. 그것은 바로 활동성이다. 나는 앞에서 활동성이란 것은 어떤 일을 하고 있는 것을 의미하는 것이 아니라, 우리의 힘을 생산적으로 사용하는 내적인 활동이라고 말한 바 있다.

사랑은 활동이다. 내가 사랑하고 있다면 나는 사랑하는 사람에 대해서 계속적인 능동적 관심의 상태에 있다. 왜냐하면 만약 내가 게으르다면, 또 깨달음과 경계 행위의 계속적인 상태에 있지 않다면, 나는 사랑하는 사람에게 나 자신을 능동적으로 관계하는 것이 불가능하게 될 것이기 때문이다. 잠자는 것은 비활동의 단 하나의 상황이다. 깨어 있는 상태는 게으름이 끼여들 여지가 없는 상태이다. 오늘날 수많은 사람들이 처해 있는 역설적인 상황은 그들이 깨어 있으면서도 반쯤 잠들어 있고, 잠을 자거나 혹은 잠자기를 원하는데도 반쯤 깨어 있다는 것이다.

완전히 깨어 있다는 것은 상대방에게 염증을 느끼지 않도록 하기 위한 조건이다. 염증을 느끼지 않도록 하는 것, 염증을 느끼지 않는다는 것은 사랑하는 데 있어서 주요한 조건의 하나이다. 내적 게으름을 피하기 위해 수용적인 상태이든 시간을 축적하는 상태이든 또는 소비하는 상태이든 간에 하루 종일 눈과 귀로 느끼고 사고하는 것은 사랑의 기술을 실천하는 데 불가결한 조건이다. 사랑의 영역에서는 생산적이지만 다른 모든 영역에서는 비생산적이라는 식으로 생활을 분리할 수 있다고 믿는 것은 환상이다.

생산적인 것은 이러한 분업을 허용하지 않는다. 사랑할 수 있는 능력은 강렬함, 각성, 고양된 생명력의 상태를 필요로 하며, 이런 상태는 다른 많은 생활의 영역에 있어서 생산적이고 능동적인 태도를 취할 때만 생길 수 있다. 다른 영역에서 생산적이지 못한 사람은 사랑의 영역에서도 역시 생산적일 수 없다.

사랑의 기술에 관한 논의는 지금까지 기술된 그런 성격과 태도를 획득하고 발전시키는 개인적 영역의 것으로만 국한될 수는 없다. 그것은 사회적 영역과도 불가분의 관계를 갖고 있다. 사랑한다는 것이 모든 사람에 대해 사랑하는 태도를 갖는다는 것을 의미한다면, 또한 사랑이 하나의 성격적 특징이라면, 그것은 필연적으로 자신의 가족과 친구들과의 관계뿐만 아니라 일이나 사업, 직업 등을 통해 접촉하는 모든 사람들과의 관계에서도 필연적으로 존재해야 한다.

자신에 대한 사랑과 타인에 대한 사랑 사이에는 분업이 존재하지 않는다. 반대로 타인을 사랑하는 것은 자기 자신을 사랑하는 조건이 되는 것이다. 이 점을 진지하게 통찰한다는 것은 자신의 사회적 관계가 지금까지의 관습적인 것으로부터 급격하게 변화된다는 것을 의미한다. 이웃에 대한 사랑을 종교적 이상으로 표현하는 데는 수많은 언어가 사용되고 있지만, 우리들의 현실의 관계에서는 기껏해야 공정성의 원리에 의해 결정되고 있다.

공정성은 상품과 용역의 교환에 있어서, 또한 감정의 교환에 있어서 사기나 속임수를 사용하지 않는다는 것을 의미한다. 자본주의 사회에 널리 퍼져 있는 윤리적 격언은, 상품뿐만 아니라 사랑에 있어서도 '당신이 나에게 주는 만큼 나도 당신에게 주겠다'는 것이다. 공정성의 윤리적 발전은 자본주의 사회의 특수한 윤리적 공헌이라고 말할 수 있다.

이러한 사실의 근거는 자본주의 사회의 본질 바로 그것에 있다. 자본주의 이전의 사회에 있어서 상품의 교환은 직접적인 힘이나 전통 또는 개인적인 사랑이나 우정의 유대 등에 의해 결정되었다. 자본주의에서 모든 결정 요인은 시장에서의 교환이다. 상품 시장을 취급하든 노동 시장 또는 용역 시장을 취급하든, 각 개인은 폭력이나 사기를 사용하지 않고 시장의 조건에 따라 그가 얻고 싶은 것과 자기가 팔 수 있는 것을 교환한다.

공정성의 윤리는 황금률의 윤리와 혼동되고 있다. "남에게 대접을 받고 싶은 대로 너희도 남을 대접하라."는 격언은 남과의 교환에서 공정하라는 의미로 해석될 수 있다. 그러나 실제로 이 격언은 "이웃을 네 몸과 같이 사랑하라."는 성경의 말씀보다 대중적인 표현이었다. 유태교와 기독교의 형제애에 대한 규범은 공정성의 윤리와는 전혀 다른 것이다. 이것은 이웃을 사랑한다는 의미이다. 즉 책임을 느낀다는 의미이다. 반면에 공정성의 윤리는 책임을 느끼지 않는다는 것을 의미하며 거리감과 분리감을 의미한다. 즉 이웃 사람의 권리는 존중하지만 그를 사랑하지는 않는다는 것을 의미한다.

이 황금률이 오늘날 가장 통속적인 종교적 격언이 된 것은 결코 우연이 아니다. 왜냐하면 그것은 공정성의 윤리라는 면에서 해석될 수 있기 때문에 누구나 이해하고 또 기꺼이 실천하는 하나의 종교적 격언인 것이다. 그러나 사랑의 실천은 공정성과 사랑의 차이를 인식하는 일로부터 시작되어야 한다.

그렇지만 여기서 하나의 중대한 의문이 제기된다. 만약 우리들의 모든 사회적 · 경제적 조직이 각자의 이익 추구에 기초를 두고 있다면, 또 그 것이 오직 공정성이라는 윤리적 원리에 의해서만 형성된 자기 중심벽의 원리에 의해 지배되고 있다면, 우리들은 어떻게 사업을 할 수 있으며, 또 기존의 사회의 틀 속에서 어떻게 행동하며 동시에 어떻게 사랑을 실천할 수 있는가? 사랑을 실천한다는 것은 세속적인 관심을 포기하고 가난한 사람들과 같이 생활하는 것을 의미하는 것이 아닌가?

이 의문은 기독교의 수도사들에 의해, 톨스토이, 알베르트 슈바이처, 시몬 윌 등과 같은 사람들에 의해 급진적인 방식으로 제기되어 왔고, 또 대답되었다. 우리들의 사회 안에서 일반적인 세속생활은 기본적으로 양 립될 수 없다는 의견에 동의하는 다른 사람들도 많다. 그들은 오늘날 사 랑에 대해 말한다는 것은 오직 일반적인 기만에 참여한다는 것만을 의미 할 뿐이라는 결론에 도달하고 있다. 그들은 순교자나 미친 사람만이 오 늘날의 세계에서 사랑을 할 수 있으며, 따라서 사랑에 관한 모든 논의는 설교에 지나지 않는다고 주장한다. 이것은 대단히 존경할 만한 견해이지 만, 그 자체는 냉소주의를 합리화하는 결과가 되기 쉽다.

실제로 이런 의견은 '나는 훌륭한 기독교도가 되고 싶다. 그러나 만일 내가 그것을 진실하게 행했다면 굶어 죽었을 것이다' 라고 생각하는 보통 사람들에 의해 묵시적으로 받아들여지고 있다. 이러한 '급진주의' 는 도 덕적 허무주의가 된다. '급진적 사상가' 와 일반인은 모두 사랑이 없는 기 계화된 인간들이다. 그들 사이의 유일한 차이점은 일반인들은 그것을 깨 닫지 못하지만 급진적 사상가는 그것을 알고 있으며, 이 사랑의 역사적 필연성을 인식하고 있다는 점이다. 나는 사랑과 정상적인 생활이 절대로 양립될 수 없다는 대답은 오직 추상적인 의미에서만 옳다고 확신한다.

자본주의 사회적 원리와 사랑의 원리는 양립될 수 없다. 그러나 구체적으로 살펴본 현대사회는 복잡한 현상이다. 예를 들면 필요없는 상품을 파는 사람들은 거짓말을 하지 않고서는 경제적 기능을 수행할 수 없지만 숙련공이나 화학자, 물리학자는 거짓말을 하지 않고도 경제적 기능을 수행할 수 있다. 마찬가지로 농부, 노동자, 교사, 여러 유형의 사업가들은 경제적으로 기능을 중단하지 않고서도 사랑을 실천하려고 애쓸 수 있다.

비록 자본주의의 원리는 사랑의 원리와는 양립될 수 없음을 인정하더라도, 우리들은 자본주의 그 자체는 여전히 비동조와 개인적 자유의 범위를 많이 허용하는 복잡하고도 항상 변화하는 구조라는 사실을 인정해야 한다.

그렇지만 이렇게 말한다고 해서, 나는 현재의 사회체제가 무한히 계속되리라고 기대할 수 있고, 동시에 이상이 실현되리라는 것을 희망할 수 있다고 말하는 것은 아니다. 현재의 체제하에서 사랑을 할 수 있는 사람은 반드시 예외적인 인물들이다. 사랑은 오늘날의 서구사회에서는 필연적으로 한계적인 현상이다.

그 이유는 많은 직업들이 사랑의 태도를 허용하지 않기 때문이 아니라 생산 중심적이며 상품에 굶주려 있는 사회의 정신이란 것이 오직 비동조자만이 그것에 반대하여 성공적으로 자신을 방어할 수 있도록 하기 때문이다. 따라서 인간실존의 문제에 대하여 유일하게 합리적인 해답으로서의 사랑에 진지한 관심을 갖고 있는 사람은, 만약 사랑을 고도로 개인주의적이고 한계적인 현상이 아니라 사회적인 현상으로 만들기 위해서는 우리들의 사회구조에 중요하고 급진적인 변화가 일어나야 한다는 결론에 도달할 것이다. 이러한 변화의 방향에 대해서는 이 책의 범위 내에서

는 오직 암시될 수만 있을 뿐이다.[4]

우리 사회는 경영 관료들에 의해, 직업 정치인들에 의해 움직이고 있다. 즉 사람들은 집단적 암시에 의해 동기화되고 있으며, 그들의 목표는 그들 스스로의 목적으로서 더 많이 소비하는 데 있다. 모든 활동은 경제적 목표에 예속되며, 수단은 목적으로 되어버렸다. 즉 인간은 자신의 특수한 인간적 자질과 기능이 무엇인가에 대해 전혀 궁극적인 관심을 갖지 않는, 잘 먹고 잘 입는 기계적인 인간에 불과하다.

인간이 사랑할 수 있는 존재라면, 인간은 최고의 자리에 놓여져야 한다. 경제적 기계는 인간을 돕는 것이어야 하며, 인간이 기계를 돕는 것이 되어서는 안 된다. 인간은 이익을 서로 나누어 갖기 보다는 오히려 경험을 공유하고, 일을 공유할 수 있어야 한다. 사회는 인간의 사회적인, 사랑하는 본성이 인간의 사회적 실존으로부터 분리되지 않고, 그것과 일체가 되도록 조직되어야 한다.

내가 제시한 바와 같이 사랑이 인간실존의 문제에 대한 단 하나의 건전하고 만족스런 해답이라는 것이 진실이라면, 사랑의 발달을 상대적으로 배제하고 있는 사회는 어느 사회이든 결국은 인간 본질의 기본적인 필연성에 대한 그 자신의 모순 때문에 반드시 멸망하고 만다. 사실 사랑에 관하여 말하는 것은 모든 인간에게 있어서 궁극적이고 현실적인 욕구에 대해 말하는 것이기에 '설교'가 아니다. 이 욕구가 모호하게 되었다는 것은 그것이 존재하지 않는다는 것을 의미하지는 않는다.

사랑의 본질을 분석하는 것은 오늘날 그것이 일반적으로 존재하지 않

---

4 나는 《건전한 사회》(1955)에서 이 문제를 상세히 다루려고 노력했다.

는다는 것을 발견하는 것이며, 이러한 부재에 책임이 있는 사회적 조건을 비판하는 것이다. 단지 예외적이고 개인적인 현상만이 아니라 사회적 현상으로서 사랑의 가능성에 대해 신뢰를 갖는다는 것은 인간의 본질 바로 그것에 대한 통찰에 바탕을 둔 합리적 신념이다.

선과 정신분석

머리말

이제 선불교와 정신분석의 관계를 살펴보자. 이 두 가지 체계는 모두 인간의 본성에 관한 이론과 그를 가장 좋은 상태(Well-being)로 이끄는 실천을 중심으로 한 것이다. 그리고 이 두 가지는 각기 동양사상과 서양사상의 특징을 잘 표현하고 있다. '선불교'는 인도의 합리성, 추상성(抽象性), 중국의 구체성, 현실주의의 하나의 혼연(渾然)한 융합이다. 선이 동양적인 것인데 비해 정신분석은 완전히 서양적인 것이다. 그것은 서양의 휴머니즘과 합리주의의 아들이며, 합리주의는 잡혀지지 않는 어두운 힘을 찾은 19세기의 로맨티시즘적인 탐색의 아들이다. 멀리 소급해 올라가면 그리스의 지혜, 그리고 헤브라이의 윤리는 이러한 인간에 대한 과학적 치료적 접근인 정신적인 가드 파더(어버이 대신)인 것이다.

그러나 정신분석이나 선은 인간의 본성과 그 변혁으로 이끄는 실천을 중심으로 한다는 사실에도 불구하고 비슷한 점보다는 서로 다른 점이 오히려 더 많은 것처럼 보인다. 정신분석은 그 핵심에 있어 과학적 방법이며 종교적인 것은 아니다. 그런데도 선은 서양에서는 종교적, 신비적 체험인 '엔라이튼먼트(開悟)'를 성취하는 이론이자 기법이다. 정신분석은 마음의 병에 대한 치료법이지만, 선은 영적 구제를 위한 하나의 길이다.

정신분석과 선불교와의 관계를 논의해도, 결국은 근본적인 중개가 불가능한 상위만이 있을 뿐이라는 것 이외에 다른 결론은 나오지 않는 것이 아니겠는가? 그런데도 서양의 정신분석가[1]들은 선불교에 대하여 많은 관심을 갖고 있었다. 그들이 흥미를 느끼는 근원은 무엇인가? 그것은 무엇을 의미하는가? 이러한 의문에 답을 제시하는 것이 이 논문이 시도하려는 점이다.

이 논문은 선불교 사상에 대하여 체계적으로 서술하려는 것은 아니다. 그것은 나의 지식과 경험을 뛰어넘는 것이다. 그렇다고 정신분석을 체계적으로 서술하려는 것도 아니다. 그것은 이 논문의 범위를 뛰어넘는다. 그러나 나는―이 논문의 첫부분에서는―선과 정신분석과 직접적으로 관계가 깊은 여러 점에 관하여 비교적 상세히 논하고, 동시에 또 내가 이따금 '휴머니즘적인 정신분석학'이라고 일컬어 온 프로이트 분석의 발전에 관한 기초적인 개념에 관해 말하고 싶다. 그리하여 선불교의 연구가 나에게 극히 중요한 의미를 지니고 있는 이유는 무엇이며, 또한―내가 믿는 바로는―정신분석학을 연구하는 모든 사람들에게도 의미가 깊다는 것을 일깨워주고자 한다.

---

1 융의 D.T. Szuki's 《Zen Buddhism》(1949)의 서문. 프랑스의 정신과 의사인 프느아의 선불교에 관한 저서 《The Supreme Doctrine》(1955)등 참조. 이미 고인이 된 카렌 호니도 그 만년에 선불교에 비상한 관심을 갖고 있었다. 이 책에 수록된 논문이 발표된 멕시코의 쿠에르나바카에서 열렸던 연구 회의도 선불교에 대하여 정신분석가들의 관심이 높다는 또 다른 징후의 하나이다.

선과 정신분석

contents

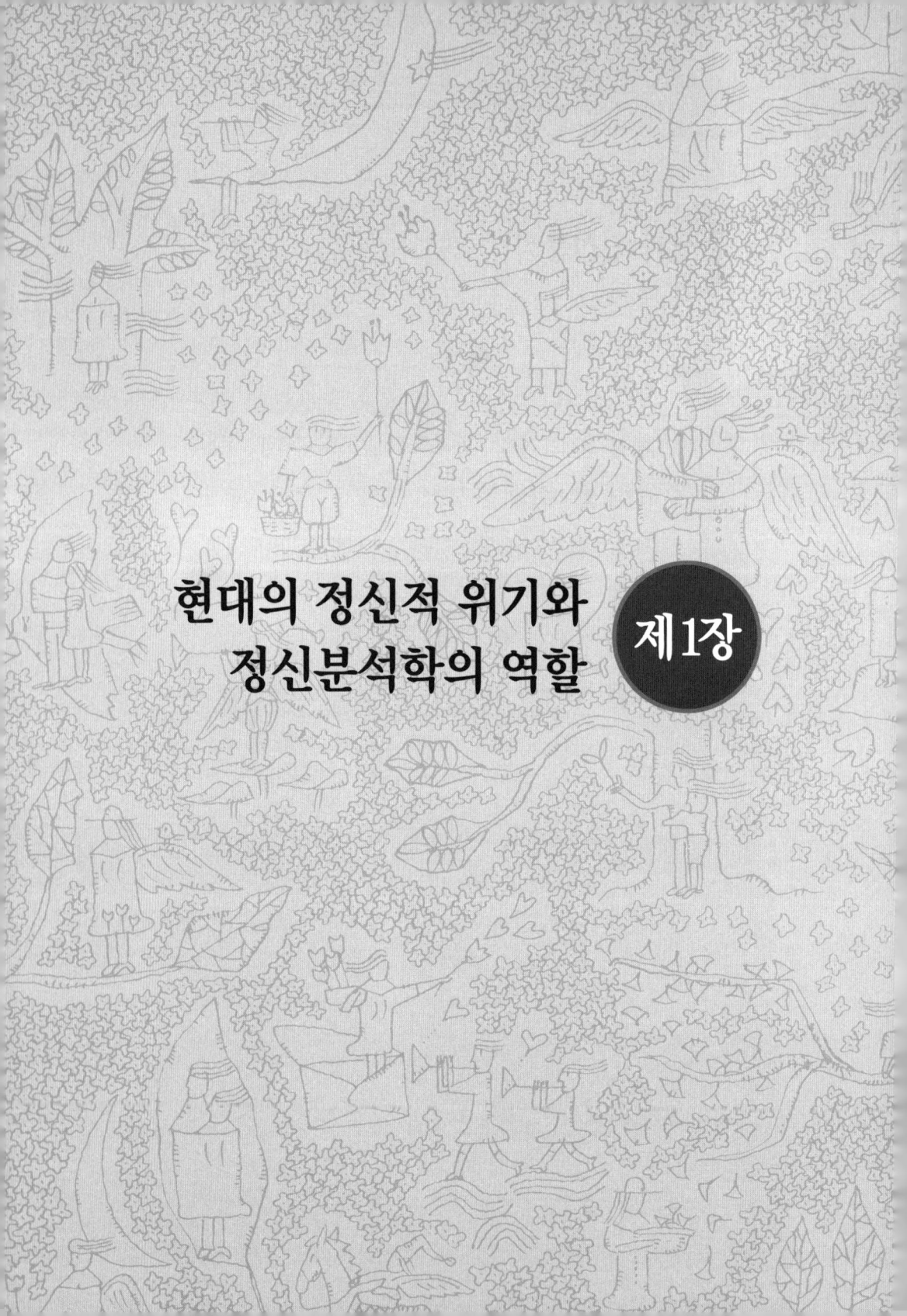

현대의 정신적 위기와 정신분석학의 역할

제1장

우리는 문제에의 첫째 접근법으로서 서양인들이 위급한 역사적 시대에 당면하고 있는 정신적인 위기와 이 위기에 있어서의 정신분석의 역할에 대하여 고찰해야만 한다. 서양에 살고 있는 대부분의 사람들은 자신들이 서양문화가 위기에 처해 있는 시대에 살고 있다는 것을 자각하지 못한다(아마 어느 시대라도 근본적인 위기의 상황에 있는 사람들의 대부분은, 이 위기를 깨닫지 못했으리라고 생각한다).

그러나 적어도 상당수의 비판적인 관찰자들 사이에서는 이 위기의 존재와 성질에 대해 일치하는 것이 있다. 그것은 '불안', '우울', '세기의 병', '인간의 자신과 동료들과 자연으로부터의 소외'[1], '정신의 상실', '인간의 자동기계화' 등으로 일컬어지는 위기이다.

인간은 합리성을 추구하여 합리주의가 전후 비합리성으로 전락하는 데까지 밀어버린 것이다. 데카르트 이래 사상은 감정으로부터 점차로 분리되어 사상만이 합리적이며, 감정은 그 본성상 비합리적이라고 생각되었다. 사람, 주체로서의 자기(나)는 자기를 구성하는 지성만으로 분열되어 버리고 지성이 자연을 제어하는 것처럼 대상으로서의 자기 자신을 제어

---

1 키에르 케고르, 마르크스, 니체, 그리고 현재의 실존주의 철학자들 및 루이스 맘포드, 틸리히, 에리히 카라, 데이비드 리즈먼 등의 저서 참조.

해야 한다고 생각하게 되었다.

지성에 의한 자연의 제어, 그리고 더욱더 많은 물건의 생산이 인생의 최고 목적이 되었다. 이 과정에서 사람은 스스로를 물건으로 변모케 하고, 삶은 소유물에 종속되기에 이르렀다. '있다〔存在〕'는 것은 '갖는〔所有〕' 것에 지배되기에 이른 것이다. 서양문화의 근원은 그리스나 헤브라이나 모두 인생의 목적을 '인간의 완성'에 두었지만, 현대인은 '물건의 완성'과 그것을 어떻게 하여 만드는가 하는 지식에 가장 큰 관심을 두고 있다. 서양인은 감정 경험에 대하여 정신분열증적 무능력의 상태에 있다. 그래서 그들은 불안해하며 절망적이 된다.

행복이니 개인주의니 이니셔티브니 같은 훌륭한 말뿐인 목표는 내걸지만 사실은 목표가 없다. 무엇 때문에 살고 있는지, 모든 노력의 목적이 무엇이냐고 묻는다면 그들은 틀림없이 당황할 것이다. 어떤 사람은 가족을 위해서 산다고, 어떤 사람은 돈을 벌기 위해 산다고 대답하겠지만, 실제로는 아무도 무엇 때문에 살고 있는지 모른다. 불안과 고독을 피하려는 소망 이외에는 아무런 목표도 없다.

오늘날 교회의 회원수가 전례없이 증가하고 종교 서적이 베스트셀러가 되어 많은 사람들이 신에 대해 이야기하게 된 것은 확실하다. 그러나 이런 종교적인 신앙 고백은 깊은 물질주의적인 비종교적 태도를 은폐할 뿐이다. 그리하여 그것은 니체가 그의 유명한 '신은 죽었다'는 선언에서 특징지은 19세기의 경향에 대한 관념적인 반동 — 불안과 추수(追隨)에 의해 야기된 — 이라고 이해되어야 한다. 진정한 종교의 태도로서는 거의 실태(實態)가 없는 것이다. 19세기에 유신론적인 사고를 내버린 것은 — 일면에서 보면 — 공적이다. 사람은 객관성을 향하여 크나큰 결단을 내린 것이다. 지구는 더 이상 우주의 중심이 아니며 인간은 다른 모든 피조물을 지배하도록 신에 의해 정해진 중심적인 역할을 잃었다. 인간 속에 감추어진 동기성을 새로운 객관성에 의해 연구한 프로이트는 전지전능한 신들의 신앙은, 인간의 덧없는 존재 속에 하늘의 신으로 표시되는 도움을 주는 아버지 또는 어머니에 대한 신앙으로써 그 두려움과 싸우려는 인간의 덧없는 시도에 그 근원이 있는 것으로 보았다.

인간만이 자기 자신을 구제할 수 있다는 것을 프로이트는 알았던 것이다. 물론 위대한 스승의 가르침, 부모, 친구, 사랑하는 사람의 애정은 그를 도울 수 있다. 그러나 그것은 다만 현실의 도전을 과감히 받아들이기 위해 전력을 다해 이에 대응하려는 것을 도울 수 있을 뿐임을 알았던 것이다. 사람들은 어버이를 대신한 원조자로서의 아버지인 신의 환상을 내버렸지만 ─ 동시에 모든 위대한 휴머니즘적인, 종교의 참다운 목표까지도 버리고 말았다. 즉 이기주의적인 자아의 중복, 사랑, 객관성, 겸허, 생의 존경, 인생의 목적에 대한 진지한 고려, 본성의 발휘 등의 목표까지도 모두 버리고 말았던 것이다. 이것은 위대한 서양 종교의 목표이기도 했다. 그러나 동양은 일신교적인 종교가 추구한 초월적인 아버지 ─ 구세주인 신의 개념의 버거움을 지니지 않았다.

도교와 불교는 서양의 종교보다 뛰어난 합리성과 현실주의를 지니고 있다. 그들은 인간을 현실주의적으로, 객관적으로, 다시 말해서 '깨달은 자' 이외에 아무도 그를 이끌 수 없으며, 또한 누구나 자신 속에 눈을 떠서 깨달음을 얻을 수 있는 능력을 지니고 있기 때문에 이끌 수 있다고 본 것이다. 이것이 실로 동양의 종교사상인 도교와 불교 ─ 아울러 선불교에서의 그 융합 ─ 가 오늘날 서양에서도 같은 중요성을 갖고 있는 까닭이다.

선불교는 인간에게 그 존재의 문제에 대하여 해답을 발견하도록 돕는다. 그 해답은 유태(그리스도)교의 전통에도 주어져 있는 것과 본질적으로 동일한데, 더욱이 현대인의 노력의 귀중한 성과인 합리성, 현실주의 및 자주성에 모순되지 않는 바인 것이다. 짖궂게도 동양의 종교사상은 서양의 종교사상 이상으로 서양의 합리적 사상과 일치한다는 것을 알게 된 것이다.

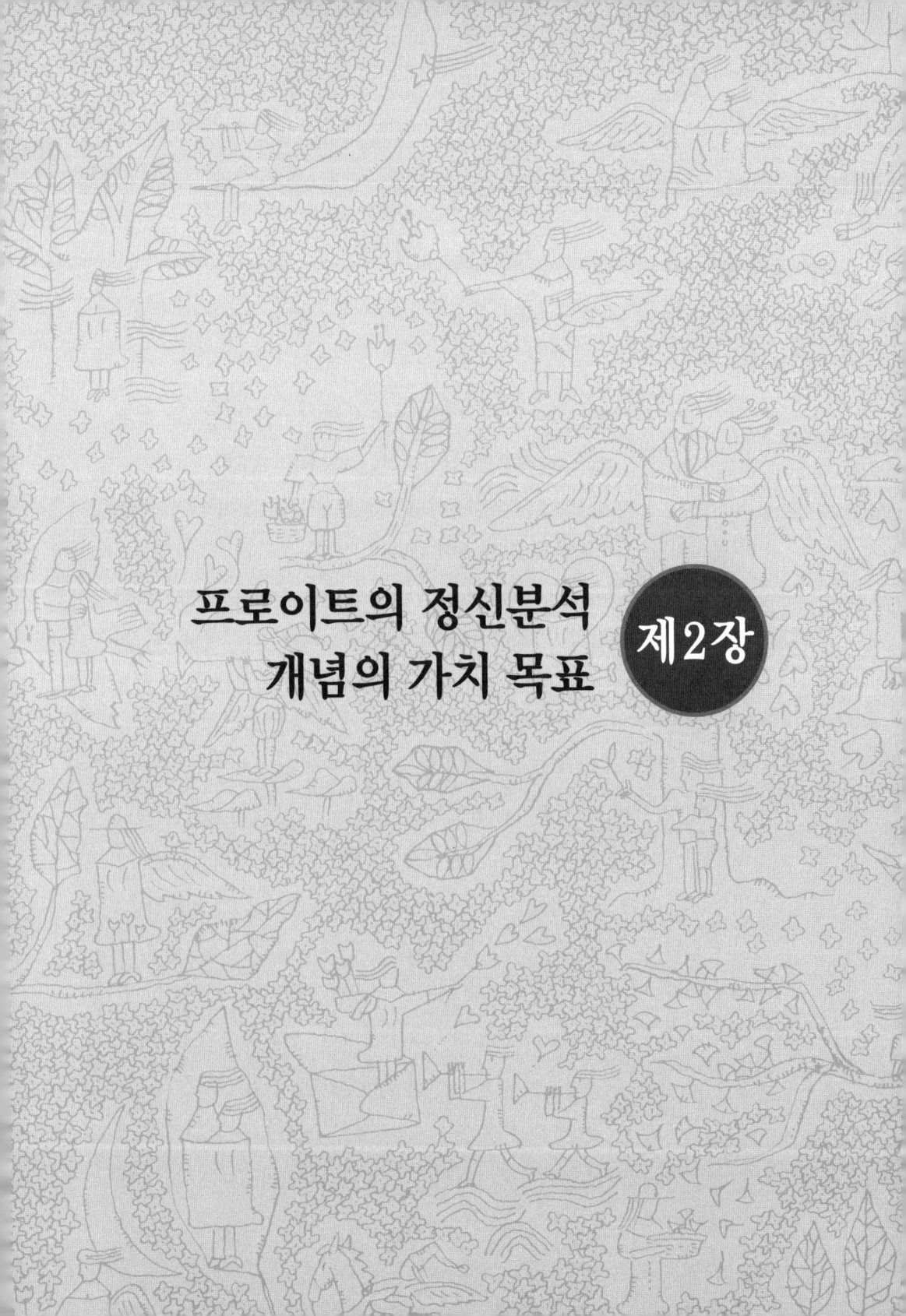

프로이트의 정신분석
개념의 가치 목표

제2장

'정신분석'은 서양인의 정신적 위기의 특징적인 표현이며 해결책을 찾아내려는 하나의 시도이다. 이것은 정신분석학의 '휴머니즘적인' 또는 '실존주의적인' 분석학에서의 최근의 발전을 볼 때 분명하다.

그러나 나는 나의 '휴머니즘'적인 개념을 논하기 전에 일반적으로 생각되는 것과는 완전히 반대로, 프로이트 자신의 체계, 즉 '질병'과 '치유'의 개념을 완전히 초월하고 있어 정신적으로 병든 환자에 대한 치료만이 아니라, 오히려 인간의 구제에 관계되어 있는 것을 나타내고 싶다.

표면적으로 보면 프로이트는 정신적 질환에 대한 새로운 치료법의 창시자이며, 그것은 그의 흥미와 삶의 모든 노력이 바쳐진 주제였던 것처럼 보인다. 그러나 좀더 깊이 고찰해 보면 신경증 치료를 위한 이 의학적 요법의 배후에는 프로이트 자신은 절대로 말하지 않았으며, 어쩌면 그 자신도 거의 의식하지 못했을지도 모르는 전혀 다른 관심이 있었음을 발견하게 된다. 이 숨겨진, 함축적인 개념을 초월한 어떤 것에 관계하고 있었다. 여기서 어떤 것이란 무엇인가? 그가 창시한 '정신분석 운동'의 본성은 무엇인가? 프로이트의 인간의 미래에 대한 꿈은 어떤 것인가? 그의 운동의 기초에 있었던 교의(敎義)는 어떤 것인가? 프로이트는 이 질문에 다음과 같은 말로 지극히 명료하게 대답했다. 이드(Id)가 있었던 곳에는 에고(Ego)가 있을 것이다.

프로이트의 목표는 이성에 의해 비합리적 무의식적인 정념(情念)을 지배하는 것이며, 인간의 가능성의 범위에서 무의식의 힘으로부터 인간을 해방하는 것이었다. 자신의 내면에 있는 무의식적인 힘을 지배하고 통제하기 위해서는 그것을 자각해야만 한다. 프로이트의 목표는 진실에 관한 최선의 지식이며, 그것은 현실의 지식이었다. 프로이트에게 이 지식은 인간이 지상에서 지닌 유일한 인도의 빛이었다. 이러한 목표는 합리주의 · 계몽주의 철학 및 청교도적 윤리의 전통적 목표였다.

종교나 철학이 이러한 자기 통제의 목표를 '유토피아적'이라고 할 수 있는 방법으로 요청한 데 대하여 프로이트는 이러한 목표를(무의식의 탐구에 의해) 과학적 기초 위에 놓고, 그 실현하는 길을 제시한 최초의 사람이라고 스스로 믿고 있었다. 프로이트는 서양의 합리주의를 대표하는데, 합리주의의 잘못된 합리주의적, 표면적으로 낙관주의적인 면을 극복하여 19세기에 있어 인간의 비합리적, 정의적(情意的) 측면에 대한 흥미와 존경으로 합리주의에 반대한 운동인 로맨티시즘과 총합(總合)을 창시해 내려고 한 것은 그의 천재였다.[1] 개인의 취급에 관해서 프로이트는 철학적, 윤리적 목표에 보통 사람들이 믿고 있는 것보다 훨씬 더 많은 관심을 가지고 있었다. 정신분석학 입문 강의에서 그는 인격 안에서 근본적 전환(혹은 변형)을 나타내는 신비적인 행위에 대한 시도에 대해 말하고 있다. 그는 "우리는 정신분석의 치료적 노력이 동일한 방법을 선택하고 있

[1] 프로이트가 창시한 정신분석 운동의 준종교적 성질에 관한 상세한 점에 대해서는 그의 저서인 《Sigmund Freud's Mission》(1959) 참조.

다는 것을 인정해야만 한다. 그 의도는 이드의 새로운 부분은 자기 자신에게 적합하도록 자아(에고)를 강조하여 상위자아(上位自我 : Super-Ego)로부터 자아를 독립하게 함으로써 관찰 범위를 확보한다는 것이다. 이드가 있었던 곳에 자아가 있을 것이다. 조이데르해(海)를 매립한 것처럼, 그것은 문화사업의 하나이다." 그는 이와 같은 심정으로 정신분석적 치료는 "신경증적 증후, 금지, 성격이상으로부터의 인간의 해방에 있다." 고 말하고 있다. 그는 정신분석가의 역할을 환자를 '치료하는' 의사의 역할을 초월한 하나의 빛 속으로 보고 있다.

그는 "분석가는 어떤 분석적 상황에서 환자의 '본보기'가 되고, 또 어떤 경우에는 환자의 '선생' 역할을 한다면, 보다 우월한 위치에 있어야 한다."고 말하고 있다. 또한 프로이트는 "결국 분석가와의 관계는 '진리의 사랑'에, 다시 말해서 현실의 승인에 바탕을 두고 있다는 것, 그것은 어떠한 종류의 현시(顯示) 혹은 '기만'일지라도 이를 배제한다는 것을 잊어서는 안 된다."고 했다. 프로이트 정신분석학의 개념 중에는 질병의 치유에 대한 평범한 개념을 초월한 다른 요인이 있다. 동양사상을 아는 사람들, 특히 선불교를 가까이하고 있는 사람들은 내가 말하려는 요인이 동양의 마음의 개념이나 사상과 관계가 있다는 것을 깨달을 것이다.

여기에 첫번째로 들어야 하는 원리는 지식이 변환으로 이끈다는 것, 이론과 실제와는 분리해선 안 된다는 것, 자기 자신을 '안다'는 작업으로 말미암아 사람은 자기를 '변형'한다는 프로이트의 개념이다. 이와 같은 생각이 지식 그 자체는 이론적 지식 이상의 것이 아니라, '아는' 사람을 변화시키는 일은 없다는 프로이트의 시대를, 또는 우리 시대에 과학적으로 심리학의 개념과는 어떻게 다른지를 새삼스럽게 강조할 필요는 없을 것이다.

　다른 한 면에서 프로이트 방법은 동양사상, 특히 선불교와 밀접한 관계를 갖고 있다. 프로이트는 현대의 서양인에게 특징적인 것, 우리의 의식적 지식 체계의 높은 평가에 찬성하지 않았다. 반대로 우리의 의식적 사상은 우리들 속에서 작용하며 활동하고 있는 심적 과정 전체에서 보면 극히 작은 부분에 지나지 않는다. 불분명하고 비합리적이며, 동시에 무의식적인 우리 내부의 근원적인 것이 지닌 무서운 힘에 비하여 문제가 되지 않는 것이라고 그는 믿었다. 프로이트는 인간의 본성에 대한 통찰을 얻기 위하여, '자유연상(自由聯想)'의 방법으로 의식적인 사상 체계를 뚫고 나가려고 했다. 자유연상은 이론적·의식적·인습적 사상을 우회하는 일이다.

　그것은 우리 인격의 하나의 새로운 근원, 즉 무의식으로 인도한다. 프로이트의 무의식의 '내용'이 어떤 비판을 받든, 논리적 사고에 대하여 자유연상을 강조하고 본질적인 점에서 서양의 인습적이며 합리주의적인 사고방식을 초월하여 동양사상에서 진행되고 철저한 방향으로 이행되어 간 사실은 간과할 수 없다.

　프로이트가 현대 서양인의 태도와 근본적으로 다른 점이 한 가지 있다. 그것은 그가 한 사람을 1년, 2년, 3년, 4년, 5년, 혹은 그 이상 싫증내지 않고 계속 분석했다는 사실이다. 이 방법은 프로이트에게 많은 비판이 가해진 이유가 되었다. 내가 여기서 특히 언급하고 싶은 것은, 그는 사람들에게 자기 자신을 이해시키기 위하여 한 사람에게 몇 년씩 매달려 있어도 결코 무의미하지 않다고 확신하는 용기를 지니고 있었다는 사실이다. 능률이나 이해득실을 따진다면 이런 일은 의미가 없는지도 모른다. 이토록 오랫동안 분석에 소비한 시간은 한 사람의 인간 속에서 일어난 변화의 '사회적 효과'를 생각한다면 쓸데없는 일이라고 할 수 있을 것이다.

프로이트의 이같은 방법은 현대에 '가치'의 개념이나 수단과 목적의 관계, 대차대조표의 개념을 초월할 때만 의미가 있다. 만약 한 인간이 어떠한 물건으로써도 분명해지지 않고 인간의 해방 '최고의 상태(well-being)', 깨달음, 혹은 우리가 어떠한 말을 사용하든 그 자체로서 '궁극적'인 것이라는 입장을 취한다면, 어떠한 시간이나 금전으로도 이 목표에 양적으로 관련지을 수는 없다.

한 사람에게 이처럼 오랫동안 관심을 갖는 방법을 연구하는 꿈(vision)과 용기를 지니고 있었다는 것은, 서양의 인습적인 사상을 초월한 태도의 발현(發現)이었다. 지금까지 말한 것은 프로이트가 동양사상에, 특히 선불교 사상에 의식적으로 가까워지려고 했다는 것은 아니다. 지금 내가 말한 요점은 프로이트의 내면에 나타났다—함축적이며, 의식적—기보다는 무의식적인 것이었다. 프로이트가 선불교에 나타난 것과 같은 동양사상에 가깝다고 하기에는, 설사 그것을 알고 있었다 하더라도 서구문명, 특히 18세기 사상의 영향을 많이 받고 있었다.

프로이트의 인간성은 그 본질적 특징에 있어서 18세기, 19세기의 경제학자나 철학자가 발전시킨 상에 지나지 않았다. 다시 말해서 그들은 인간을 본질적으로 경쟁적이고 고립된, 경제적 또는 본능적 욕구의 만족을 교환할 필요에 의해서만 관련지어지는 것이라고 보았다. 프로이트에게 있어서 인간은 리비도에 의해 구사(驅使)되며, 리비도의 흥분을 극히 작게 유지한다는 원리에 의해 규제되는 기계였다. 그는 인간은 근본적으로 자기 중심적인, 다른 사람들과는 본능적 욕구를 만족시킬 필요에 의해서만 관계지어져 있는 것이라고 보았다.

쾌감은 긴장의 해소였을 뿐 기쁨의 경험은 아니었다. 인간은 지성과 정의성 사이에 분열되어 있는 것으로 여겼다. 인간은 완전한 사람이 아니라 계몽주의 철학자의 지성아(知性我)였다. 동포애는 현실에 반한 무리한 요구였다. 신비적 경험은 유아기적 나르시시즘에의 퇴행이었다.

내가 말하고자 하는 것은 선불교에 대한 이러한 명백한 모순에도 불구하고 프로이트의 체계 중에는 인습적인 질병과 치료의 개념이나 의식의 전통적 합리주의적 개념을 초월하는 요소가 있었다는 점이다. 그리고 이러한 요소는 선불교의 사상과 좀더 직접적이고 적극적인 근사성 및 관련성을 지닌 정신분석을 발전시킨 듯한 것이었다. 그러나 이 '휴머니즘적'인 정신분석과 선불교 사이의 관련을 논하기 전에 정신분석의 그후의 발전을 이해하기 위한 하나의 변화를 지적해 두고 싶다. 그것은 분석을 받는 환자의 변화와 그들이 갖고 있는 문제에 있어서의 변화이다. 금세기 초 정신과 의사를 찾아온 사람들은 어떤 '증후(症候)'에 시달리는 사람들이었다.

그들은 팔이 마비되기도 했고 손을 자주 씻는 강박행위 같은 증상이 있기도 했으며, 혹은 도저히 어찌할 수 없는 강박관념에 괴로워했다. 바꾸어 말하면, '질환'이라는 말이 의학에서 쓰여지는 것과 같은 의미로 앓던 무엇인가가 정상적인 사람처럼 사회적으로 활동하는 것을 저지하고 있었다. 이것이 종래의 고민하던 점이었다면, 그들의 치료의 개념도 그 질환의 개념에 대응하고 있다. 그들은 증후를 제거하고자 했던 것이며, 그들의 '양호(良好 : Wellness)'하다는 개념은 병이 아니라는 것이었다.

그들은 보통 사람과 다르지 않기를 희망했다. 바꾸어 말하면, 우리 사회에서 일반 사람보다 더 불행하거나 혼란을 겪지 않기를 바랐다. 이러한 사람들은, 그래도 정신분석가에게 도움을 받으러 온다. 그리고 그들에게 있어 정신분석은 그들의 증상을 제거하여 사회적으로 활동하는 것을 목표로 삼는 치료법이었다.

예전에는 그러한 사람들이 정신분석가의 환자 중 대부분을 차지하였지만 오늘날에는 극소수이다. 그것은 아마도 오늘날은 그 수가 지난날보다 적기 때문이 아니라 수많은 새로운 '환자', 그것은 사회성이 있어 전통적인 의미로 본다면 병은 아니지만, 앞에서 논한 것 같은 '세기의 질병'인 불안과 내면적 생명의 상실이라고 할 만한 일에 시달리는 사람들에 비하면 적기 때문이다. 이러한 새로운 '환자'는 자신들이 무엇 때문에 고민하고 있는지 모르는 채 정신분석가를 찾아온다.

그들은 우울, 불면 혹은 결혼생활의 어려움, 일이 재미없다는 등 여러 가지 고민을 호소한다. 이 특수한 증후가 그들의 문제이며, 이 특수한 고민이 사라진다면 증세가 호전될 것으로 믿고 있다. 그러나 이 환자들은 자신의 문제가 우울, 불면, 결혼생활, 일 등이 아님을 모르고 있다. 이런 여러 가지 호소는 우리 문화의 근원이 좀더 깊은 곳에 있으며, 자신들은 특수한 증후로 고민하고 있다고 의식적으로 믿고 있는, 여러 사람들에게 공통된 어떤 것을 표현케 하는 의식적인 형태에 지나지 않는다.

이 공통된 고민이란 자기 자신으로부터의 소외이며 동료로부터의 소외이며 자연으로부터의 소외이다. 즉 삶이 사람의 손에서 모래처럼 빠져나가 버리고, 사람은 영원히 살지 못하고 죽게 되며, 필요 이상으로 많은 것 속에서 생활하지만 진정한 기쁨은 없다는 의식이다.

'세기의 질병'으로 고민하는 사람들에게 정신분석이 어떤 도움은 줄 수 있을까? 이 도움은 사회적으로 활동할 수 없는 사람이 가지고 있는 증후를 제거한다는 '치료'와는 다른 것이며, 또 다른 것이어야만 한다. 소외로 고민하는 사람들에게 치유는 '병이 없다'는 것이 아니라, '최선의 상태가 현존'한다는 것이다.

그러나 이 최선의 상태를 정의한다면 상당한 곤란에 당면하게 된다. 우리가 프로이트의 체계에 머물러 있다면 최선의 상태는 리비도 학설의 개념에 의해 충분한 성적 기능의 능력으로서, 혹은 또 다른 각도에서 은폐된 오이디푸스 상황의 자각으로서 정의될 것이다. 이러한 정의는 내 견해로는 인간 존재의 참된 문제와 완전한 인간에 의한 최선의 상태 달성에 대해서는 극히 미미하게 저촉되는 데 지나지 않는다. 최선의 상태에 대하여 해답을 얻으려는 모든 기도는 프로이트 사고방식의 범주를 넘어, 설사 불완전한 것일지라도, 휴머니즘적 정신분석의 밑바탕에 있는 인간 존재의 기본 개념에 대한 논의로 우리를 인도한다. 이렇게 해야만 정신분석과 선불교 사이의 비교를 위한 기초를 세울 수가 있다.

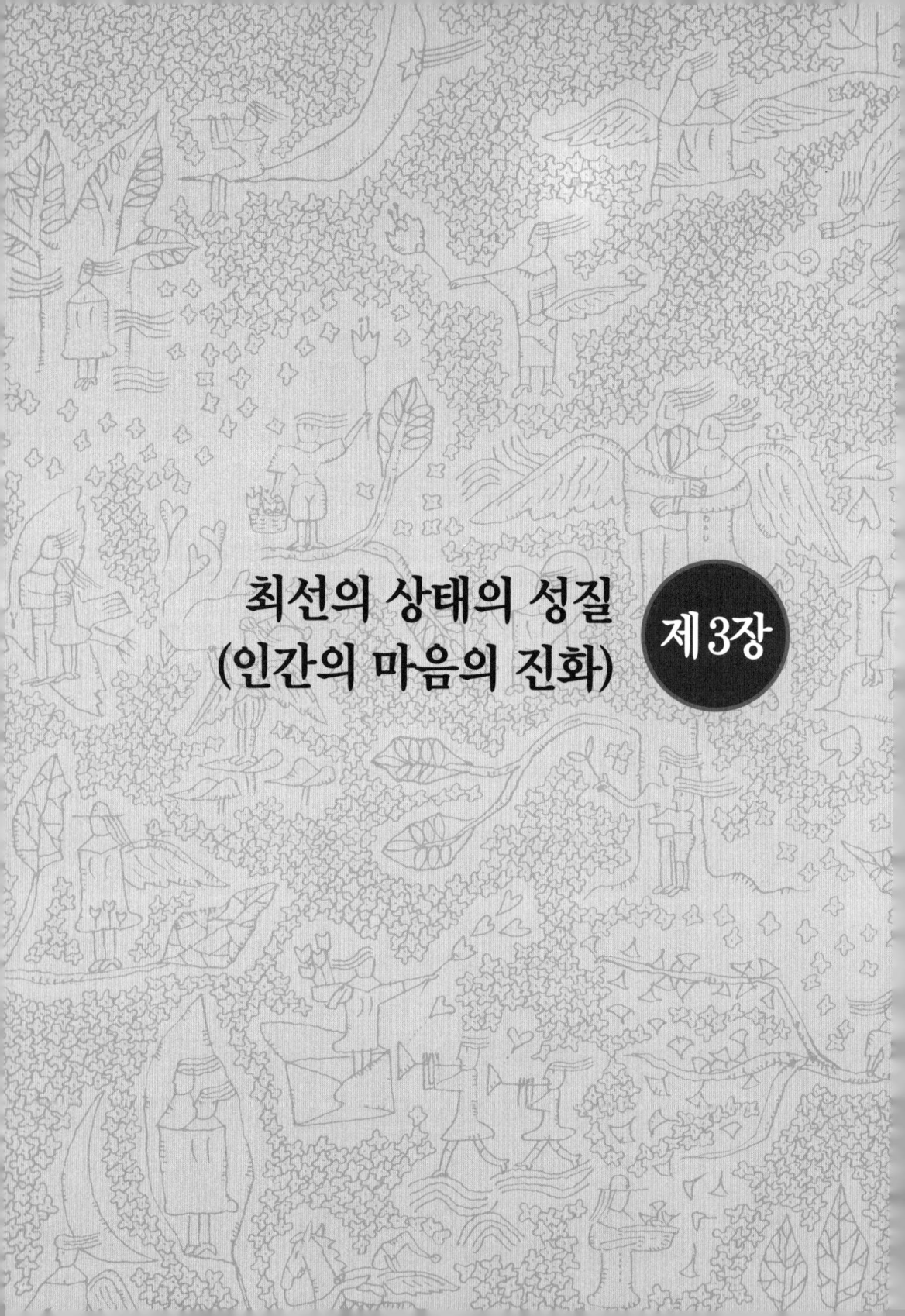

최선의 상태의 성질
(인간의 마음의 진화)

제3장

최선의 상태는 먼저 다음과 같이 정의할 수 있다. '최선의 상태는 인간의 본성과 일치되어 있는 것'이다. 이 형식적인 표현을 넘어서면 다음과 같은 문제가 생긴다. 인간 존재의 조건과 일치되어 있는 것은 무엇인가? 이러한 조건은 어떤 것인가? 인간의 존재라는 것이 하나의 문제를 제기한다. 사람은 자신의 의지와는 상관없이 세상으로부터 제거된다. 그 본능이 그 환경에 순응하기 위한 '붙박이로 만들어진 규제'가 빠져 있다. 인간은 그 생을 '살아야만 한다. 생에 의해 살게 되는 것은 아니다.' 그는 자연 속에 있으나 여전히 자연을 '초월한다.' 그는 자기 자신을 자각하고 있다. 그리고 이 분리된 존재로서 자신을 의식하는 일이 그를 견딜 수 없이 고독하게, 의지할 곳 없이 무력하게 만든다. 태어났다는 그 사실이 하나의 문제를 제기한다. 출생의 순간에 인간에게는 하나의 질문이 던져진다. 그리고 그는 이 질문에 대답해야만 한다. 그는 그것에 차례대로 대답해 가야만 한다. 그의 마음도 아니고, 그의 몸도 아니며, 그, 즉 생각하고 꿈꾸며 잠자고 먹고 울고 웃는 인간, 다시 말해서 '완전한 인간'이 이에 대답해야만 한다.

이 생이 제기하는 질문은 어떤 것인가? 그 질문은 우리의 분리의 경험이 만들어 내는 고민이나 감금, 수치심을 어떻게 극복할 수 있는가? 우리는 우리 내부에서 또한 우리의 동료들 및 자연과 하나로 합쳐지는 것을 어떻게 발견할 수 있는가이다. 인간은 이 질문에 대해 어떤 답이든 정의 내려야만 한다. 그리고 광기의 상태에서조차도 자기 자신의 내면으로부터 현실을 추방하고, 완전히 테두리의 껍질 속에 살며, 이렇게 분리의 두려움을 극복하는 것에서 해답이 주어진다. 결론은 항상 똑같다. '답은 여러 가지'가 있지만 근본적으로는 두 가지의 답이 있을 뿐이다. 하나는 자각이 시작되기 전에, 다시 말해서 인간이 태어나기 전에 존재했던 통일된 상태에의 '퇴행'에 의하여 분리성을 극복함으로써 통일을 발견하는 일이다.

또 하나는 '충분히 태어나는' 일이며, 자신의 자각, 이성, 사랑하는 능력을 자기 자신의 자기 중심적인 관여를 초월하여 새로운 조화세계와의 합일에 도달 지점까지 발전시키는 일이다. 출생이란 보통 임신하여 아홉 달 정도 지난 후 생리적 출생의 작용을 가리키는 것이다.

그러나 이 출생의 의미는 여러 가지로 과대평가된다. 태어난 지 1주일 정도 지난 갓난아이의 생활은 성인 남녀의 존재를 닮기보다는 오히려 자궁 내의 존재를 보다 많이 닮고 있다. 그러나 출생에는 독자적인 면도 존재한다. 탯줄이 끊어짐으로써 갓난아이는 자신의 최초의 활동, 즉 호흡을 시작한다. 이때부터 일시적인 결부의 절단이라는 것은 그 절단이 진정한 활동에 수반되는 정도에 따라 가능하다.

출생이란 하나의 행동이 아니라 과정이다. 생의 목표는 태어난다는 일이다. 그 비극은 우리 대부분이 이와 같이 태어나는 것보나 먼저 죽어버린다는 것이지만, 산다는 것은 시시각각으로 태어나는 일이다. 이 출생이라는 과정이 정지할 때 죽음이 찾아오는 것이다.

생리학적으로 인간의 세포조직은 연속적인 출생의 과정에 있다. 그러나 심리학적으로는 우리들 대부분은 어떤 점에서 태어나기를 정지한다. 어떤 사람은 완전히 죽은 상태에서 태어난다. 정신적으로 그들이 원하는 것은 자궁이나 어둠이나 죽음으로 바꾸는 것일 때 그들은 다만 생리적으로 계속 살아나가는 것이다. 다른 많은 사람들은 생의 과정에서 더욱 나아간다.

그러나 그들은 부모나 가족, 민족, 나라, 지위, 돈, 신 등에 강제로 결속되어 있다. 그들은 스스로는 충분히 발전할 수가 없으며, 그러므로 그들은 충분히 태어날 수가 없다.[1]

존재의 문제에 답하는 퇴행적인 시도는 여러 가지 형태를 취할 수가 있다. 이러한 모든 것에 공통되어 있는 것은 그들은 반드시 실패하며 고민

---

[1] 인간이 부모에게 의존하던 때부터 완전히 독립하여 깨달음을 얻기에 이르기까지의 진화의 단계는 마이스터 에크하르트의 《The Book of Benedictus》에 훌륭하게 묘사되어 있다. 센트 오거스틴은 "제1단계에서는 내면적인 새로운 인간이 신앙심 깊은 선량한 사람들의 발자국에 따른다."라고 말한다. 그는 아직도 '어머니'의 품에 안겨 있는 유아이다. 그는 각 단계를 다음과 같이 설명하고 있다.
"제2단계에서는 설사 선량한 사람들일지라도 이미 그 본보기를 맹목적으로 추종하려고 하지 않는다. 그는 올바른 가르침과 신과 같은 조언과 성스러운 지혜를 열심히 추구해 간다. 그는 인간에게 등을 돌리고 신에게 향한다. 어머니 슬하를 떠나 하늘의 아버지인 신께 미소를 보낸다. 제3단계에서는 그는 한층 더 어머니에게서 멀어져 더욱더 어머니의 품에서 벗어난다. 불안을 떨쳐버리고 공포를 내버린다. 설사 그에게 모든 사람들을 부당하고 가혹하게 다루는 것이 허락되었다 하더라도 그는 그에게서 만족을 찾아내지 않을 것이다. 왜냐하면 그는 한결같이 신에의 사랑에, 신에의 선행에 몰두하고 있기 때문이다. 신을 닮지 않고 자신과 관계가 없는 모든 것은 그에게 가치없고 나쁜 일이라고 생각되었을 정도로 신은 그를 기쁨 속에 성스러움과 사랑 속에 단단히 잠기게 했다. 제4단계에서는 그는 한층 더 성장하여 사랑 속에, 신 속에 뿌리를 내려간다. 그는 이미 어떠한 투쟁, 시련, 역경, 고통에도 견뎌낼 수 있게 되어 있다. 그것도 자진해서 기쁘게 또한 그것을 즐기는 것처럼. 제5단계에서는 말로 표현할 수 없는 최고의 지혜의 충실을 향유하면서 평안 속에 있다. 제6단계에서는 그는 신의 영원한 성질에 의하여 형태를 탈피하여 전환한다. 그는 충분한 완성의 영역에 도달한다. 영원하지 못한 것, 일시적인 세상의 것은 잊혀지고 신의 이미지에 끌려 운반되어 마침내 신의 아들이 된다. 그보다 먼, 또한 그보다 높은 단계는 없다. 그것은 영원한 휴식처이며 축복이다. 내적인 인간의 최후는 영원한 생이다."

에 빠진다는 것이다. 인간이 인간 이전의 마치 낙원 같은 자연과의 통일에서 떨어져 나오면 그는 이미 원래의 위치로는 돌아갈 수가 없게 된다. 불타는 칼을 든 두 천사가 그가 돌아가는 것을 방해한다. 생과 건강이 아니라, 다만 죽음이나 광기에 의해서만 이 복귀는 이루어진다.

사람은 이 퇴행적 통일성을 몇 가지 수준에서 발견하려고 노력할 수가 있다. 그것은 동시에 병리와 비합리성의 몇 가지 수준이 되지만, 그는 자궁으로 돌아가고 대지로 돌아가며, 죽음으로 돌아가고 싶다는 열망에 사로잡히기도 한다. 이 목표가 모든 것을 포괄하여 체크되지 않는다면, 그 결과는 자살이나 광기로 나타난다. 통일에의 퇴행적인 탐색이 그다지 위험하지도 병리적이지도 않은 형태는 어머니의 가슴 또는 손에, 혹은 아버지의 명령에 매여 있으려는 목표이다.

이런 여러 가지 목표 사이의 차이가 모든 인격 사이에 있는 차이점을 나타내고 있다. 어머니의 가슴에 머물러 있는 사람은 영원히 의존하는 젖먹이이며, 그와 같은 사람은 사랑과 보호를 받고 칭찬을 들을 때 즐거워하고, 모든 것을 포용하는 어머니와의 이별에 의해 놀라게 되며 끊임없는 불안에 휩싸인다. 아버지의 명령에 매여 있는 사람은 자발성과 활동성을 발전시킬 수 있지만, 그것은 명령을 하고 상벌을 주는 권위가 실재하는 조건하에서만 가능하다.

퇴행적인 방법의 또 다른 형태로 파괴성이 있다. 모든 사람, 모든 물체를 파괴하려는 격정에 의해 분리를 극복한다는 목표에 존재하고 있다. 우리는 우선 어떤 물건이나 어떤 사람이라도 그것을 삼켜서 자신 속에 넣어버리고 싶다는 바람으로 말미암아 이것을 인정할 수가 없다. 즉 세계와 세계에 있어서의 모든 물건을 식물로서 경험할 것, 또는 유일한 것,

즉 자신 이외의 모든 것을 철저하게 파괴해 버림으로써 파괴성을 볼 수 있다. 이 분리의 고민을 치유하려는 다른 형은 자기 자신의 자아를 분리한, 이미 굳어버려 파괴가 불가능한 '것'으로써 이룩해 내는 일이다. 그러면 그는 자신의 재산과 힘, 위신, 지성 등으로써 스스로를 경험하게 된다.

이 퇴행적 통일에서 개인이 나타난다는 것은 나르시시즘을 점차 극복함을 나타낸다. 갓 태어난 갓난아이는 자기 자신의 밖에 존재하고 있는 현실을 감각, 지각이라는 의미로 깨닫지 못한다. 갓난아이와 어머니의 젖꼭지는 여전히 하나이다. 갓난아이는 모든 주체(主體)와 객체(客體)가 서로 분리되기 이전의 상태에서 그 자신을 발견한다. 얼마쯤 시간이 지나면 주관과 객관의 분리의 능력이 모든 아이에게서 발달되기 시작한다. 그러나 그것은 자신과 자신이 아닌 것 사이의 차이를 깨닫는다는 의미일 뿐이다. '정의적(情意的)'인 의미로는 그러한 단계에 도달하고 전지전능의 자기애적인 태도를 극복하기 위해서는 충분히 성숙할 필요가 있다.

이 자기애적인 태도는 어린이와 신경증적인 사람들의 행동에서 관찰할 수 있다. 어린이들은 보통 의식적이며 신경증적인 사람들은 무의식적이라는 차이점은 있으나, 어린이는 현실을 있는 그대로 받아들이지 않고 자기가 바라는 모습으로 받아들인다. 그는 그 바람 속에 살고 있다. 그리고 현실을 보는 관점은 그가 그러했으면 하고 바라는 바인 것이다. 그의 바람대로 이루어지지 않으면 그는 난폭해진다. 그가 난폭해지는 것은 세상을 (아버지나 어머니를 매개체로 하여) 자신의 바람에 일치되게 하려는 활동으로 나타난다. 어린이의 정상적인 발달과정에서 나타나는 이 태도는 서서히 현실을 자각하고, 현실의 법칙, 즉 요구를 받아들인다는 성숙한 태도로 변한다.

신경증적인 사람에게서 우리는 언제나, 그 사람은 이 점에 도달되어 있지 않고 현실에 대해 자기애적인 해석을 버리지 않았다는 것을 발견한다. 그는 현실은 자신의 생각대로 되어야 한다고 주장한다. 그렇게 되지 않는다고 깨달을 때 현실을 자기 자신의 바람에 부합시키려는 충동으로(그것은 불가능하다) 반응하거나, 혹은 그것이 불가능하지 않게 하기 위해 무력한 감정으로 반응한다.

이 사람이 가지고 있는 자유의 관념은 스스로 그것을 자각하든 아니든 간에 자기애적인 전능의 관념이며, 그것에 대하여 충분히 알고 있는 사람의 자유의 관념은 현실과 그 법칙을 인정하여 필연성의 법칙 범위 내에서 행동한다는 것이다. 즉 사고와 정의력을 가지고 세상을 파악함으로써 세상과 자기 자신을 생산적으로 관계짓는다. 다른 목표나 그 목표에 도달하는 길은 첫째로, 다른 사상의 체계는 아니다. 그러한 것들은 존재하는 것(being)의 갖가지 상태이다. 생이 그에게 던진 질문에 대한 완전한 인간의 다른 대답이다. 그러한 것들은 종교의 역사를 형성하는 갖가지 종교적 체계 속에 주어진 것과 같은 대답이다. 원시적인 식인주의(食人主義)에서 선불교에 이르기까지 인간은 존재의 물음에 대하여 극히 사소한 대답만을 했을 뿐이다. 그리고 각각의 인간은 그 자신의 생에 있어서 이러한 해답의 하나를 제공한다. 보통 그는 자신이 제공한 해답을 자각하지는 못하지만…….

우리의 서양문화에서는 대부분의 사람들이 그리스도교 또는 유태교가 답을 줄 것인가, 아니면 계몽적인 무신론이 답을 줄 것인가 '생각하고 있다.' 그러나 만약 사람들의 정신적인 엑스레이를 찍을 수 있다면 식인주의나 토템 숭배자나 여러 가지 종류의 우상숭배자들이 상당히 많으며, 그리스도교도나 유태교도나 불교도나 도교도는 상대적으로 적음을 알 수 있을 것이다. 종교는 인간의 존재에 대하여 형식화된 퇴고(堆敲)의 답이다. 그리고 그 의식은, 의식에 의하여 다른 사람들과 융합하여 정당성이나 안정감을 만들어 낸다.

그러한 것들이 다른 사람들과 공동으로 행하지 않고, 퇴행적인 바람이 의식이나 현존하는 문화에 대립될 때 그 은밀한 개인적 종교는 신경증인 것이다. 인간을 이해하기 위해서는 이 존재의 질문에 대한 개개의 환자 혹은 어떤 인간이라도 상관없이 그의 답을 알아야 한다. 달리 표현하면 그의 모든 노력과 열정이 바쳐진 은밀한 개인적 종교가 무엇인지 알아야만 한다. '심리학적인 문제'라고 생각되는 대부분은 기본적인 답의 2차원적인 결과에 지나지 않는다.

그러므로 이 근본적인 답, 즉 그의 은밀한 사적인 종교를 이해하기 전에 그들을 '치료'하려는 것은 쓸데없는 짓이다. 여기서 다시 최선의 상태의 문제로 되돌아가서 지금까지 말한 것에 비추어 보아 그것을 어떻게 정의해야만 할까? 최선의 상태란 이성이 충분히 발달함으로써 도달할 수 있는 상태이다. 그 이성은 단순한 지적 판단의 의미에서가 아니라 (하이데거의 말을 빌리면) '사물을 있는 그대로'의 상태에 둠으로써 진리를 파악한다는 의미이다.

최선의 상태는, 자기애를 극복한 정도에 따라 사람이 '선의 의미에서' 트이고 반응적이 되며, 감상적이 되고 각성하는 수준에 도달해야만 가능하다. 최선의 상태란 인간과 자연에 대하여 분리와 소외를 극복하고, 존재하는 모든 것과 하나가 되는 경험에 도달하며, '자기 자신'을 동시에 분리된 존재, 나로서 분할되지 않은 것, 즉 개인으로서 경험하는 것을 의미한다.

최선의 상태란 충분히 태어나는 것, 사람이 잠재적인 존재로 변화되는 것을 의미한다. 기쁨이나 슬픔에 대한 충분한 능력을 갖는 것, 바꾸어 말하면 보통 인간이 살아 있는 반수상태(半睡狀態)에서 각성하여 충분히 각성하고 있는 것을 의미한다. 그것은 또한 창조적임을 의미한다. 즉 나 자신이 다른 사람들, 존재하는 모든 사물에 대하여 반응하고 답하는 것, 내가 현존하는 현실의 완전한 인간으로서 있는 그대로의 모든 사람과 모든 물건의 현실에 반응하는 것을 의미한다.

이 반응 행위에 바로 창조성의 영역, 세계를 직시하고, 그것을 '나의' 세계로서 경험하는 영역이 존재한다. 그 세계란 나의 창조적인 파악에 의해 창조되고 변화되어 '피안'에 있는 무연(無緣)의 세계를 떨쳐버리고 '나의' 세계가 되는 것이지만, 최선의 상태는 마지막으로 자신인 아(我)를 버리는 것을 의미한다. 탐욕을 버리고 아를 보존하는 것, 무턱대고 탐내는 것, 사용하는 것 등에 의해서가 아니라 존재하는 활동에 있어서 자신의 자아를 경험하는 것을 의미한다.

지금까지의 서술을 통해서 나는 개인과 종교 역사의 발달에 있어 균형 관계를 볼 수 있음을 지적하려고 했다. 이 논문은 정신분석과 선불교의 관계를 다루고 있다는 사실에 비추어 나는 적어도 종교적 발달의 다소 심리학적인 면을 검토할 필요가 있다고 생각한다. 나는 인간이 자신의 존재 사실 그 자체에 의해 질문을 받고 있다는 것을 말하고, 이것은 그의 내부에서의 모순 — 자연 속에 있으면서 동시에 자기 자신을 자각하고 있는 삶이라는 사실로 말미암아 자연을 초월한다는 모순에 의해 질문받는 것이라는 점을 말했다.

그에게 부과된 이 질문에 귀를 기울이고, 이 물음에 대답하기를, 사고 뿐만 아니라 완전한 인간으로서 '궁극(窮極)적인 관심사'라고 하는 자는 '종교적인 사람'이며, 이와 같은 대답을 가르치며 전하려는 모든 체계는 '종교'이다. 이에 반하여 이 실존적인 문제에 귀를 기울이지 않는 사람이나 문화는 반종교적이다. 이 존재에 의해 부과된 물음에 귀를 기울이지 않는 사람의 가장 좋은 예는 20세기를 사는 우리 자신이다.

우리는 재산, 위신, 권력, 생산, 위안 등의 관심사에 의하여 궁극적으로는 우리들 — 그 자아 — 이 존재한다는 것을 잊으려 해도, 혹은 교회에 간다 해도, 나아가서 가끔 신을 '생각'한다 해도, 종교적인 관념을 믿는다 해도 그, 다시 말해서 완전한 인간이 이 존재의 물음에 귀를 기울이지 않는다면, 그리하여 이에 대해 아무런 답도 갖고 있지 않다면 그는 다만 시간을 보내고 있을 뿐이다.

그는 그가 생산해 낸 수많은 물건 중의 하나처럼 살다가 죽을 뿐이다. 그는 신의 '존재'를 체험하는 대신 신을 생각한다. 그러나 그러한 종교가 존재의 물음에 대하여 '하나의 답'을 준다는 관심을 넘어 필연적으로 공통되는 무언가를 지닌 것처럼 생각하는 것은 잘못이다. 종교의 내용에 관한 한 어떠한 일치도 없다.

오히려 이것에는 개인에 관하여 이미 앞에서 말한 것처럼 두 가지 근본적으로 대립되는 답이 있다. 한 가지는 인간 이전의 전의식적(前意識的)인 존재로 되돌아가는 일이며, 이성을 버리는 일이며, 동물이 되는 일이다. 그리하여 다시금 자연과 하나가 되는 것이다. 이 바람이 표현되는 형태는 다양하다. 그중 하나는 자신을 곰과 동일시한 광전사(狂戰士 :

berserker)와 비밀결사에서 볼 수 있는 개종(改宗)이 있다.

그곳에서는 청년이 입당식을 할 때 자기 자신을 미쳐 날뛰는 맹수로 생각하고 포악한 공격적 행동의 발작으로 인간성을 바꾸어야만 했던 것이다. 인간 이전의 자연과의 합일로 돌아간다는 이 경향이 원시적 사회에 국한된 것이 아니라는 사실은 이 '광전사(곰 셔츠당)'와 히틀러의 '브라운 셔츠' 사이의 연관성을 보면 명확해진다. 대부분의 나치즘 추종자들은 단순히 세속적인 임기응변의 무정한 권력을 찾는 정치가, 프러시아 귀족, 장군, 실업가, 관료 등으로 구성되어 있었다.

히틀러와 히믈러와 괴벨스, 이 세 사람으로 대표되는 중요한 핵심은 근본적으로 '성스러운' 격정과 종교적인 환상의 궁극적인 실현으로 말미암아 파괴라는 목표에 의해 충동된 원시적인 '곰 셔츠'와 전혀 다를 바가 없었다. 20세기의 이들 곰 셔츠는 유태인에 관한 의식적인 '살인의 건설'을 실제로 부활하고, 그렇게 함으로써 의식적인 유태인 살인을 자청했다. 그 다음에 외국인을, 나아가서 독일인 자체를, 그리고 마지막으로 완전 파괴의 최종 의식에서 자신의 가족과 그 자신을 살해했다.

인간 이전의 자연과의 합일을 구하는 그다지 고대적이 아닌 종교적 형식도 수없이 존재한다. 그것은 소속이 토템 동물과 동일시되는 의식에서 나무나 호수, 늪, 동굴 등의 숭배에 바쳐진 종교적인 체계에서 의식이나 양심의 제거를 목표로 하는 바커스신의 비밀 제식 등에서도 볼 수 있다. 이러한 모든 종교에서 성스러운 것은 인간이 인간 이전의 자연의 일부분으로 변한다는 환상에 얽매여 있다. 신성한 사람(이를테면 샤먼)은 그 목표에 가장 가깝게 도달한 사람이다.

종교의 다른 극은 인간 이전의 존재로부터 완전히 빠져나옴으로써, 이성과 사랑의 특히 인간적인 능력을 발전시킴으로써 인간과 자연 사이에서, 또는 더 나아가서 인간과 인간 사이에서 새로운 조화를 발견함으로써 인간 존재의 물음에 답하려는 모든 종교에 의해 대표된다.

이와 같은 시도는 비교적 원시적인 사회의 개인에게서도 찾아볼 수 있지만, 인류 전체에 대한 커다란 구획선(區劃線)은 아마도 기원전 2000년과 우리 시대 초기 사이에 있는 것처럼 보인다. 극동에 있어서의 도교와 불교, 이집트의 이크나톤의 종교적 혁명, 페르시아의 조로아스터교, 멕시코의 케잘코틀의 종교 등은 인류가 취한 모든 전회(轉回)를 나타내는 것이다.

이러한 모든 종교에서 합일이 구해진다. 개성 이전, 의식 이전의 낙원의 조화로 되돌아감으로써 발견되는 퇴행적인 합일이 아니라 새로운 수준에서의 합일이, 사람이 자신의 분리를 경험한 후 그 자신 및 세상으로부터의 소외 단계를 지나, 완전히 태어난 뒤에 이를 수 있는 합일이 구해지는 것이다.

이 새로운 합일은 이성이 사람을 직접적이고 직관적인 현실 파악으로부터 분리하지 않을 만한 단계로 이끄는 인간 이성의 충분한 발달을 전제로 한다. 미래에는 존재하지만 과거에는 존재하지 않는, 새로운 목표에 대한 몇 가지 상징이 있다. 도(道) · 열반 · 깨달음 · 선 · 신 등이다. 그리하여 이 상징들의 차이는 그것들이 발생한 여러 나라의 사회적, 문화적 차이에 의해 발생된 것이다.

서양의 전통에서 선택된 상징은 최고의 왕, 또는 최고 종족의 장(우두머리)의 권위주의적인 모습의 상징이었다. 그러나 구약성서 시절에 이미 이 모습은 자의적인 지배자의 모습으로부터 그 속에 내포되는 약속이나 계약에 의해 인간에게 결부되어 있는 지배자의 모습으로 변형되어 있다.

예언자의 글에서의 목표는 구세주 시대에서 사람과 자연 사이의 새로운 조화에서 볼 수 있게 되었다. 그리스도교에서 신은 사람으로서 자신을 숨김없이 드러낸다. 마이모니데스의 철학에서도, 신비주의에도, 의인주의적(擬人主義的) 및 강권주의적 요소는 거의 제거되어 있다. 다만 서양종교의 세속적인 형태에서는 큰 변화 없이 그대로 남아 있지만……

유태적 · 그리스도교적인 사고방식과 선불교적인 사고방식 사이에 공통된 것은 완전히 개방되고 반응적이며 각성적이고, 살기 위해서는 나의 의지(나의 외적 세계와 내적 세계를 강제하고 지시하며 단단히 묶어놓으려는 내 욕구의 의미에서)를 내버려야만 한다는 자각이다.

선(禪)의 표현으로는 "자기 자신을 공(空)으로 한다."이다. 그것은 소극적인 무엇인가를 의미하는 것이 아니라 수용(受容)에 대한 개방성을 의미한다. 그리스도교의 표현으로는 자주 "자기 자신을 죽이고 신의 뜻을 받아들인다."라고 말한다. 이처럼 서로 다른 표현의 배후에 있는 그리스도교적 경험과 불교적인 경험 사이에 큰 차이점은 없는 것으로 생각된다.

그러나 통속적인 해석이나 경험에 관한 한 이 표현은 자기 스스로 결정하는 대신, 자신을 지켜보며 무엇이 선인지를 알고 있는 전지전능하신 아버지에게 그 결정을 맡긴다는 것을 의미한다. 이 경험에서는 사람은 개방되어 반응적이 되지 않고, 복종적이며 종속적이 된다는 것은 명백하다.

에고이즘의 진정한 항복의 의미에서 신의 의지에 따른다는 것은 오히려 신의 개념이 없다면 더욱 잘 행해진다. 역설적으로 표현하면 —내가

신을 잊는다면 — 나는 진정으로 신의 뜻을 따르는 것이 된다. 선의 공개
념은 도움을 주는 아버지라는 우상숭배적인 개념으로 퇴행할 위험성 없
이 자신의 뜻을 내버린다는 진정한 의미를 내포하고 있다.

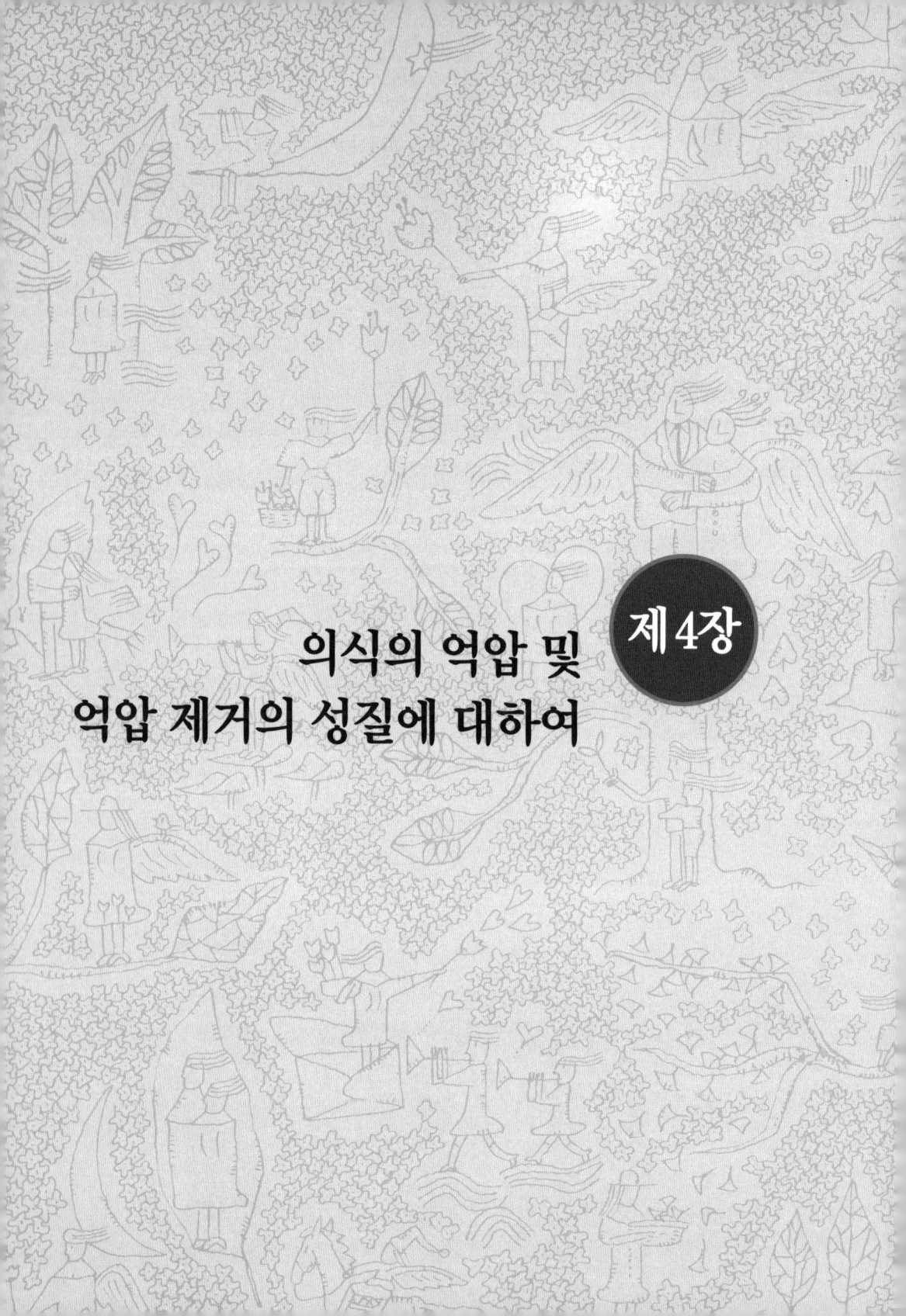

제4장

의식의 억압 및
억압 제거의 성질에 대하여

앞 장에서 나는 휴머니즘적 정신분석의 목표인 밑바닥에 있는 인간 및 인간 존재의 개념의 윤곽을 묘사하려고 했다. 그러나 정신분석은 이러한 일반적인 생각을 다른 휴머니즘적인 철학적, 종교적 개념과 함께한다. 우리는 정신분석의 목표를 실현하기 위해 시도하는 특수한 방법을 살펴보아야 한다. 정신분석적인 접근에 있어서 가장 중요한 특징적인 요소는 의심할 나위도 없이 '무의식적인 것을 의식적인 것으로 바꾸는 것', 혹은 프로이트의 말을 빌리면 이드를 에고로 바꾸려는 일이다.

이 표현은 단순하고 명료한 것처럼 들리지만 결코 그렇지 않다. 그 즉시 문제가 발생한다. 무의식이란 무엇인가? 의식이란 무엇인가? 억압이란 무엇인가? 무의식적인 것이 어떻게 의식적인 것이 되는가? 만약 그렇게 된다면 어떤 효과가 있는가?

첫째로 '의식적'이니 '무의식적'이니 하는 말은 몇 가지 다른 의미로 사용되고 있다는 것을 생각해야만 한다. 기능적(機能的)이라고 해도 좋은 하나의 의미에 있어서 '의식적', '무의식적'이라는 것은 개인의 내부에서의 주관적인 상태에 관계한다. 어떤 정신 내용을 의식하고 있다는 것은 그가 감정, 욕망, 판단 등을 '깨닫고 있다(aware)'는 것을 의미한다. 같은 의미로 사용되는 무의식적이라는 것도, 사람이 그 내부 경험을 깨닫지 못하고 있다는 정신상태에 관련되어 있다.

만약에 그가 감각적인 것까지도 포함하여 '모든' 경험에 대해 전혀 깨닫지 못하고 있다면 그는 무의식적인 사람이다. 어떤 감정을 의식하고 있다는 것은 이러한 감정에 관한 한 그가 의식적이라는 것을 의미한다. 무의식적이라는 것은 이러한 내용에 관한 한 그가 무의식이라는 것을 의미한다. '무의식적'이라는 것은 어떤 충동, 감정, 욕망, 공포 등이 결여되어 있는 것에 관한 일이 아니라 이러한 충동을 깨닫지 못한다는 것이다.

지금 말한 기능적 의미에서의 의식적인 용법과는 전혀 다른, 어떤 장소에 대하여 그것과 결부된 내용과 관계가 있는 또 하나의 용법이 있다. 이것이 보통 '의식(the conscious)'이나 '무의식(the unconscious)'과 같은 말이 사용되는 경우이다. 여기서 '의식'이란 특수한 내용을 지닌 인격의 다른 부분이다. 프로이트의 견해로는 무의식은 본질적으로 비합리성의 자리이며, 융의 사고방식으로는 거의 반대의 의미처럼 보인다. 즉 무의식은 본질적으로 지혜의 가장 깊은 원천의 자리이지만 의식은 인격의 지적인 부분이다.

의식과 무의식의 이러한 관점은 무의식의 상부 구조에 놓을 자리가 없어서, 모조리 쌓아두는 집의 지하실과도 같다고 생각된다. 프로이트의 지하실은 주로 인간의 악덕을 저장하고 있으며, 융의 지하실은 주로 인간의 지혜를 저장하고 있다. 술리반이 강조한 바와 같이 장소의 의미에 있어서의 '무의식'의 사용은 형편이 좋지 않으며, 관계가 있는 심리적 사실을 잘 표현하지 못한다.

이와 같은 기능적 개념 대신 실체적 개념을 즐겨 사용한다는 것은, '있다(being)'는 말로 지각하기보다는 우리가 '가지고 있는' 것이라는 말로 지각하는 현대의 서양문화에서 일반적 경향에 대응하는 것이라고 덧붙이고 싶다. 우리는 불안의 문제를 '가지고 있다'. 우리는 우울함을 '가지고 있다'. 우리는 정신분석가를 '소유하고 있다'. 이는 우리가 자동차를 소유하고 아이들을 가지고 있는 것과 마찬가지이다. 이와 똑같은 심정으로 우리는 또 '무의식을 갖는다'. 많은 사람들이 '무의식'이라는 말 대신 '하의식(下意識)'이라는 말을 쓰는 것도 우연한 일은 아니다.

명백히 '하의식'이라는 말이 장소적인 개념에 한층 더 적합하다는 이유 때문에 그렇게 표현하는 것이다. '나는 그에 대하여 하의식이다'라고 할 수는 없다. 더욱이 이따금 혼란으로 이끄는 '의식적'이라는 말의 또 하나의 용법이다. 의식은 '반성적 지성(反省的知性)'과 동일시되고, 무의식은 반성되지 못한 경험과 동일시된다. 물론 이와 같은 의식적, 무의식적인 용법에는, 만약에 그 의미가 명료하여 다른 두 가지 의미를 혼동하는 일이 없다면 반대 의견이 있을 리가 없다.

그럼에도 불구하고 이 용법도 적당하다고는 생각되지 않는다. 지적인 반성은 아니다. 나는 어떤 사람을 보면서 그 사람의 존재를 깨닫는다. 나는 그 사람에 관하여 내 마음속에서 일어나는 것은 무엇이든 깨닫는다. 그러나 나 자신을 그에게서 주관, 객관의 거리로 분리했을 때만 이 의식은 지적 반성과 동일하게 된다. 그리고 나는 나의 호흡을 깨닫는 경우에도 이와 같은 말을 할 수가 없다.

그것은 나의 호흡에 관해 생각하는 것과 결코 같지 않다. 실제로 내가 나의 호흡에 관해 일단 생각하기 시작하면 나는 나의 호흡을 이미 깨달지 못하게 된다. 이와 똑같은 말을 나는 나 자신을 세상과 관계짓는 모든 내 행위에 관해 할 수 있다. 이 문제에 관해서는 뒤에서 다시 말하게 될 것이다.

　의식적 및 무의식적인 것을, 인격의 '부분'이며 특수한 내용이기보다는 각기 깨닫고 있는가 없는가 하는 상태로서 논하기를 결정한 다음, 우리는 어떤 경험을 자신에게 깨닫지 못하게 하는가, 즉 의식을 방해하는 것은 무엇인지 살펴보아야 한다. 그러나 이 문제를 논하기에 앞서 먼저 대답해야만 할 또 하나의 문제가 생긴다.

　정신분석학적인 문맥상 의식은 무의식보다는 높은 가치를 지닌 것이라는 함축된 의미를 가지고 있다. 그렇지 않다면, 우리는 왜 의식의 영역을 여러 가지로 확대하려고 노력해야 하는가? 더욱이 의식 그 자체는 특별한 가치를 지니지 않았다는 것, 사람들이 의식적인 마음속에 갖는 대부분의 것은 허구이며 망상이라는 것, 이것은 사람들의 진실을 볼 수 없다고 하기보다도 사회의 기능 때문에 그런 것이라는 사실은 지극히 명백하다. 인간 역사의 대부분은, 어떤 원시사회는 예외이지만, 소수의 그룹이 그 동료인 다수를 지배하며 착취해 왔다는 사실로 특징지어진다.

　그렇게 하기 위하여 소수자는 언제나 완력을 행사해 왔다. 그러나 완력으로는 충분하지가 않다. 그리하여 결국 다수자는 그 착취를 유의적(有意的)으로 승인해야만 하게 되었다. 그리고 이것은 그들의 마음이 소수자의 지배를 받아들이는 것을 정당화하고 증명하는 온갖 종류의 허위나 허구로써 채워지는 경우에만 가능하다.

　그러나 이것은 사람들이 자기 자신에 관하여, 그리고 다른 사람들에 관하여 그들이 깨닫고 있는 대부분의 것이 허구라는 사실에 대한 유일한 이유는 하나이다. 그 역사적 발전에서 각기 다른 모든 사회는 그것을 발전케 한 특수한 형에서 존속하려고 하는 자발적인 요구에 사로잡히게 된다.

그리고 언제나 모든 인간에게 공통적인 더욱 넓은 인간의 목표를 무시함으로써 이 생존을 이루려고 한다. 어떤 사회의 목표와의 사이에 분열을 부정하고 합리화하는 기능을 갖는 온갖 종류의 허구나 망상을 (사회적 척도에서) 만들어 내게 한다. 그러므로 의식의 내용은 대개 허구적이고 망상적이며, 정확하게는 현실을 표현하지 않는다고 말할 수 있을 것이다. 그렇게 보면 의식 그 자체는 거의 바람직하지 못하다. (무의식적인) 숨겨진 현실이 명백히 드러나, 이미 숨겨져 있지 않은 것이 될(즉 의식적이 될) 때만 어떠한 가치 있는 것이 얻어진다.

우리는 지금은 다만 우리의 의식 속에 있는 대부분의 것이 '허위적 의식'이며 우리를 이러한 허구적이며 현실적이 아닌 생각으로 채우는 것은 사실상 사회라는 것을 강조하고 싶다. 그러나 사회의 영향은 우리의 의식에 허구를 주입할 뿐만 아니라 또한 현실을 깨닫는 일을 막는 것이기도 하다.

이 점을 좀더 검토함으로써 우리는 억압이나 무의식이라는 것이 어떻게 일어나는가 하는 중심적인 문제로 착실하게 나아가게 된다. 동물은 주위의 사물에 관하여, 버크의 말을 빌리면 '단순의식'이라고 일컬을 수 있는 의식을 지니고 있다.

인간의 뇌의 구조는 동물의 그것보다 크고 한층 더 복잡하기 때문에 이 단순의식을 넘어 '자기의식', 즉 그의 경험의 주체로서의 자기 자신을 깨닫는 것의 기초가 된다. 그러나 아마도 그 굉장한 복잡성 때문에[1] 인간이 깨닫는 것은 여러 가지 가능한 길에 조직된다. 그리고 어떤 경험을 깨닫게 되기 위해서는 의식적인 사고가 조직되는 카테고리에 포섭되어야 한다.

시간이니 공간이니 하는 카테고리는 보편적이며 모든 사람들에게 공통되는 지각의 카테고리를 구성할 것이다. 다른 인과(因果)니 하는 것은, 많은 사람들에게 타당한 카테고리겠지만, 모든 사람들에게 있어 인간의 의식적 자각의 형식은 아니다. 다른 카테고리는 좀더 보편성이 적으며 문화에 따라 서로 달라진다. 이것은 어떻게든 간에 경험은 개념적 체계 및 그 카테고리에 의해 지각되며 관계지어지고 배열될 수 있는 조건에서만 깨달을 수 있다. 이 체계는 그 자신 사회적 진화의 결과이다. 모든 사회는 그 자신의 생활을 영위하는 것으로, 또 관계지어지는 것이나 감정이나 지각의 양식으로 의식의 형식을 결정하는 카테고리의 체계를 발전시킨다. 이 체계는 이른바 '사회적으로 조건지어진 필터'처럼 활동한다. 경험은 이 필터를 통과하지 못한다면 아무것도 깨달을 수 없다.

첫째로 많은 경험은 스스로 깨닫게 되어 지각하는 것은 쉽지 않다는 것을 생각해야 한다. 고통은 무엇보다도 의식적으로 지각되기 쉬운 신체적 경험일 것이다. 성욕, 굶주림 등도 또한 쉽게 지각된다. 분명히 개체 및 집단의 존속에 관계된 모든 감각은 쉽게 감지할 수 있다. 그러나 좀더 미묘하고 복잡한 경험, 예를 들면, '이른 아침 공기가 아직도 냉랭할 때 꽃봉오리를 보거나, 그 위에 맺힌 이슬 한 방울을 보거나, 태양이 떠오르고 새가 지저귀는 것을 보는 것'과 같은 경험은, 어떤 문화에서는

---

1 윌리엄 볼프 박사와의 개인적 서신 왕래로 의식적 신경향적 기조에 대하여, 자신의 사색상 매우 큰 자극을 받았다.

깨닫기 쉬운 경험이지만 현대의 서양문화에 있어서는 특별히 주목할 정도로 '중요'하거나 '특별한 사건'은 아닌 것으로, 보통 감지되는 일이 없는 것이다.

미묘한 감정적 경험이 감지되는가 어떤가 하는 것은 그와 같은 경험이 어떤 문화 속에 양육되어 온 정도에 의한 것이다. 감정적 경험 가운데는 어떤 언어권에는 그것을 표현할 만한 말이 없지만 다른 언어권에는 그러한 감정을 나타내는 말이 많다는 것도 드물지 않다. 이를테면 영어에서는 좋아한다는 것부터 색정적인 정열, 나아가서 형제애, 모성애와 같은 것에 이르기까지 모든 경험을 포괄하고 있는 러브(love)라는 하나의 말이 있다.

서로 다른 감정적 경험이 다른 말로 표현되지 않는 언어에서는 어떤 사람의 경험이 감지되는 일은 거의 불가능하며, 또한 이와 반대의 경우도 있다. 일반적으로 말하면 어떤 언어가 결코 표현하지 못할 경험은 절대로 감지되지 않는다고 해도 좋을 것이다. 그러나 이것은 언어라는 것의 필터적인 기능의 일면에 불과하다. 다른 언어는 어떤 감정적인 경험을 표현하는데 사용하는 말의 다양성에 있어 서로 다르다는 사실에 있어서뿐만 아니라, 또한 그들의 문장 구조성, 그 문법, 어원(語源)의 의미 등에 의해서도 다른 것이다. 모든 언어는 생활의 태도를 포함하고 있다. 그것은 생을 어떤 방법으로 경험하는 것이 동결된 표현이다.

여기에 약간의 예가 있다. 이를테면 비가 온다는 동사형이 내가 빗속에 나가 있어 젖었기 때문에 비가 온다는 것인지, 집안에서 비가 오는 것을 보고 있었기 때문인지, 혹은 어떤 사람이 나에게 비가 온다고 말했기 때문인지에 따라, 다른 활용(活用)을 나타내는 언어가 있다.

어떤 사실(이 경우는 비가 내리고 있는 것)을 경험하는 각각 다른 근거를 언어가 강조하는 바의 사람들이, 사실을 경험하는 '방법'에 여러 가지 영향을 준다는 것은 명백하다(이를테면 지식의 순수성에 지적인 면을 강조하는 현대문화에서는 어떻게 내가 사실을 아는가, 그것이 직접 또는 간접적인 경험에 의한 것인가, 혹은 타인에게 전해 들어서 알게 된 것인지는 별로 차이가 없다). 헤브라이에서 활용의 주된 원리는 그 활동이 완료되었는가(완전), 또는 완료되지 않았는가(불완전)를 결정하는 것이며, 그것이 일어나는 곳의 시대, 즉 과거와 현재와 미래는 이차적으로만 표현된다. 라틴어에서는 이 원리(시간과 완성)가 함께 사용되지만 영어에서는 차이가 있다는 것은 말할 필요도 없다.[2] 서로 다른 언어로, 혹은 같은 언어를 사용할지라도 서로 다른 국민간에, 다른 방법으로 사용되고 있는 것에서도 그 예를 찾아볼 수 있다.

명사는 '물건'에 관계되고 동사는 활동에 관계된다. 점점 많은 사람들이 '존재한다거나 일한다'는 대신 '물건을 갖는'다는 것으로 생각하므로 그들은 동사보다 명사를 좋아한다. 언어는 그 말이나 문법이나 신택스(문장 구성법)에 의해, 그 속에 동결되어 있는 모든 정신에 의해 우리가 어떻게 경험하는가, 어떤 경험이 우리 의식에 들어오는지 결정한다. 이 깨닫는 것을 가능하게 하는 필터의 제2면은 어떤 문화에서 사람들의 사고를 이끄는 논리이다. 대부분의 사람들이 그들의 언어가 '자연적'이며, 다른 언어는 같은 것에 대하여 다만 다른 언어를 사용한다고 생각하는 것

---

2 이 차이의 의미는 구약성서의 영어 번역본과 독일어 번역본을 보면 명확하다. 헤브라이어의 원서에는 흔히 사랑하는(loving) 등의 감정을 표현할 때에 'I love fully'라는 의미로 완료형의 시제를 사용하는데, 저자는 이것을 잘못 해석하여 "I loved(나는 사랑했다)."라고 번역하고 있다.

처럼, 그들은 올바른 사고방식을 결정하는 규칙이 자연적이며 보편적인 것이라고 생각한다.

하나의 문화 체계에서 비논리적인 것은 다른 문화에서도 비논리적이라고 생각한다. 그것은 자연의 논리와 서로 일치하지 않기 때문이다. 그 예는 아리스토텔레스적 논리와 역설적 논리의 차이점이다. 아리스토텔레스적인 논리는 A는 A라고 하는 동일률(同一律), 모순율[矛盾律 : A는 비(非)A가 아니다], 그리고 나아가 배중률(排中律 : A는 A이면서 동시에 비A일 수는 없으며, 또한 A도 아니고 비A도 아닐 수는 없다)에 의거해 있다. 또한 아리스토텔레스는 "같은 것에, 같은 때에 속하면서 동시에 같은 것에, 그리고 같은 점에서 속하지 않는다는 것은 불가능하다. ……그리하여 이것은 모든 원리 중에서 가장 확실한 원리이다."라고 쓰고 있다. 아리스토텔레스의 논리에는 '역설논리(逆設論理)'라고 일컬을 만한 것이 있다. A와 비A와 X의 술어로서 서로 제외되지 않는다고 생각하는 것이다. 이것은 중국이나 인도의 사상에서 또한 헤라클레이토스의 철학에서 지배적이지만, 헤겔이나 마르크스의 변증법이라는 이름으로 다시 나타나게 된다.

역설적 논리의 일반적 원리는 노자의 "엄밀하게 참다운 말은 역설적인 것처럼 보인다."[3]는 것과, 장자의 "하나인 것은 하나이다. 하나가 아닌 것도 또한 하나이다."라는 일반적인 말로 분명하게 서술되어 있다. 아리스토텔레스적 논리의 정당성이 문화 속에 살아 있는 한 아리스토텔레스적 논리에 모순될 만한 경험을 깨닫는 것은 불가능하지 않더라도 극히 곤란하다.

---

3 노자의 《도덕경》, 《동방의 성서》 참조.

그것은 그의 문화의 입장에서 보면 난센스이기 때문이다. 예를 들면 한 사람에 대해 사랑과 미움을 동시에 경험할 수 있다는 프로이트의 양가성(兩價性 : ambivalence)의 개념이다. 역설적 논리의 입장에서는 완전히 논리적인 이 경험은 아리스토텔레스의 논리의 입장에서는 아무런 의미가 없다. 그 결과로서 대부분의 사람들은 양가적인 감정을 알아차리기는 매우 어렵다. 만약에 한 사람에게 사랑을 깨닫는다면, 미움을 깨달을 수가 없는 ─ 같은 사람에 대해 동시에 두 가지의 모순된 감정을 갖는다는 것은 터무니없는 난센스이기 때문이다.[4]

언어와 논리 외에 필터의 제3면은 경험의 '내용'이다. 어떤 사회도, 어떤 사상이나 감정을 생각하고 느낄 수 있으며 표현할 수 있다는 점에서 제외하는 것이다. '이루어지지 않을 뿐만 아니라 생각할 수도 없는' 것이 존재한다. 이를테면 다른 종족을 살해하거나 약탈하며 생활하는 호전적인 종족 중에 살해나 약탈에 반발심을 지닌 사람이 있을지도 모른다. 이 감정은 전 종족의 감정에 일치되는 것이 아니기 때문에 그 감정을 깨닫는 일은 전혀 불가능한 것 같다.

이처럼 서로 일치되지 않는 감정을 깨닫는 것은 완전히 분리되고 추방된 것처럼 느끼게 되는 위험성을 의미한다. 반발의 감정을 지닌 사람은 이 반발의 감정을 의식하는 대신 토해낸다는 정신 및 신체적 징후로 발전시킬 것이다. 평화롭게 농경을 하는 종족 중에서도 외부로 나가 다른 집단의 주민을 살해하거나 약탈하는 등 그 문화와 정반대의 충동을 지닌 사람이 있는 것을 볼 수 있을 것이다. 이때 그는 자신의 충동을 자기 자

---

4 이 문제에 대한 보다 상세한 논술은 본서에 수록되어 있는 《사랑의 기술》 참조.

신이 눈치채지 못하도록 제어할 것이다.

그러나 눈치채지 못하게 하고 하나의 증거, 아마도 격렬한 두려움을 발전시킬 것이다. 여기서 한 가지 예를 들면, 우리의 대도시에는 한 벌의 양복을 갖고 싶어하지만 가장 값싼 양복조차도 살 수 없는 사람이 많다. 양복점 주인들 중에는 이런 사람들이 지불할 수 있을 정도의 헐값으로 양복을 제공하려는 인간적인 충동을 지닌 사람도 몇몇 있을 것이다. 그러나 이 양복점 주인들 중 과연 몇 명이나 이와 같은 충동을 깨닫고 있을까? 매우 적을 것이라고 생각한다. 대다수의 주인들은 그 마음을 억압할 것이다.

그들 중에는 손님에 대해 이런 무의식적인 충동을 감추고 어떤 공격적인 행동을 하고, 혹은 그날 밤 그것을 표현하는 꿈을 꾸게 될 것이다. 사회적으로 용납되지 않는 내용은, 눈치채이게 되는 영역에 들어가는 것이 용납되지 않는다는 명제를 말하는데 있어 우리에게 다시 두 가지의 질문을 제기하게 한다. 무엇 때문에, 어떤 내용이 주어진 사회와 서로 용납되지 않는 것일까, 그리고 왜 사람은 이와 같이 금지된 사항을 깨닫기를 두려워하는 것일까?

첫번째 질문에 대해 나는 '사회적 성격'이라는 개념을 언급해야 하겠다. 모든 사회는 그 존속을 위해서 그 구성원에게 '그들이 해야만 하는 것을 하도록' 만들어야 한다. 그들의 사회적 기능이 내면화되어 그들이 하지 않으면 안 된다기보다는, 그들이 하도록 강요당했을 때 느낄 만한 어떤 물건으로 내면화하고 변화되어야만 한다. 하나의 사회는 이 형태로부터의 일탈(逸脫)을 용납할 수 없다. 왜냐하면 '사회적 성격'이 그 통합과 견고성을 잃는다면 보호를 위한 터부를 개인은 지키지 않게 된다.

주어진 형태에서의 사회적 성격을 강요하는 강도에서, 또 이 성격을 보호하기 위한 터부의 준수에서, 다르지만 모든 사회에는 저마다의 터부가 있으며 그것을 침범한다는 것은 결국 추방을 의미한다.

둘째 질문은 개인은 왜 추방될 것을 두려워하여 '금지된' 충동을 눈치채이지 않도록 하는 것일까? 이 질문에 답하기 위해서는 다른 곳에서 좀 더 자세하게 말한 것을 언급해야 한다.[5] 간단히 말하면, 의도적으로 미친 사람이 되려고 마음먹지 않는 한 타인과 어떤 형태로든 관계를 가져야 한다.

완전히 관계를 끊는다는 것은 광기에로 한 걸음 앞까지 다가가는 것이다. 동물은 죽는 것을 무엇보다도 두려워하지만, 인간인 이상은 오직 혼자인 것을 두려워한다. 프로이트가 생각한 것과 같은 거세(去勢)의 두려움보다는 오히려 혼자라는 두려움이 터부가 된 감정이나 사상을 깨닫는 것을 용납하지 않는 강력한 요인이다.

이상의 고찰을 통해 우리는 의식과 무의식이 사회적으로 조건 지어진 것이라는 결론에 도달한다. (사회적으로 조건 지어진) 언어 논리와 터부(사회적 성격)의 3중 필터를 통과할 수 있는 모든 감정이나 사상을 '나는 알아차린다'. 이에 반해 필터를 통과할 수 없는 경험은 알아차리지 못한다. 즉 그것들은 무의식에 머무르는 것이다.[6]

무의식의 사회적 성질을 강조하는 것과 관련하여 두 가지를 한정해야 한다. 한 가지는 상당히 명확한 것으로 사회적 터부를 가하는 데 있어,

---

5 이 점에 대해서는 《자유로부터의 도피》 및 《건전한 사회》 참조.
6 이 의식의 분석은 칼 마르크스가 의식이 문제에 대한 이론을 확정했을 때 도달한 것과 같은 결론으로 이끄는 것이다. "인간의 존재를 결정하는 것은 인간의 의식이 아니다. 그와 반대로 인간의 의식을 결정하는 것은 그 사회적인 존재이다."

가족에 의해 이런 터부의 각각의 가공에 있다. 그들은 개인적으로 터부인 경험을 깨닫기 때문에 부모에게 버림받는 것을 두려워하는 어린아이는 사회적으로 정상적인 억압이 가해지는 데 있어, 그 필터의 개인적인 면에 의해 깨닫는 일이 방해되는 이러한 감정을 억압할 것이다. 다른 한편으로 내면적인 개방성이 크며 '억압'이 적은 부모는 그들 자신의 영향으로 사회적 필터(및 상위 자아)를 보다 더 넉넉하게 투과할 수 있도록 노력한다.

다른 하나는 좀더 복잡한 현상에 관한 한정이다. 우리는 사회적인 사고의 형태와 서로 일치되지 않는 의욕을 깨닫기를 억압할 뿐만 아니라, 전 인류의 구조와 성장의 원리와 서로 일치되지 않는, 다시 말해서 '휴머니즘의 양심', 우리의 인격이 발전이라는 이름으로 이야기되는 그 목소리와 서로 일치되지 않는 의욕도 억압하려고 한다.

파괴적 충동, 그리고 어머니의 자궁이나 죽음으로 퇴행하려는 충동…… 이런 모든 것과 나아가서 그밖의 많은 퇴행적인 충동은 사회적 성격과 일치할 수도 또 일치하지 않을 수도 있다. 그러나 어떤 사정하에서도 인간성의 진화라는 본래의 목표와는 일치하지 않는 것이다. 어린아기가 보호받고 싶어할 때, 그것은 정상적이다. 다시 말해서 어린아기는 성장의 진화상태에 일치된 것이다. 그러나 성인이 이와 같은 목표를 갖는다면 그는 정상이 아니라 병든 상태이다. 그가 과거에 의해 추진될 뿐만 아니라 그의 모든 구조에 내재하는 목표에 의해 촉진되는 한 그는 그가 있는 것과 있어야 하는 것 사이의 분별을 감지한다. 여기서 있어야 할 것은 명령 같은 도덕적 의미가 아니라 그들이 발전해 온 염색체 속에 있는 내면적인 진화적 목표라는 의미이다. 이는 마치 그의 장래의 신체의 형성, 눈빛 등이 이미 염색체 속에 '존재'하는 것과 마찬가지이다. 만약 사람이 그가 생활하고 있는 사회적인 무리들과 접촉을 잃는다면 그는 완전한 고립을 두려워하게 된다.

그리고 이 두려움 때문에 '생각할 수 없는' 일은 생각하지 않게 된다. 그러나 사람은 또 그의 양심에 의해 인간성으로부터 완전히 고립되는 것을 두려워한다. 비인간적으로 변하는 것 또한 두려워한다. 다만 역사적인 증거는, 사회가 비인간적인 행동을 기준으로 했을 때 사회적으로 추방되기보다는 두려워하지 않음을 나타내는 것처럼 보이지만, 사회가 인간적인 기준에 접근할수록 사회와 인간성으로부터의 고립의 갈등은 적어진다.

사회의 목표와 인간의 목표 사이에 갈등이 클수록 개인은 두 개의 위험한 고립의 극 사이에서 상처받게 된다. 인간이 그 자신의 지적·정신적 발전에 의해 인간성과의 합일을 느낄수록 사회적 고립으로부터 보다 잘 견딜 수 있게 된다는 것은 덧붙일 필요가 없다. 자신의 양심에 따라 행동하는 능력은 자신이 사회의 한계를 넘어 세계의 시민인 코스모폴리탄이 되는 정도에 달려 있다. 개인은 그의 문화의 형태와 일치되지 않는 사상이나 감정을 깨달을 만한 능력이 없으므로 그것을 억압하지 않을 수 없다. 형식적으로 말하면, 그렇기 때문에 무의식적인 것과 의식적인 것은, 개별적인 가정에 의해 조건 지어진 요소와 휴머니즘적 양심의 영향을 별도로 하여 사회적 구조와 그 생기는 감정이나 사상의 형태에 의존하고 있다. 무의식의 내용에 관해서 일반적으로 말하는 것은 불가능하다.

그러나 한 가지만은 언급할 수 있다. 즉 그것은 항상 어둠〔暗〕과 밝음〔明〕에 대한 모든 가능성을 지닌 온전한 인간임을 나타내고 있다. 그것은 언제나 존재가 부과하는 물음에 대하여 사람이 할 수 있는 여러 가지 다른 답에 대한 근저(根底)를 함유하고 있다.

동물적인 존재로 돌아가려는, 가장 퇴행적인 문화의 극단적인 예에서 이와 같은 소망 그 자체가 지배적, 의식적으로 변하여 모든 노력이 억압되어 온다. 퇴행적인 목표에서 정신적이고 진보적인 목표로 나온 문화에서는 암흑을 나타내는 것인 힘은 무의식적이다. 그러나 인간은 어떤 문화에서도 모든 가능성을 가지고 있다. 인간은 원시인이며 맹수이며 식인자(食人者)이며 우상숭배자이지만, 또한 이성·사랑·정의를 소유한 존재이다. 무의식의 내용은 선도 악도 아니며 합리적도 비합리적도 아니며, 그 양쪽이다. 인간적인 것은 그 전부이다. 무의식은 완전한 사람으로부터 인간의 사회에 대응하는 부분을 제외한 것이다.

의식은 사회적 인간, 즉 개인이 처한 역사적 상황에 의하여 가해지는 우연한 한정을 나타내고 있다. 무의식은 우주에 뿌리를 내린 보편적 인간, 완전한 인간을 나타낸다. 그것은 그의 내면에 잠재해 있는 식물을, 동물을, 정신〔靈〕을 나타낸다. 그것은 그의 과거를 인간 존재의 여명(黎明)에까지 되돌려서 나타내며 그의 장래를, 인간이 충분히 인간적이 되며 인간이 '자연화'되는 것과 마찬가지로 자연도 인간화되는 그날까지를 나타내고 있다.

우리가 지금까지 해왔던 바와 같이 의식과 무의식을 정의하면, '무의식을 의식적으로 한다', '억압을 제거한다'고 할 때 이것은 무엇을 의미하는 것인가?

프로이트의 개념에서 무의식을 의식적으로 한다는 것은 한정된 기능을 지니고 있었다. 첫째로 무의식은 문명생활과 일치되지 않는 한 억압된 본능적인 욕구로 이루어져 있다고 생각했으므로, 어떤 특정한 개인의 역사에 있어 그 느낌이 억압되어 왔다고 생각한 근친상간의 충동, 거세의 공포, 음경의 선망 등과 같은 본능적인 욕구를 들었다. 억압된 충동을 깨닫는다는 것은 의기양양한 자아가 지배를 돕는 것으로 생각되었다.

우리가 프로이트의 무의식의 국한된 개념에 사로잡히지 않고 앞에서 언급한 개념에 따른다면, 무의식을 의식으로, 이드를 자아로 전환한다는 프로이트의 목표는 더욱 넓은 의미를 갖게 된다. '무의식을 의식적으로 한다'는 것은 인간의 보편성이라는 단순한 관념을 이 보편성의 산경험으로 전환시킨다. 그것은 휴머니즘의 체험적 실현이다. 프로이트는 억압이 얼마나 인간의 현실감을 방해하는지, 억압의 제거가 어떻게 현실에 대한 새로운 음미법(吟味法)으로 이끌어 가는지 분명하게 알았다.

프로이트는 무의식의 의욕의 그릇된 활동을 감정의 전이라고 했다. 술리반은 훗날 이와 같은 현상을 '소아적 왜곡(小兒的歪曲 : parataxic distortion)'이라고 했다. 프로이트는 첫째로 환자와 분석가의 관계에서 환자는 분석가를 '있는 그대로' 보지 않고 그의 소아기의 중요한 사람들에 대한 경험에서 근본적으로 형성된 '환자' 자신의 기대나 욕망, 불안 등의 투영(投影)으로 본다는 사실을 발견했다. 환자가 그 무의식과 접촉할 때만, 그는 자신에 의해 만들어진 왜곡을 극복하여 그의 아버지 또는 어머니의 인격과 마찬가지로 분석가의 인격을 있는 그대로 볼 수 있게 된다.

프로이트가 여기서 발견한 것은 우리는 현실을 잘못 보고 있다는 사실이다. 우리는 사람을 있는 그대로 보고 있다고 생각하지만 실제로는 사람의 심상(心像) 투영을 깨닫지 못한 채 보고 있다는 것이다. 프로이트는 감정 전이의 왜곡할 만한 영향뿐만 아니라 억압의 왜곡되는 영향들도 주시했다. 스스로가 알지 못하는 자신의 의식적 사고(그것은 사회적 현실의 요구를 나타내는 것인데)에 반대되는 충동에 의해 움직여지는 한 그는 그 자신의 무의식적인 의욕을 다른 사람에게 투영할 것이다. 그러므로 자신의 내부에서 그는 깨닫지 못하고, 다른 사람 속에서의 그는 깨닫고 분개한다(투영). 혹은 그는 그 자신에 있어서 전혀 다른 근원을 가지고 있는 충동에 대하여 합리적인 이유를 만들어 낼 것이다. 무의식적인 목적에 대한 겉으로 보이기 위한 설명이 진정한 동기인, 의식적인 추리를 프로이트는 '합리화'라고 했다. 우리가 감정적 전환과 투영 혹은 합리화 등 어느 것을 다루든 간에 사람이 의식하는 대부분의 것은 허구이다 ― 그리고 그가 억압하는 것(즉 무의식의 것)은 허구가 아니다.

인간을 우습게 아는 사회의 영향에 관해 앞에서 말한 점을 고려하여, 무의식을 구성하는 것에 대한 한층 더 넓은 개념을 생각하는 것으로써 우리는 무의식, 의식의 하나의 새로운 개념에 도달한다. 인간은 스스로 깨어 있다고 생각할 때 실제로는 절반쯤 잠자고 있다. 반수(半睡)라는 것은 현실과의 그의 접촉이 극히 부분적인 것이라는 의미이다. 그가 현실이라고 믿는(그의 외부 혹은 내부에서) 대부분의 것은 그의 마음이 만들어 낸 허구의 조립이다. 그는 그의 사회적 기능이 필요로 하는 정도에서 현실을 깨닫는다. 그는 자신이 동료와 협력할 필요를 느끼는 만큼만 그들을 깨닫는다. '그는 생존 목표가 그와 같이 깨닫기를 필요로 하는 한에서 현실을 깨닫는다.' (이에 반하여 수면상태에서는 외계의 현실을 깨닫는 것이 중지된다. 필요한 경우에는 쉽게 회복되지만, 광기의 경우에는 외계의 현실을 충분히 깨닫지 못하고 아무리 위급한 상황을 당해도 회복될 수 없다.)

보통 사람의 의식은 주로 허구나 환상으로 이루어져 있는 '허위의 의식'이다. 그가 깨닫지 못하는 것이야말로 현실이다. 그리하여 우리는 사람이 의식적인 것과 의식적이 '되는' 것과의 차이를 구별할 수 있다. 그는 대개 허구를 의식하고 '있다'. 그는 이러한 허구의 밑바닥에 있는 현실을 의식할 수 있다.

무의식에는 앞에서 말한 전제에서 생기는 다른 면이 있다. 의식이 사회적인 형태가 주어진 경험의 작은 부분을 나타내는 데 불과하고, 무의식은 우주적 인간의 풍부함과 깊이까지도 나타내는 한 억압된 상태는 나(자아), 즉 우발적이며 사회적인 인간은 완전한 사람인 나(객체아)에서 분리되고 있다는 결과를 가져온다. 나는 나 자신에 대하여 남이며 누구나 마찬가지로 나에 대하여 남이다. 나는 인간적인 경험이 매우 넓은 분야에서 따로 분리되어 인간의 단편으로 돌아간다. 즉 자신의 내부에서 현실이며 다른 사람들에게서도 현실인 것의 극히 작은 부분만을 경험하는 불구(不具) 이상의 것은 아니게 된다.

지금까지 억압의 왜곡된 작용에 대해서만 살펴보았는데, 왜곡으로 이끌지는 않지만 '대뇌작용(관념화 : cerebration)'에 의해 경험을 비현실적으로 하는 또 하나의 면을 살펴봐야겠다. 나는 보고 있다고 믿고 있지만 사실은 '언어를 보고 있는 데' 지나지 않는다. 나는 느끼고 있다고 믿고 있지만 사실은 '감정을 생각하고 있는 데' 지나지 않는다는 사실을 말하는 것이다.

대뇌 작용적인 사람은 소외적인 인간이며, 플라톤의 예에서와 마찬가지로 그림자만을 보고 직접적인 현실로 착각한 동굴 속의 사람과 같다. 이러한 관념화의 과정은 언어의 다양성에 관계되고 있다. 나는 어떤 것을 언어로 나타내기가 무섭게 하나의 소외가 생겨 전폭적인 경험이 언어에 의해 이미 바뀌어지고 만다. 전폭적인 경험은 실제는 그것이 언어로 표현되는 그 순간까지 존재하는 데 지나지 않는다.

　대뇌작용의 일반적 과정은 현대문화에서는 역사상 어떤 시대보다도 널리 퍼져 있고 또 강하다. 과학적, 기술적인 성공의 조건인 지성적 지식이 더욱더 강조되기 위해, 또한 그와 관련하여 학문이나 교육에 있어서도 언어가 점차로 경험을 대신하게 된다. 그러나 그 사람은 이것을 깨닫지 못한다. 그는 자신이 무언가를 보고 있다고 생각한다. 그러나 기억과 사고 이외에는 아무런 경험이 없다. 그가 '자신이' 현실을 움켜쥐고 있다고 생각할 때 사실상 움켜쥐고 있는 것은 다만 그의 뇌인 자아에 지나지 않으며 그, 다시 말해서 완전한 사람, 그의 손과 눈·마음·배는 아무것도 잡지 못한다 — 사실 '그는' 그가 '자신의 것'이라고 믿고 있는 경험에 참여하고 있지 않은 것이다.

　그렇다면 무의식이 된다는 과정에서는 과연 무엇이 생기는가? 이 질문에 답하기 위해서는 바꾸어 질문하는 편이 낫다. '의식'이라는 것은 없으며, '무의식'이라는 것과 같은 것 또한 없다. 어떤 것은 의식(깨닫고 있는)하고 무의식(깨닫지 못한 것)하는 정도의 차이일 뿐이다.

　위의 질문은 그곳에서 내가 전에 깨닫지 못했던 것을 다시 깨닫게 될 때 무슨 일이 일어나는가 하는 것이어야만 한다. 앞에서 말한 수준에서 말하면 이 물음에 대한 일반적인 대답은, '이 과정에서의 한걸음은 우리의 〈정상적〉인 의식의 허구적이고 비현실적인 성격을 이해한다는 방향에서 진행된다'는 것이다. 무의식의 것을 의식하게 되며 그리하여 사람의 의식을 확대한다는 것은 현실에 저촉되는 것이며, 또 이러한 뜻에서 진실(지적으로나 정서적으로도)에 저촉된다는 것을 의미한다. 의식을 확대한다는 것은 눈뜬다는 것, 장막을 걷는다는 것, 동굴을 떠난다는 것, 어둠 속에 빛을 가져온다는 것을 의미한다. 이것은 선불교가(禪佛敎家)가 '깨달음〔悟〕'이라고 일컫는 것과 같은 경험일 수 있는가?

이 문제는 후에 다시 살펴보기로 하고 지금은 나아가서 정신분석에 대한 결정적인 점, 즉 무의식을 의식으로 전환케 하는 작용을 갖는 '통찰(洞察)'과 '지식의 본성'을 논하고자 한다.[7]

정신분석적 연구 초기에 프로이트는 지식이라는 것은 지성적인 논리적 지식이라는 평범한 합리주의적인 신념을 가지고 있었던 것이 분명하다. 그는 환자에게 왜 어떤 발전이 일어났는가를 설명하고 분석가가 그의 의식 속에서 무엇을 발견했는지 환자에게 알려주면 충분하다고 생각했다. '해석'이라고 불리는 이성적인 지식이 환자에게 변화를 줄 것이라고 생각하고 있었다. 그러나 얼마 지나지 않아 프로이트나 다른 분석가도 '지성적인' 지식은 그것이 '정의적(情意的)'인 지식의 한 변화를 가져올 수 있다는 스피노자의 말의 진리성을 발견해야만 했다.

지성적인 지식 그 자체는 그의 무의식적인 의욕의 지성적인 지식으로, 이러한 것을 보다 더 잘 통제할 수 있다―그러나 이것은 정신분석의 목표라기보다는 전통적인 윤리의 목표이다―는 의미 이외에는 어떠한 변화도 생기지 않는다는 것이 명확해졌다. 환자가 자기 자신을 연구의 대상으로서 파악한 과학적 관찰자의 태도에 머무르는 한 무의식에 대해

---

7 이 전환을 적절히 표현할 만한 언어가 없다. 'reversion of repressedness(억압 이전의 상태로서의 복귀)' 또는 좀더 정확히 말한다면 'awakening(각성)'이라고 할 수 있을 것이다. 나는 'derepression(억압 제거)'라고 표현하고 싶다.

'생각하는' 것 이외에 그의 무의식에 언급할 것은 없다. 그는 자기 자신의 내부에서 보다 넓고 보다 깊은 현실을 '경험하는' 일은 없다.

사람이 무의식을 발견한다는 것은 정확히 말하면 지성적인 행위가 '아니라' 말로 표현하기 어려운 정의적 경험이다. 이것은 사고나 사변(思辨)이 발견의 행위에 선행하지 않음을 의미하지는 않는다. 오히려 발견의 행위, 그 자신이 언제나 '전체적'인 경험이다. 그것은 완전한 사람이 경험한다는 의미로 전체적이며, 그 자발성과 돌연성에 의해 특징지어지는 경험이다.

사람의 눈이 갑자기 번쩍 뜨인다. 자기 자신과 세계가 전혀 다른 빛 아래 나타나고 다른 시점으로 보인다. 그 경험을 즐기기 전에는 보통 굉장한 불안을 느끼지만 후에 새로운 힘과 확실성의 감정이 나타난다.

무의식을 발견하는 과정은 매우 깊게 느껴져 이론적, 지성적 지식을 넘는 일련의 확대되어 가는 경험으로 묘사될 수 있다. 이 종류의 '경험적 지식'의 중요성은 주체 지성이 자기 자신을 객체로서 관찰하는 것과 같은 종류의 지식 및 인지(認知)를 초월하는, 따라서 그것은 서양의 합리주의적인 인식의 개념을 초월한다는 사실에 있다. 〔경험적 지식이 문제시되는 서양의 전통에서의 예외는 스피노자의 최고의 지적 형식, 즉 직관(直觀), 피히테의 지적 직관, 혹은 베르그송의 창조적 의식에서 발견된다. 이러한 종류의 직관은 모두 주체와 객체와의 분열된 지식을 초월한다. 선불교의 문제에 대한 이러한 종류의 경험의 중요성은 후에 선을 논할 때 명확해질 것이다.〕

정신분석의 본질적인 요소에 관한 우리의 간단한 고찰에 있어 또 하나의 중요성을 살펴보아야 한다. 즉 '정신분석가의 역할'이다. 처음에 그것은 환자를 '치료하는' 의사의 역할과 다른 것이 없었다. 그러나 몇 해가

지나는 동안 상황은 바뀌었다. 프로이트는, 분석가 자신이 분석되어야만 한다, 다시 말해서 그의 환자에게 뒤를 뒤따르게 할 수 있는 동일한 과정을 거듭할 필요가 있음을 인정해 왔다. 분석가를 분석해야 된다는 이 요구는 분석가를 자기 자신의 맹점, 신경증 경향으로부터 자유롭게 할 필요가 있다고 설명되었다.

그러나 이 설명은 프로이트 자신의 견해에 관한 한 부족한 것처럼 보인다. 프로이트는 앞에서 인용한 것처럼 초기에 분석가는 본보기가 되며, '교사'가 되며, 자기 자신과 환자와의 관계는 어떤 종류의 '허위'나 '속임수'까지도 배제하는 진실한 사랑을 바탕에 둘 필요가 있다고 말했기 때문이다. 프로이트는 여기서, 분석가는 환자와의 관계에 있어서 보통 의사의 기능을 초월한 어떤 것을 지니고 있다고 느꼈던 것처럼 보인다. 그러나 여전히 분석가는 따로 분리된 관찰자이며 환자는 그의 관찰의 '대상'이라는 근본적인 생각은 바꾸지 않았다. 정신분석의 역사에 있어서 이 구분된 관찰자의 생각은 두 가지 측면으로부터 변화되어 왔다.

첫째는 페렌치에 의한 것으로, 그는 만년에 분석가로서 관찰하고 해석하는 것만으로는 충분하지 않으며, 환자가 어렸을 때 구했지만 경험하지 못했던 그 애정을 가지고 환자를 사랑해야 한다고 생각했던 것이다. 페렌치는 분석가가 환자에게 색정적인 애정을 느껴야 한다고 생각한 것이 아니라 오히려 어머니 혹은 아버지와 같은 애정, 좀더 일반적으로 말하면 애호(愛護)를 구하고 있었던 것이다.

술리반은 다른 면에서 이와 같은 점에 접근하고 있다. 그는 분석가는 구분된 관찰자의 태도를 취해서는 안 되며 '참여적 관찰자'의 태도를 취해야 한다는 생각을 받아들여 분석가의 구분이라는 정통적인 사고방식을 초월하려고 했다. 나 자신의 견해로는 술리반은 아직 충분히 진행되었다고 할 수는 없다. 오히려 분석가의 역할은 참여 관찰자의 역할보다도 '관찰적 참여자'의 역할이라 정의해야 한다. 그러나 '참여적'이라는 말 또한 여기서 의미하는 것을 충분히 표현하고 있지 못하다. '참여한다'는 것은 역시 외면적이다. 다른 사람에 대해 알기 위해서는 그 사람 속에 들어가야 한다. 즉 그 사람 자신이 되어야 하는 것이다.

분석가는 환자가 경험하는 것 모두를 그 자신이 경험하는 한에서만 환자를 이해한다. 그렇지 않으면 그는 다만 환자에 관한 지성적 지식을 갖고 있을 뿐이며, 환자가 경험하는 것을 정말로 알지 못할 뿐만 아니라 그가 환자의 경험을 함께하고 이해한다는 것을 환자에게 전달할 수도 없을 것이다. 분석가와 환자 사이의 이러한 생산적 관계에 환자가 충분히 관여하고 있다는 행위가 잘 되고 이에 대하여 반응적이라는 점에, 또 그에게 열중하고 있다는 점에, 이른바 이 중심과 중심과의 관계 속에 정신분석적인 이해와 치료의 본질적인 하나의 조건이 있는 것이다.

분석가는 환자가 되어야만 한다. 또한 그 환자 자신이어야 한다. 그는 의사라는 사실을 잊어야 하며 동시에 그것을 깨닫고 있어야만 한다. 그가 이 역설을 받아들일 때만 그 자신의 경험의 뿌리가 내리는 까닭에 정확한 해석을 얻을 수 있다. 분석가는 환자를 분석한다. 환자도 분석가를 분석한다. 왜냐하면 분석가는 그 환자의 무의식을 함께하는 데 있어 그 자신의 무의식을 명확하게 하지 않을 수 없기 때문이다. 그러므로 분석가는 환자를 치료할 뿐만 아니라 환자에 의해 치료된다. 그는 환자를 이해할 뿐만 아니라 결국 환자도 그를 이해하게 된다.

이러한 단계에 도달할 때 비로소 연대(連帶)와 친밀감이 성립되는 것이다. 환자와의 이런 관계는 현실주의적이며 모든 감상을 배제한 것이어야 한다. 분석가든 누구든 다른 인간을 '구제할' 수는 없다. 그는 가이드로서, 산파(産婆)로서 활동할 수 있을 뿐이다. 그는 길을 제시하고 장애물을 제거하며, 때로는 어떤 직접적인 도움을 줄 수 있지만 환자만이 할 수 있는 것을 환자를 위해 해줄 수는 없다. 이 점을 환자에게 말뿐만이 아니라 모든 태도로 분명히 밝혀두어야 한다.

분석가와 환자의 관계가 필연적으로 이렇게 되어야 한다기보다도, 제한되어 있는 현실적인 상황을 깨닫도록 강력하게 촉구해야 한다. 만약 분석가가 자기 자신의 생활을 영위하면서 동시에 어떤 환자를 돌보게 된다면 시공간(時空間)의 제약이 생긴다. 그러나 환자와 분석가가 만나는 이곳에 지금은 아무런 제한도 없다. 분석을 할 경우 두 사람이 대화를 주고받을 때의 그들의 말—분석가에게나 환자에게나—보다 더 중요한 것은 없다.

분석가는 환자의 일을 함께하며 의사의 보통 역할을 초월한 역할을 하게 된다. 그는 교사가 되고 본보기가 되며 스승이 되는 그 자신의 완전한 자각과 자유를 얻을 때까지, 또 소외와 분리를 극복하기까지 자기 자신이 분석되었다고는 생각하지 않지만, 분석가의 교사적인 분석은 끝이 아니라 자기 분석, 즉 자각을 진행케 하는 연속적 과정의 시작이다.

선불교의 원리　제5장

앞에서 나는 프로이트의 정신분석과 휴머니즘적 정신분석학에서의 계승에 대해 간략하게 설명했다. 또한 인간의 존재와 그 존재에 관한 문제, 즉 소외와 분리의 극복으로서 정의되어 있던 최선의 상태의 성질, 또는 정신분석학이 그 목적, 즉 무의식의 통찰에 도달하기 위한 특수한 방법에 대해 살펴보았다. 그리고 무의식과 의식의 본질이 무엇이며 정신분석에서 '아는 것'과 '깨닫는 것'은 무엇을 의미하는지 살펴보았다. 마지막으로 그 과정에서 분석가의 역할에 관해 논했다.

선과 정신분석학의 관계를 알기 위해서는 선불교의 계통적인 설명을 해야 한다고 나는 생각한다. 다행히 스즈키(鈴木) 박사가 이 책 속의 강연에서(그의 다른 책에서와 마찬가지로) 선의 본질을 정확하게 이해시키기 위해 그야말로 최선을 다하여 논했기 때문에 새삼스럽게 내가 수고할 필요는 없다. 그렇지만 정신분석학과 직접적인 관계가 있는 선의 원리에 대해서는 우선 짧게라도 설명해야만 한다고 생각한다.

선의 본질은 개오(開悟 : 깨달음)를 얻는 일이다. 이 체험 없이는 선은 결코 충분히 이해되었다고 할 수 없다. 나는 '깨달음'의 경험이 없기 때문에 선에 대해서 다만 짐작할 뿐, 마땅히 그래야 하는 것처럼 적극적인 체험을 바탕으로 말할 수는 없다.

그러나 그것은 융이 지적한 것처럼 '깨달음'이 '사실상 서양 사람에게는 이해하기 어려운 개오의 술(術)과 도를 묘사하고 있기' 때문은 아니다. 이것은 서양 사람에게 헤라클레이토스나 마이스터 에크하르트나 하이데거 이상으로 어려운 것은 아니다. 깨달음을 얻기 위해서는 굉장한 노력을 필요로 한다는 것이 곤란할 뿐이다. 이 노력은 대부분의 사람이 시도해 보려고 생각하는 이상의 것이다. 그러므로 '깨달음'을 얻는 사람은 흔치 않다. 그러나 나는 권위로써 선에 관해 이야기할 수는 없더라도, 스즈키 박사의 저서를 읽고, 그의 강의도 약간 청강했으며, 선에 대한 여러 저서를 읽은 적이 있어서 적어도 선을 구성하는 것이 대체로 어떤 것인지 짐작할 수 있게 해주었으며, 선과 정신분석을 비교·연구하는 것을 가능케 해주었다고 생각한다.

선의 근본적인 목표는 무엇인가? 스즈키 박사의 말을 빌리면 "선은 본질적으로 자기 존재의 본성을 간파하는 술이다. 그것은 속박으로부터 자유에의 길을 가리키고 있다. ……선은 우리 개개인 속에 본래 자연스럽게 축적되어 있는 모든 에너지를 해방시킨다고 말할 수 있다. 이 에너지는 평소에는 구속되어 비뚤어져 있어서 자유로이 활동할 통로를 찾아내지 못하고 있다. 그러므로 선의 목적은 광인이 되거나 불구자가 되는 것으로부터 우리를 구하는 데 있다. 이것이야말로 내가 말하는 자유의 의미이며, 본래 우리의 마음속에 있는 창조적이고 자비로운 모든 충동이 자유롭게 활동할 수 있도록 하는 일이다. 일반적으로 우리는 본래 우리를 행복하게 하며 서로 사랑하기 위한 필요한 능력을 갖추고 있다는 사실에 맹목적이다."

이 정의에서 내가 강조하고자 하는 선의 본질적인 여러 모습이 발견된다. 선은 '자기 존재의 본성을 관조(觀照)하는' 술이다. 그것은 '속박으로부터 자유에의' 길이다. 그것은 '우리의 자연 에너지를 해방한다.' 그것은 '우리가 광인이 되고 또한 불구자가 되는 것을' 방지한다. 그리고 그것은 우리에게 우리의 '행복과 애정'의 능력을 구현시킨다. 선의 마지막 목표는 '깨달음'이라고 일컬어지는 개오의 경험이다.

스즈키 박사는 강연에서, 그밖의 저술에서도 가능한 한 모든 설명을 했다. 이에 대해 나는 다만 서양의 독자, 특히 심리학자에게 중요하다고 생각되는 면을 강조하고 싶다. '깨달음'은 마음의 이상한 상태는 '아니다'. 그것은 현실을 잊은 황홀상태(恍惚狀態)는 '아니다'. 어떤 종교적 시현(示現)에서 보게 되는 것처럼 자기애와 같이 스스로의 껍질에 틀어박힌 마음의 상태도 아니다. '무엇인지 굳이 밝힌다면 그것은 완전히 정상적인 마음의 상태이다.' 조주(趙州)가 말한 것처럼 "'선은 그대의 평소의 마음이다'. '문이 안쪽으로 열리는지 바깥쪽으로 열리는 하는 것은 모두 경첩의 조정에 의한 것이다.' '깨달음'은 그것을 체험하는 인간에게 이상한 결과를 가져다준다. '모든 정신활동이 다른 열쇠로 움직이게 된다. 그것은 지금까지 여러분들이 경험한 것보다 좀더 만족할 만한 평화롭고 기쁨에 넘치는 것이리라. 생활의 상태가 바뀐다. 선에는 우리를 젊음으로 되돌아가게 하는 무엇인가가 있다. 봄의 꽃은 한층 더 아름답게 보이고, 산 속의 물은 한층 더 차고 맑게 흐른다.'"

앞에서 인용한 스즈키 박사의 말처럼 '깨달음'은 사람의 최선의 상태의 참다운 완성이다. 이 깨달음을 심리학적인 용어로 표현한다면 그것은 사람이 자신의 외부와 내부의 현실에 완전히 일치하는 상태이고, 또한 현실에 충분히 눈뜨고 확실히 그것을 부여잡고 있는 상태라고 말할 수 있을 것이다.

'그가' 그것에 눈뜨고 있는 것은 그의 두뇌도 아니며, 그의 생체의 어느 부분도 아니며 그것은 '그', 완전한 사람이다. 그는 '그것에' 눈뜨고 있는 자신의 사고로써 잡는, 그곳에 있는 하나의 대상으로서가 아니라, '그것, 즉 꽃, 개, 사람을 그 전폭적인 현실성으로서이다. 눈뜬다는 것은 세계를 향해 열려 있으며 바로 반응할 수 있게 되는 것이다. 그리고 그것은 스스로 자신에 대하여 물건으로서 집착하는 것을 그만두고 공(空)이 되며, 수용하는 자세가 되므로 열리고 바로 반응할 수 있게 되는 것이다. 깨달았다는 것은 모든 인격이 실재로 '눈뜨고 있는 것'을 의미한다. 깨달음의 상태는 분열이나 황홀의 상태가 아니며, 실제로는 깊은 잠에 빠져 있는 데도 눈뜨고 있는 것처럼 믿는 것도 아님을 이해하는 것은 매우 중요한 일이다.

서양의 심리학자는 자칫하면 '깨달음'을 주관적인 상태, 스스로 유도한 황홀상태와 같은 것이라고 믿기 쉽다. 융 박사처럼 선에 호의를 가진 심리학자조차도 이와 마찬가지 오류를 피할 수가 없었다. 융은 다음과 같이 쓰고 있다. "상상 그 자체는 심리적인 사건이다. 그러므로 어떤 개오가, 정말인가 상상한 것인가 하는 것은 그다지 중요한 문제가 아니다. 깨달음을 얻은 사람, 혹은 얻었다는 사람은 모두 어찌되었든 깨달음을 열었다고 생각하고 있다. ……설사 거짓말을 하고 있다 하더라도 그 거짓말은 정신적인 사실일 것이다." 이것은 물론 융의 종교적 경험의 진리에 관한 일반적인 상대론적 입장의 일부이다.

이와는 반대로, 나는 거짓말을 결코 정신적 사실이 아니며, 거짓말인 그 사실 이외에 어떤 특별한 것도 아니라고 믿는다. 이 생각의 옳고 그름은 융의 태도는 뭐라던간에 선불교자에 의해 승인되는 것이라고 할 수는 없다. 이에 반하여 새로운 견해를 얻는 것이 현실적이다. 따라서 진실인 진정한 깨달음의 경험과 히스테리컬하거나 정신병적인 성질의 것으로 선의 학생이 '깨달음'을 얻었다고 믿거나 선의 스승은 그렇지 않다는 것을 분명히 해두어야 하는 것 같은, 잘못된 경험을 구별하는 것은 매우 중요한 일이다. 선의 스승의 역할 중 하나는, 학생이 진실한 깨달음과 허위의 깨달음을 혼동하는 것을 방지하는 일이다. 눈뜬다는 것을 다시 심리학적인 말로 표현하면, '생산적인 오리엔테이션'을 얻는다는 것을 의미한다.

이것은 자기 자신을 세계에 수용적으로, 착취적으로, 축적적으로, 혹은 거래적으로 관계짓는 것이 아니라, 창조적으로 능동적으로(스피노자의 의미에서) 관계짓는 것을 의미한다. 전폭적 생산성의 상태에서는 자신을 '자신이 아닌 것'으로부터 분리하는 어떤 베일도 없다. 대상물은 이미 대상물이 아니며, 그것은 나에 대한 것이 아니라 나와 함께 있는 그 자체가 된다. 이를테면 내가 보는 장미꽃은, '내가 장미꽃을 본다'고 할 때 그 대상인 장미꽃이 '장미'라는 범주에 들어가는 것을 말하는 데 지나지 않는다는 나의 사고를 위한 대상이 아니라, 여기서 의미하는 것은 '장미는 장미이므로 장미'인 것이다. 생산적인 상태는 동시에 최고의 객관적인 상태이다.

나는 대상을 탐욕이나 공포에 의한 일체의 왜곡 없이 본다. 그것을 있는 그대로 보기 때문에, 내가 그러기를 바라거나 그렇지 않기를 바라는 것처럼 보이지는 않는 것이다. 이와 같은 지각의 형식으로는 이미 소아적인 왜곡 같은 것은 없다. 그곳에는 완벽한 발랄함이 있고, 주관성과 객관성과의 통합이 있다. '나는' 진지하게 경험한다. 더욱이 그 대상은 그 본연의 상태 그대로 남겨져 있다. 나는 그것을 살리고, 그것은 나를 살린다. '깨달음'은 자신의 세계의 지각이 어느 정도까지 순수하게 심리적인지 또는 공상적인지를 깨닫지 못하는 사람에게만 신비하게 보인다. 만약 우리가 이것을 깨달으면, 우리는 또 현실적인 것이라고 일컬을 수 있는 다른 것이 있음을 깨닫는다.

우리는 다만 그 편린(片鱗)만을 경험할지도 모른다. 그러나 그것이 어떤 것인지는 거의 상상할 수 있다. 피아노를 배우고 있는 소년은 피아노의 거장처럼 연주할 수는 없다. 그러나 그에게 있어 스승의 연주는 조금도 신비로운 것이 아니다. 그것은 그 소년이 맛보았던 초보적인 경험을 완성한 것에 지나지 않기 때문이다.

왜곡되지 않고 관념적이 아닌 실재하는 지각이 선 체험의 본질적 요소라는 것은, 다음의 두 선의 이야기에 나타나 있다. 그 하나는 선의 스승과 그 제자인 승(僧)과의 문답이다.

"진리를 몸에 익히려고 노력하시는 일이 있습니까?"

"있지."

"어떻게 하십니까?"

"허기지면 먹고 피로하면 자네."

"그것은 누구나 다 하는 일입니다. 그러면 누구나 다 스승님과 같은 방법으로 자신을 활동시키고 있다고 할 수 있습니까?"

"아니지."

"왜 그렇지 않습니까?"

"왜냐하면 그들이 먹을 때는 먹는 것이 아니라 다른 여러 가지를 생각하고 있는 것이네. 그들은 자신을 흐트러진 채로 두고 있네. 그들이 잠을 잘 때 결코 잠자고 있는 것이 아니네. 무수한 꿈을 꾸고 있는 것이지. 그러므로 그들은 나와 같지는 않은 걸세."

이 이야기를 새삼스럽게 설명할 필요는 없다. 일반적으로 사람들은 불안이나 탐욕, 공포에 의하여 끊임없이 공상의 세계에 사로잡혀 있으며 (그것에 대해 반드시 깨닫지는 못하지만), 그 가운데서 자신이 투영한 성질 (그것은 현실에는 없는 것이지만)로 세계를 감싸버린다. 이것은 이 대화가 오고간 시대에도 진실이었지만, 오늘날에는 그 이상의 극단적인 진실로 되어 있다. 다시 말해서 오늘날에는 거의 모든 사람들이 보거나 듣거나 느끼거나 맛볼 수 있는 자신의 내적인 힘보다는, 오히려 자신의 사고로써 보거나 듣거나 느끼거나 맛보는 것이다.

또 한 이야기는 마찬가지로 계시적(啓示的)인 것인데, 어떤 선의 스승 이야기이다. 그는 말한다. "자신이 깨달음을 열기 전에는 강은 강이었으며, 산은 산이었다. 자신의 깨달음이 열리기 시작하자, 강은 강이 아니었으며 산은 산이 아니었다. 막상 깨달음이 열린 지금은, 강은 다시금 강이 되고 산은 다시금 산이 되었다."

여기서 우리는 실재에의 새로운 길을 보게 된다. 보통 사람은 플라톤의 동굴 속 인간과 같이, 그림자만을 보고 그것을 실체라고 잘못 생각하고 있다.

한번 이 잘못을 깨달으면 그의 그림자는 실체가 '아님'을 알 뿐이다. 한번 깨닫고 나면 그는 동굴을 떠나 어둠으로부터 광명으로 나온다. 거기서 그는 그림자가 아니라 실체를 본다. 그는 눈뜨고 있다. 그가 어둠 속에 있는 한 빛을 해석할 수는 없다(성서에 있는 바와 같이 '빛은 어둠 속을 비춘다. 그러나 어둠은 그것을 알지 못한다'). 일단 그가 어둠을 빠져나오면 그는 어떻게 그림자로서의 세계를 보고 있었는가, 어떻게 그 세계를 지금 실재로서 보는가에 대한 차이를 처음으로 알게 되는 것이다.

선은 자기 자신의 본성을 아는 것을 목적으로 하고 있다. 그것은 "그대 자신을 알라."를 찾고 있다. 그러나 이 지식은 현대 심리학자의 이른바 '과학적' 지식은 아니다. '그 자신을 객체화하여 아는' 그러한 인식자의 지성의 지식은 아니다. 선에서 자기를 아는 것은 지성적이 아니다. 소외되어 있지 않은, 다시 말해서 아는 사람과 알게 되는 것이 하나인 체험이다. 스즈키 박사는 그것을 다음과 같이 표현하고 있다. "선의 근본적인 생각은, 자기 존재의 내면의 작용을 건드리는 일이다. 가장 직접적인 방법에 의해, 외면적이거나 부가된 것에는 일체 의지하는 일이 없다."

자기 자신의 본성을 통찰하는 이것은 지적인 것 — 바깥쪽에 서 있는 — 이 아니라 체험적인 것, 내면에서 보는 일이다. 지적인 것과 체험적인 지식의 이러한 차이는 선에서 중심적인 중요성을 갖는다. 동시에 그것은 선을 이해하려는 서양의 연구가에게 기초적인 난점이 되는 것이다.

2000년 간(신비주의자와 같은 소수의 사람들을 제외하고는) 서양은 실존의 문제에 관한 궁극적인 대답은 '사유(思惟)'에 의해 주어진다고 믿어 왔다. 종교나 철학에서의 '옳은 답'은 최고의 중요성을 지니고 있었다. 그리고 이 생각을 고집하면서 자연과학의 번영에의 길이 마련되었다. 여기서는 옳은 사유는 실존의 문제에 궁극적인 해답을 주지는 않지만 그 방법 속에 내재하며, 사유를 실제로 응용하기 위해서, 다시 말해서 기술을 위해 필요하다. 이에 반하여 선은 삶에 대한 궁극인 답을 사유에 의하여 줄 수가 없음을 전제로 하고 있다. '예스(Yes)냐 노(No)냐의 지적인 수레바퀴는 사물이 언제나 궤도를 달리고 있을 때는 좋다. 그러나 일단 인생의 궁극적인 문제가 제시되면 지성은 그에 만족한 해답을 줄 수가 없다.' 이런 이유 때문에 깨달음의 체험은 지적으로 전할 수가 없는 것이다. 그것은 '설명이나 의논을 아무리 거듭하더라도, 만약 그 사람 자신이 미리 체험한 일이 없으면 다른 사람에게 전할 수가 없다. 만약 〈깨달음〉을 체험하지 못한 사람에게도 완전히 이해되도록 분석할 수 있는 것이라면, 그 깨달음은 진정한 깨달음이 아니다. 개념으로 대치된 깨달음은 이미 〈깨달음〉이 아니기 때문이다. 그렇게 되면 이미 선의 체험이 아닌 것이다.'

삶에 대한 궁극적 해답이 지적인 설명에 의해서 주어지지 않는다는 것만이 아니다. 깨달음에 도달하기 위해서는 진실한 통찰을 방해하는 마음의 구성요소를 제거해야 한다. '선은 인간의 마음이 자유이며 방해되지 않기를 바란다. 하나니 전부니 하는 사상도 발끝에 채이는 돌이며, 정신의 본래 자유를 위협하는 생명을 빼앗는 함정이다.' 그 다음의 결말로서 서양의 심리학자에 의해 강조되는 분유(分有 : 참여)나 감정이입이라는 개념도 선의 사상에서는 받아들이기 힘든 것이다. '분유니 감정의 이입이니 하는 생각은 일차적인 경험의 지적 해석이다. 이에 반하여 경험 그 자체에 관한 한, 어떤 성질의 것일지라도 이분법(二分法)의 여지는 없다. 그러나 지성은 잘난 체하고 나서서 변별(辨別)이니 이지 분별(二指分別)이니 하고 처리하기 좋도록 경험을 분해한다. 본래의 동일성의 감정은 사라져 버리고, 지성의 실재를 끊어버린다는 그 특성적인 방법이 허용된다. 분유니 감정이입이니 하는 것은 지성화의 작용의 결과이다. 본래의

체험이 없는 철학자는 여기에 탐닉하기 쉽다.'

지성뿐만 아니라, 어떤 권위 있는 사상이나 인물도 마찬가지로 경험의 자발성을 제약한다. 그리하여 '선은 성전이나 학자에 의한 성전 평석(評釋)에도 본질적인 중요성을 주지 않는다. 개인적인 경험이 권위나 객관적 계시에 반대하여 강하게 작용하고 있기 때문이다.' 선에 있어서는 선은 부정도 하지 않고, 또한 그것을 강요하지도 않는다. '선은 절대적인 자유를 찾는다. 신에게서조차도', 또한 부처에게서조차도 똑같이 자유를 찾는다. 그러므로 선의 말은 다음과 같다. '부처라는 말을 할 때는 그대의 입을 깨끗하게 하라.'

지적 통찰에 대한 선의 태도에 수반되는 그 가르침의 목표는, 서양에서와 같이 논리적 사고를 더욱더 치밀하게 해나가는 것이 아니라 오히려 사람을 딜레마에 빠지게 하여, 그 딜레마를 빠져나오기 위해서는 논리에 의해서가 아니라 높은 차원의 정신에 의해 연구하도록 해야 하는 것이다. 그런 까닭에 교사는 이미 서양에서 말하는 의미의 교사가 아니다. 그가 자기의 마음의 마스터(主)가 된 한에 있어서 그는 마스터(師)인 것이다. 그러므로 학생에게는 단 한 가지만을, 즉 그의 실존만을 전할 수 있는 것이다. '마스터(스승)'가 전할 수 있는 모든 것을 가지고 있어도, 만약 제자가 받아들일 준비가 되어 있지 않으면, 스승은 제자에게 그것을 잡게 할 방법이 없는 것이다. ……궁극의 실재를 잡는 것은 자기 자신이 해야만 하는 것이다.

학생에 대한 선의 스승의 태도는, 자유를 속박하고 대상을 착취하는 불합리한 권위와 아무런 권위도 없는 방임주의 사이에서 선택에 사로잡혀 있는 현대 서양의 독자에게는 진실로 당황할 만한 것이다. 선은 또 한 가지 형태의 권위인 '합리적 권위'를 대표하고 있다. 스승은 학생에게 오라고 하지 않고 학생에게 아무것도 바라지 않는다. 그가 깨닫는 것도 결코 바라지 않는다. 학생은 다만 자기의 자유 의지로 온다. 그리고 자신의 자유 의지로 떠나간다. 더욱이 그가 스승에게서 배우려고 하는 한 스승은 스승이다. 즉 스승은, 학생이 알고자 하면서도 아직 알지 못하는 것을 알고 있다는 사실을 인정해야 한다. 왜냐하면 스승에게는 '말로 설명해야 할 것은 아무것도 없으며, 성스러운 설교로써 주어져야 할 것은 아무것도 없기 때문이다.

그대가 긍정을 하든 부정을 하든 삼십봉(三十棒)이 있을 뿐이다. 잠자코 있어서도 안 된다. 구실이나 핑계를 대도 안 된다.' 동시에 선의 스승은 불합리한 권위가 전혀 없는 것, 진실한 체험에서 오는, 아무것도 찾지 않는 권위를 한층 더 강하게 긍정하는 것으로 특징지어져 있다. 진정한 통찰의 달성은 성격의 변화와 불가분 결부되어 있다고 생각하지 않고는 선을 충분히 이해할 수가 없다.

여기에서 선은 불교적인 사고방식에 뿌리를 내리고 있다. 성격적 변화야말로 구제의 한 조건이기 때문이다. 무엇보다도 우선 소유욕, 자만심, 자찬(自讚)을 버려야만 한다. 과거에 대한 태도는 감사이며, 현재에 대한 태도는 봉사이며, 미래에 대한 태도는 책임이다. 선에 사는 것은 '자기 자신이나 세계를 무엇보다 소중하게 하는 경건한 마음의 틀 속에서 사는 것을 의미한다.' 다시 말해서 '선의 훈련의 가장 특징적인 면인 〈숨겨진 덕(陰德)〉의 기초가 되는 태도로 사는 일이다. 그것은 자연 자원을 헛되이 하지 않는 것, 그것은 그대가 당면하는 온갖 것을 경제적으로나 두덕적으로 충분히 활용하는 것을 의미한다.'

적극적인 목적으로서의 선의 윤리적 목적은, 완전한 안심과 공포가 없
는 상태를 성취하는 것이다. 속박으로부터 자유에 도달하는 일이다. 선
은 성격의 문제이며 지성의 문제는 아니라는 것은 삶의 제1 원리로서의
의지에서 생기는 것을 의미한다.

억압의 제거와 개오　제6장

지금까지 우리는 정신분석[1]과 선에 대해 살펴보았는데 그러면 그것의 관계는 어떻게 정의할 수 있을까?

독자는 선불교와 정신분석이 서로 일치하기 어려운 것이라고 생각하는 것은, 단순히 양자의 피상적인 견해에서 나온 것에 지나지 않는다는 사실을 알고 놀랄 것이다. 여러 가지 문제를 검토해 보면 정신분석과 선이 비슷하다는 것을 알 수 있다. 이 장에서는 특히 이 두 가지가 비슷함을 자세히 해명하고 싶다. 우선 앞에서 인용한 스즈키 박사의 선의 목적에 대한 것부터 시작하자.

"선은 본질적으로 자기 존재의 본성을 관조하는 방법이다. 그것은 속박으로부터 자유로 가는 길을 가리키고 있다. 선은 우리 개개인 속에 원래부터 자연적으로 축적되어 있는 모든 에너지를 해방한다고 할 수 있다. 이 에너지는 평소에는 구속되고 왜곡되어 있어 자유롭게 활동하는 통로를 발견할 수가 없다. 그러므로 선의 목적은 우리가 광인이 되거나 불구자가 되는 것을 구하는 데 있다. 이것이야말로 내가 말하는 자유의

---

1 이 장에서 '정신분석학'이라고 할 때는 자신은 프로이트의 분석에서 발전된 휴머니즘적 정신분석학을 가리키는 것인데, 그러나 이 발전의 근원에 있는 프로이트의 분석의 모든 상도 포함하는 것이다

의미하는 것이며, 본래 우리의 마음속에 갖추어져 있는 창조적인 자비로운 모든 충동이 자유롭게 활동할 수 있도록 하는 일이다. 일반적으로 우리는 본래 우리를 행복하게 하고 서로 사랑하게 하기 위하여 필요한 능력을 갖추고 있다는 사실에 맹목적이다."

이 선의 목적은 그대로 정신분석이 이루고 싶다고 바라는 것이다. 즉 자기 자신의 본성의 통찰, 자유, 행복 및 사랑의 획득, 에너지의 해방, 그것에 의해 사람이 광인이나 불구자가 되는 것을 구한다는 것 등등. 이 최후의 것, 즉 우리는 광인이 되거나 깨달음을 얻거나 어느 한쪽을 택해야 한다면 말하면 사람들은 깜짝 놀랄지도 모른다. 그러나 나는 그것이 관찰 가능한 사실에 의해 확인된다고 생각한다. 정신병학은 왜 어떤 사람들이 광인이 되는지를 문제로 하지만, 진정한 문제는 왜 대부분의 사람들은 광인이 '되지 않는가' 하는 것이다.

이 세상에서 인간의 입장, 즉 그 분리성, 고독성, 무력함, 그에 대한 자각 등을 생각하면 그 무거운 짐은 사람이 견딜 수 있는 이상의 것이며, 그 압박에 짓눌려서 사람은 '산산이 부서지고 마는' 것이 아닌가 생각될 정도이다. 대부분의 사람들은 인생의 규범을 무시하거나 군중심리에 편승하거나 권력이나 명예, 금전을 추구하거나 또 ─ 종교적인 의례(儀禮)로 다른 사람들의 흉내를 내서 ─ 우상에 의존하거나 자기 희생에 의한 마조히즘적인 생활, 나르시시즘적〔自己愛的〕인 자부 등에 빠지는 것 같은 보상적인 규제로, 간단히 말하면 불구자가 되는 것으로 이 결과를 피한다. 이러한 보상적 규제도 잘 되면 건강을 유지할 수 있다. 그러나 참으로 잠재적인 광기를 극복하는 근본적인 유일한 해결책은 세상에 대한 충실한 생산적인 반응이며 그 최고의 형태는 깨달음이다.

정신분석과 선이라는 관계의 중심적인 논점으로 나아가기 전에 좀더 근본적인 비슷함에서 이 문제를 논하려고 한다.

첫째로 말하고 싶은 것은 선과 정신분석에 공통된 윤리적 오리엔테이션이다. 선의 목적을 달성하는 하나의 조건은 탐욕, 설사 그것이 소유욕이건 명예욕이건 또는 그밖의 욕망이건—구약성서에서 말하는 의미에서의 탐욕—그것들을 극복하는 일이다. 이것이야말로 정신분석의 궁극적인 목적이다. 이것은 오럴 리셉티브〔口腔受容的〕로부터 오럴 사디스틱〔口腔加虐〕, 에이날〔肛門〕적 단계를 거쳐서 제니탈〔生殖器〕의 단계에 이르는 그 리비도 진화의 이론 가운데서 건강한 성격은 탐욕스럽고 잔혹한, 인색한 방법으로부터 능동적이고 독립적인 방법으로 발전하는 것이라고 프로이트는 암암리에 말하고 있다.

그의 임상적 관찰에 따른 것이지만, 내 용어로 말하면 수용적 방법으로부터 착취적이고 축적적이며 거래적인 방법을 통하여 생산적인 방법으로 진화한다고 말함으로써 나는 이 가치의 요소를 좀더 분명히 했다. 어떤 언어를 사용할지라도 중요한 것은 정신분석적인 개념에서는 탐욕은 병적인 현상이라는 점이다. 그것은 사람이 그 능동적이고 생산적인 능력을 충분히 발휘하지 않는다는 점에 존재한다는 것이다. 그렇지만 정신분석도 선도 모두 '본래' 윤리의 체계는 아니다. 선의 목적은 윤리적 행위의 목표를 초월하고 있다. 그리고 정신분석도 마찬가지이다. 두 가지 모두 그 목적을 달성하는 것은 윤리적 변화를 수반하고 탐욕을 극복하며 사랑과 자비의 능력을 가져온다고 생각할 수 있을 것이다.

그들은 사악한 욕망의 억압에 의해 사람들로 하여금 도덕적인 생활을 하게 하려는 것이 아니라, 오히려 사악한 욕망을 확대된 의식의 빛과 따뜻함 속에 녹여버리고 사라져 버리기를 기대하는 것이다. 그러나 깨달음과 윤리적 변화 사이의 인과관계가 어떻든 간에 선의 목적이 탐욕이나 자만심이나 어리석음을 극복하는 목적으로부터 분리될 수 있다거나, '깨달음'이 겸양이나 사랑이나 자비를 베푸는 일 없이 얻어지는 것이라고 믿는 것은 잘못이다. 그와 마찬가지로 사람의 성격에 똑같은 변화가 일어나지 않는 한 정신분석의 목적이 달성되었다고 생각하는 것 또한 잘못이다.

생산적인 단계에 도달한 사람은 탐욕스럽지 않다. 왜냐하면 그는 자신의 과대성이나 전지전능의 망상을 극복했기 때문이다. 그는 겸허하며 또한 자신을 있는 그대로 보고 있다. 선과 정신분석은 모두 윤리를 초월한 무언가를 목표로 하고 있는데, 그들의 목적은 윤리적 변화가 일어나지 않고 달성되는 것은 아니다. 선과 정신분석의 체계에 공통되는 또 한 가지 요소는 어떤 권위에도 의존하지 않는 것이다. 이것은 프로이트가 종교를 비판하는 주된 이유이다. 그는 종교의 본질이 원래 도움을 받기도 하고 벌을 받기도 한 아버지를 의지하는 대신 신에게 의지하려는 미망(迷妄)에 있다고 보았던 것이다.

프로이트에 의하면 인간은 신을 믿음에 있어 그의 소아적인 의존을 계속하는 것이다. "부처의 이름을 말할 때는 입을 깨끗이 하게 하라."고 하는 하나의 '종교'에 대하여 프로이트는 과연 무엇이라고 했을까? 신이 없고 불합리한 권위가 전혀 없는 종교 또한 그 주된 목적은 인간을 온갖 의존으로부터 자유롭게 하고 활동적으로 만들어 그 이외의 어느 누구도 자기 자신의 운명을 책임지는 자가 없음을 나타내는 종교에 대하여 프로이트는 무엇이라고 했을까?

그러나 이 반권위주의적인 태도는 선의 스승인 인간으로서의 의미이며 정신분석에서의 분석가인 인간으로서의 의미와는 모순되지 않을까라는 질문을 받을지도 모른다. 이 의문도 또한 선과 정신분석 사이에 깊은 관계가 있는 하나의 요소를 가리키고 있다. 어떤 체계에서도 한 사람의 안내자가 필요하다. 그의 지도하에 있는 한 사람의 인간(학생)이 이루어야 할 경험을 스스로 지니고 있는 안내자이다. 이것은 학생이 스승에게(혹은 정신분석가에게) 의지하는 것을 의미하는 것일까? 물론 정신분석가는 이와 같은 의존(감정전이)의 사실을 다루고, 또한 그것이 지니는 강력한 영향을 인정하고 있다. 그러나 정신분석의 목표는 이 결부를 이해하고 마지막으로 그것을 풀어내는 데 있다. 즉 환자가 분석가로부터 완전히 자유를 얻는 데까지 인도하는 일이다. 왜냐하면 그는 그 자신의 내면이 무의식이었던 것이며 그의 의식이 재통합한 것을 경험했기 때문이다.

선의 스승은—정신분석가에 대해서도 같은 말을 할 수 있는데—보다 이상의 것을 알고 있다. 그렇기 때문에 그 판단에 확신을 가질 수 있다. 그러나 그것은 그가 학생에게 그의 판단을 강요한다는 의미는 전혀 아니다. 그는 학생을 부르지도 않고 또한 학생이 떠나가는 것을 방해하지도 않는다. 만약 학생이 스스로의 의지로 찾아와서 그의 지도하에 깨달음에의 험한 길을 걷기를 바란다면 스승은 기꺼이 그를 지도한다.

그러나 거기에는 한 가지 조건이 있다. 학생은 다음과 같은 것을 이해해야 한다는 것이다. 즉 스승이 그를 도우려는 만큼 제자인 학생은 자기 자신의 일을 보아야만 한다는 것이다. 우리는 누구도 다른 사람의 영혼을 구할 수는 없다. 사람은 다만 자기 자신을 구할 수 있을 뿐이다. 스승이 할 수 있는 모든 것은 이른바 산파의 역할이며 등산 안내자의 역할이다. 어떤 스승이 말한 바와 같이 "나에게는 너에게 줄 것이 아무것도 없다. 만약 억지로 주려고 하면 너는 나를 조소의 대상으로 삼게 될 것이다. 게다가 내가 너에게 이야기할 수 있는 것은 모두가 나 자신의 것일 뿐 너의 것은 아니었던 것이다." 선의 스승의 태도에 대한 인상적인 구체적 실례를 헤리겔의 궁술(弓術)에 관한 저서 속에서 발견할 수 있다. 이 선의 스승은 그의 합리적인 권위를 주장한다. 그는 어떻게 궁술을 몸에 익히는지 잘 알고 있다. 그러나 결코 불합리한 권위를 바라지는 않는다. 제자에 대한 아무런 권력도 요구하지 않는다. 혹은 제자가 스승에게 계속 의존하는 것도 원하지 않는다. 그와 반대로 제자가 일단 스승이 되면 그는 자기의 독자적인 길을 가며, 스승이 이따금 그에게 기대하는 모든 것은 제자가 현재 어떻게 하고 있는가를 나타내는 상이다. 선의 스승들은 제자들을 진실로 사랑한다고 할 수 있다. 그의 사랑은 현실주의적인 성숙한 사랑이다.

제자가 그 목적을 달성하는 것을 돕기 위해 온갖 노력을 아끼지 않는데, 그러면서도 그는 자신이 해주는 일이 제자를 위한 문제를 풀어주지는 못하며 그의 목적을 달성해 주는 것 아님을 잘 알고 있다. 이 선의 스승의 애정은 감상적인 것이 아니고 현실주의적인 것이다. 우리는 아무도 타인을 구할 수 없다. 더욱이 사람은 다른 사람이 자신을 구할 수 있도록 돕기 위해 끊임없이 노력해야 한다는 인간의 운명을 현실로 받아들인 것이다.

이 한계를 알지 못하고 다른 사람의 영혼을 구할 수 있다고 착각한다면 과대망상과 야심 속에서 빠져나오지 못하게 된다. 신의 스승에 관해 말한 것이 원칙적으로 정신분석가에게도 진실(혹은 진실이어야 할 것이다)이라는 것은 더 이상의 설명을 필요로 하지 않는다.

프로이트는 환자가 분석가로부터 독립하는 것은 분석가가 마치 거울처럼 비인간적인 태도를 취함으로써 잘 실현된다고 생각했다. 그러나 한편 페렌치나 술리반이나 나 자신이나 그밖의 분석가들이 환자를 이해하는 한 가지 조건으로서 분석가와 환자의 새로운 관계의 필요성을 강조하는 것도, 이 관계는 모든 감상적인 것, 현실에 맞지 않는 왜곡이나 특히 ― 그것이 아무리 미묘한 간접적인 것일지라도 ― 분석가가 환자의 생활이나 감정적인 호소를 가질 일은 아니다.

만약 환자가 호전되기를 원하고 변화를 원한다면 그것은 좋은 현상으로서 분석가도 기꺼이 도울 것이다. 변화에 대한 환자의 저항이 크다면 그것은 분석가의 책임은 아니다. 그의 책임은 환자가 그에게 요구하는 목적 탐색에 도움을 주도록 노력하고 최상의 지식을 빌려주는 데 있다. 분석가의 태도에 대하여 선불교와 정신분석 사이에 또 하나의 비슷한 점이 있다. 공안(公案)은 제자가 인습적인 사상 속으로 피난하는 것을 불가능하게 하는 일이다. 공안은 예를 들면 그 이상으로 비약하는 것을 불가능하게 만드는 장애물 같은 것이다. 분석가도 이와 같은 일을 한다. 혹은 해야만 한다.

그는 환자가 생각하는 일에서 경험하는 일로 비약하는 것을 단지 방해하는 것 같은 해석이나 설명을 환자에게 함부로 해주는 잘못을 피해야만 한다. 오히려 반대로 환자의 구실이나 핑계를 하나씩 빼앗고 그가 의지하고 있는 목발을 차례로 빼앗아, 결국 환자가 빠져나갈 구실이 없어 그의 마음에 채우고 있던 가공의 것을 돌파하고 참된 현실을 체험하도록 해야 한다. 그것은 결국 그가 지금까지 의식하지 못했던 것을 의식하게 하는 일이다.

이런 방법은 이따금 많은 불안을 동반한다. 때로는 분석가가 그곳에 머물면서 보증해 주지 않으면 불안 때문에 환자가 돌파할 수 없게 되는 수도 있다. 그러나 분석가의 이 보증은 '그곳에 있어 주는' 것이지 단순한 말의 보증이 아니다. 말은 환자가 그만이 느낄 수 있는 것을 경험하는 것을 도리어 억제하려고 한다.

우리가 지금까지 살펴본 것은 선불교와 정신분석의 유사성 또는 근사성의 접촉점에 관한 것이다. 그러나 이와 같은 비교는 그것이 선의 주된 논점, 즉 깨달음과 정신분석의 주된 논점, 다시 말해서 억압을 극복하여 무의식을 의식으로 변화시키는 문제를 진실하게 채택하는 것이 아니면 만족스럽다고 할 수 없다. 이 문제에 대해 정신분석에 관한 것으로 요약해 보기로 하자.

정신분석의 목표는 무의식적인 것을 의식적으로 하는 일이다. 그러나 의식적인 것, 무의식적인 것은 말을 실재로 보는 것을 의미한다. 의식이나 무의식은 기능에 관한 것일뿐 장소나 내용에 관한 것이 아니라는 사실을 고집해야 한다. 정확히 말하면 우리는 크든 작든 억압의 상태, 즉 언어 논리나 내용 등의 사회적인 필터를 통과할 수 있는 경험만이 깨닫게 되는 상태에 대해 이야기할 수 있을 뿐이다.

나 자신이 사회적 필터를 빠져나올 수 있어 스스로를 우주적 인간으로서 경험할 수 있게 될수록, 즉 억압이 감소될수록 자기 자신의 내면의 무엇보다도 깊은 근원, 다시 말해서 전인류에 저촉하는 것이 되는 것이다. 만약 모든 억압이 제거되었다면 이미 그곳에는 의식적인 것에 대한 무의식적인 것은 존재하지 않게 된다. 그곳에는 직접적인 경험이 있을 뿐이다. 나 자신이 이미 스스로에게 있어 낯선 사람이 아닌 상태가 되는 만큼, 또한 그 누구라도 자신에게 있어 남이 아닌 상태가 되는 것이다. 자신의 일부가 자신으로부터 소외되어 자신의 '무의식'이 자신의 의식으로부터 분리되는(즉 완전한 사람인 자신으로부터 사회적 인간인 자신이 분리되는 정도에 따라 나의 세계라는 것의 파악은 몇 가지 방법으로 허망하게 된다. 우선 첫째로 소아적 왜곡의 방법으로 감정전이) 나는 나의 전자아를 갖고서가 아니라 분열된 소아적 자아로써 타인을 경험한다. 그리하여 한 사람의 타인이 현실의 그 사람으로서가 아니라 어렸을 때의 중요한 사람으로서 경험되는 것이다.

둘째로 억압된 상태에 있는 사람은 세계를 허망한 의식을 가지고 경험한다. 그는 진정으로 존재하고 있는 바를 보지 않고 자신의 생각으로 만들어 낸 영상을 물체 속에 넣어 그 물체를 자신의 생각의 영상과 공상의 빛에 비추어 볼 뿐이며 현실을 보지 않는다. 그의 감정을 휘저어 불안을 늘리는 것은 사고에 의한 영상이며 왜곡하는 베일이다. 결국 억압된 인간은 물체 그 자체나 사람 자체를 경험하는 대신 관념에 의해 경험하는 것이다. 그는 단지 언어와 접촉하고 있을 뿐인데도 세계와 접촉하고 있다는 미망에 사로잡혀 있다.

소아적 왜곡, 허망의 의식이나 대뇌작용의 지배는 여러 가지 비현실성의 표현이다. 그것은 우주적 인간이 사회적 인간으로부터 분리되는 한 존재하는 비현실적인 현상의 다른, 그것과 겹쳐지는 면이다. 업악된 상태에서 생활하는 사람은 소외된 사람이라는 경우도 단지 같은 현상의 다른, 그것과 겹쳐지는 면인 것이다. 억압된 상태에서 사는 사람은 소외된 사람이라는 경우도 단지 같은 현상에 대해 우리가 다른 식으로 표현하고 있는 것에 지나지 않는다. 그는 자신의 감정이나 관념을 대상으로 투사한다. 그리고 그 자신도 그의 감정의 주체라고 느끼지 않고 오히려 그의 감정을 가진 대상에 지배되는 것이다.

이 소외되고 왜곡된 소아적이고 허망하며 관념적인 경험의 반대는 세계의 오로지 직접적이며 전폭적인 파악, 즉 이 경험의 모습을 교육의 힘이 아직 변화시키기 이전의 갓난아이나 어린아이에게서 보는 세계의 파악이다.

갓 태어난 신생아에게는 아직도 자기와 자기가 아닌 것과의 분리가 없다. 이 분리는 서서히 진행되는데, 마지막으로 어린아이가 나라고 생각할 수 있게 된 뒤에야 분명하게 표현된다. 그러나 역시 어린아이의 세계의 파악은 비교적 직접적이다. 어린아이가 공을 가지고 놀 때 어린아이는 진실로 공이 움직이는 것을 본다. 어린아이는 오로지 그 체험 속에 있으며, 그렇기에 지속적으로 기쁨을 느끼고 끝없이 되풀이할 수 있는 것이다. 어른은 똑같이 구르는 공을 보고 있다고 믿고 있다. 그것은 물론 대상이 — 공이 대상 — 마루 위를 구르는 것을 보고 있는 한 진실이다.

그러나 그는 정말로 구르는 공을 보고 있는 것이 아니다. 그는 마루 위를 구르고 있는 공을 생각하는 것이다. 어른이 '공이 구르고 있다'라고 할 때 그는 현실에 (a) 그곳에 있는 둥근 대상이 공이라고 불려진다는 지식과 (b) 둥근 대상은 한 번 칠 때마다 매끈매끈한 표면을 구른다는 지식을 다만 확인할 뿐이다. 그의 눈은 그 지식을 증명하기 위해 활동하며 그로 하여금 세계 속에 만족하게 하는 것이다.

비억압 상태는 인간이 직접적이며 왜곡되지 않은 **실재를 파악**하고 어린아이의 단순성과 자발성을 다시금 획득하는 하나의 상태이다. 그러나 소외, 지성의 발달 과정을 거친 후에 비억압은 보다 높은 단계에서의 순진성에 복귀이다. 이 순진성에의 복귀는 인간이 순진성을 잃은 후에만 가능하다.

이 모든 사상은 구약성서의 실락원 이야기나 구세주의 예언적인 생각에 명확하게 표현되어 있다. 성서 이야기에서 인간은 에덴 동산에서는 미분화(未分化)의 통일 상태에 있다. 그곳에는 의식도 없고 분별도 없으며 선택도, 자유도, 죄도 없다. 그는 자연의 일부분이다. 그와 자연과의 거리에 대해서도 알아차리지 못한다. 이 원시적인 개인 이전의 통일 상태는 선택이라는 최초의 행위에 의해 분리된다. 그것은 동시에 최초의 순종하지 않는 행위이며 자유로운 행위이기도 하다. 그 행위는 의식을 나타내게 된다. 사람은 그 자신을 그로서, 다시 말해서 이브(여자)로부터, 또한 자연으로부터, 동물로부터, 대지로부터 분리된 자신을 의식하게 된다. 이 분리를 경험할 때 그는 자신이 부끄러워진다. ― 마치 우리가, 모든 것이(역시 지금까지도 의식하지 못하면서) 우리의 동료들로부터 분리되는 것을 경험할 때 부끄러움을 느끼는 것과 마찬가지로, 그는 에덴 동산을 떠난다. 그것이 인간 역사의 시초이다. 그리고 처음의 조화의 상태로 되돌아갈 수가 없다.

그러나 그는 자신의 이성을 발전시키고 객관성이나 의식이나 애정을 지속적으로 발달시킴으로써 새로운 조화의 상태로 나아가도록 노력할 수 있다. 그러므로 예언자들이 "대양에 물이 차 있듯이 지상에는 신의 예지가 가득 차 있다."고 말한 것처럼 역사란 구세주적인 관점에 의하면 이 개인 이전, 의식 이전의 조화로부터 새로운 조화, 다시 말해서 이성의 발전의 완료, 완성에 기초를 둔 조화에의 발전이 일어나는 장소인 것이다.

이 새로운 조화의 상태는 구세주 시대(메시아닉 타임)라 불려지며 그곳에서는 자연과 자연, 인간과 인간간의 다툼은 없어지고 사막은 결실이 풍부한 골짜기가 되고 새끼양은 늑대에게 기대어 휴식하며 칼은 곡괭이로 변화된다. 구세주 시대는 에덴 동산의 시대이지만 그 정반대이기도 하다. 그것은 하나이며 직접이며 모든 것이지만, 그것은 다시금 어린아이가 되었다. 어린아이임을 초월하여 충분히 발달되어 있는 인간이다.

이와 같은 생각은 신약성서에도 기록되어 있다. "내가 진실로 너희에게 이르노니 누구든지 하느님의 나라를 어린아이와 같이 받들지 못하는 자는 결단코 들어가지 못하리라."[2] 그 의미는 분명하다. 우리는 다시금 어린아이로 돌아가 세계의 소외되지 않은 창조적인 파악을 경험해야 한다. 그러나 어린아이로 되돌아갔지만 우리는 어린아이가 아니라 충분히 발달한 어른인 것이다. 그리하여 우리는 신약성서가 다음과 같이 말하고 있는 경험을 갖는다. "우리가 이제는 거울로 보는 것같이 희미하나 그때에는 얼굴과 얼굴을 대하여 볼 것이요, 이제는 내가 부분적으로 아나 그때는 주께서 나를 아신 것같이 내가 온전히 알리라."[3] '무의식적인 것이 의식적이 된다.'는 것은 억압과 나 자신으로부터의 소외를, 따라서 다른 사람으로부터의 소외를 극복하는 것을 의미한다.

그것은 눈뜨는 미망이나 가구(假構), 허위를 떨쳐버리고 현실을 있는 그대로 보는 것을 의미한다. 눈뜬 사람은 해방된 사람이다. 그 자유는 다른 사람들에 의해서나 자기 자신에 의해서도 제약되지 않는다. 이제까지 깨닫지 못했던 일을 깨닫게 되는 과정은 사람의 내면적인 혁명을 의미한

2 〈누가복음〉 18장 17절.
3 〈고린도전서〉 13장 12절.

다. 그것은 창조적 지적 사고와 직관적 직접적 파악의 쌍방의 근원에 있는 참다운 각성이다. 허위라는 것은 소외의 상태에서만 가능하다. 그곳에서는 현실이란 단순히 하나의 생각으로밖에 경험되지 않는 것이다.

각성 상태에서 보게 되는 현실에 트여 있는 상태에서 허위는 불가능하다. 왜냐하면 그것은 전폭적인 경험의 힘 아래 녹아버리고 말 것이므로 결국 무의식적인 것을 의식적으로 하는 것은 진실에 의해 사는 것을 의미한다. 현실은 소외되기를 그만두고 말았다. 나는 현실에 대하여 열려 있다. 현실을 있는 그대로 있게 한다. 그러므로 나의 그에 대한 반응은 진실이다.

세계의 직접적이고 전폭적인 파악이라는 목표는 선의 목표이다. 이 책에서 스즈키 박사가 무의식에 대하여 한 장을 쓰고 있으므로, 나는 그의 논의에 덧붙여 선을 보는 방법과 정신분석을 보는 방법의 관계를 한층 더 명확하게 하려고 한다.

우선 첫째로 술어의 어려움이 일을 불필요하게 복잡화하는 것처럼 보이는 점을 지적하고 싶다. 즉 전체 인간에 있어서 체험을 깨닫게 되는 크고 작은 정도의 기능적인 용어 대신 '의식'이니 '무의식'이니 하는 실체적인 말을 쓰는 것이다. 나는 믿고 있다. 만약 우리의 의론을 술어적인 장애로부터 자유롭게 한다면 좀더 쉽게 무의식적인 것을 의식하게 한다는 참다운 의미와 깨달음의 관계를 알 수 있을 것이다.

"선의 방법은 그 자체 속에 직접 들어가 이른바 내면으로부터 사물을 보는 일이다." 이 실재의 직접적인 파악은 '의지적 또는 창조적이라고 할 수 있을 것이다'. 그는 이 창조성의 근원을 선의 무의식적인 것으로 이야기하고 있다. 그리고 스즈키 박사는 계속해서 "이 무의식적인 것은 느껴지는 무엇인가이다. 그러나 그것은 보통의 의미가 아니라 가장 1차적인 기초적 의미라고 해도 좋다."라고 말한다. 그 말은 여기서 무의식적인 것을, 인격의 내면에 있으며, 그것을 초월하는 하나의 영역으로서 이야기하고 있는 것이다. 스즈키 박사는 계속 말한다. "무의식의 느낌은…… 기초적이고 1차적인 것이다." 이것을 기능적인 용어로 번역하여 무의식을 느낀다기보다는 오히려 한층 더 깊은 습관화되지 않은 경험 영역을 깨닫는 일이라고 말하고 싶다. 바꾸어 말하면 억압의 정도를 적게 하고 그에 의해 현실의 소아적인 왜곡 영상의 투사 관념화를 줄이는 일이라고 말하고 싶다.

　스즈키 박사가 선자(禪者)는 "위대한 무의식에 직접 통하는 것."이라고 말할 때 나는 다음과 같은 표현법을 쓰고 싶다. 즉 그 자신의 현실과 세계의 현실을 충분한 깊이에서 또한 베일 없이 깨닫고 있는 것이라고. 스즈키 박사가 뒤에 또 말하고 있는 것에서도 마찬가지로 기능적인 말을 쓰고 있다. "실제로 그것(무의식)은 반대로 우리에게 가장 가까운 거리에 있는 것이며, 그 가까운 거리 때문에 마치 눈이 그 자신을 볼 수 없는 것처럼 그것을 잡기가 어렵다. 그러므로 '무의식이 의식적이 되는 것은 의식 쪽의 특별한 훈련을 필요로 한다.'" 여기서 스즈키 박사는 진정으로 정신분석적인 입장에서 선택한 표현법을 사용하고 있다. 그 목표는 무의식적인 것을 의식적으로 하는 일이며, 이 목적을 달성하기 위해서는 의식 쪽의 특별한 훈련을 필요로 하는 것이다.

　이것은 선과 정신분석이 같은 목표를 가지고 있으며 다만 그들이 발전시킨 의식의 훈련 방법만이 다른 것임을 의미하는 것인가?

　우리는 이 문제로 돌아가기 전에, 두세 가지 분명하게 밝혀 둘 필요가 있는 것을 논하고자 한다. 스즈키 박사는 그의 논의에서 내가 앞에서 정신분석적 개념의 논의를 말한 것과 같은 문제, 즉 지식과 순진의 상태와의 문제를 언급하고 있다. 성서에서 말하는 지식의 획득에 의한 순진의 상태와의 문제를 언급하고 있다.

성서에서 말하는 지식의 획득에 의한 순진의 상실은 선이나 불교에서는 일반적으로 감정의 오염(klesha : 번뇌), 혹은 지성에 지배된 의식적인 마음의 간섭(vijnana : 識) 등으로 불리고 있다. 식(識 : 지성 작용)이라는 말은 매우 중요한 문제를 불러일으킨다. 식이라는 것은 의식과 동일한 것인가? 이 경우 무의식을 의식적으로 한다는 것은 식 작용을 진행시키는 것을 의미하며, 선의 목표와는 정반대의 목표로 이끌지도 모른다.

만약 그렇다면 정신분석의 목적과 선의 목적은 전적으로 정반대가 될 것이다. 한편은 보다 높은 지성화를 정신분석의 목표로 생각한 것은 인정해야 한다. 치료에 임한 대부분의 분석가는 아직 이 지성화의 생각에서 빠져나오지 못했으며, 프로이트는 결코 지성화와 감정적인 경험 ─ 진정한 분석을 '해낼' 때 생기는 것 ─ 사이의 구별을 명료하게 밝히지 못했다는 점도 인정되어야 한다. 그러나 이처럼 실험적이고 지적이 아닌 통찰이 바로 정신분석의 목표이다.

앞에서도 말한 것처럼 나의 호흡에 관해 각(覺)을 갖는 것은 나의 호흡에 '관해 생각하는' 것을 의미하지는 않는다. 자신의 손 운동에 대해 각을 갖는 것은 그에 대하여 생각하는 것을 의미하지 않는 것이다. 그 반대로 일단 자신의 호흡이나 손의 움직임에 '관해 생각한다'면 나의 호흡이나 내 손의 운동 등에 대한 각은 사라지고 만다. 이것은 꽃이며 사람이며 나의 기쁨, 애정 또는 평화의 경험의 각에 대해서도 적용된다.

정신분석에서 모든 참다운 통찰의 특징은 그것이 사상으로 표현될 수 없다는 것으로, 모든 잘못된 분석의 특징은 직접 경험과는 아무런 관계가 없는 착종(錯綜)된 이론에서 통찰을 말하는 일이다.

　참다운 정신분석적 통찰은 갑작스럽게 발생한다. 그것은 강요되는 일도 없고 전부터 계획되는 일도 없다. 그것은 우리의 뇌로부터 일어나는 것이 아니라 우리의 뱃속에서부터 일어나는 것이다. 그것은 적당한 말로 표현할 수는 없다. 만약 표현하려고 하면 달아난다. 그러나 그것은 진실이며 의식적이다. 그것을 경험한 인간은 다른 인간이 된다.

　갓난아이에게 있어서 세계의 직접적인 파악은 의식, 객관성, 자아로부터 분리된 현실감들이 충분히 발달하기 이전 것의 상태로 '무의식은 본능적인 것이며, 동물이나 갓난아이의 그것 이상으로 진행되어 있지는 않다. 그것은 성숙한 인간의 것일 수 없다.' 원시적 무의식으로부터 자의식〔自覺〕이 나타나는 동안에 세계는 주관과 객관과의 분리, 우주적인 인간과 사회적인 인간과의 분리, 무의식과 의식과의 분리에 의하여 소외된 것으로서 경험된다.

　그러나 의식이 스스로를 여는 것처럼, 또한 3중 필터를 늦추도록 훈련됨에 따라 의식과 무의식의 분리가 사라지는 것이다. 그리고 그것이 완전히 사라졌을 때 그곳에는 직접적인 무반성의 의식적 경험이 있다. 즉 아무런 지성화도 반성도 없이 존재하는 것 같은 경험이 있다. 이 지식은, 즉 스피노자가 최고의 형태인 지식, 직관이라고 일컬은 것이다. 그것은 또한 스즈키 박사가 '물체 그 자체 속에 직접 들어가 이른바 내면으로부터 물체를 보는' 방법이라고 말하는 그 지식이다. 그것은 실재의 의지적, 창조적인 견해이다. 이 직접적인 반성을 하지 않은 파악의 체험에서는 사람은 '인생의 창조적 예술가'가 된다. 우리는 모든 것이 그런데도 그것을 잊고 있는 것이다.

"이와 같은 사람(인생의 창조적 예술가)에게 그의 모든 행위는 독창성, 창조성, 그리고 그의 살아 있는 인격을 표현하는 것이다. 거기에는 아무런 인습도 타협도 없으며, 금지적(禁止的)인 동기도 없다……. 그는 그의 단편적으로 국한되고 제약된 자기중심적 존재 속에 들어박힌 자기라는 것을 갖지 못한다. 그는 그 감옥으로부터 해방되어 있는 것이다." 이 '성숙한 인간'이 만약 '감정적 오염'이나 '지성 작용'의 간섭으로부터 깨끗이 씻겨졌다면, 이미 이와 같은 공포나 불안 등 마음을 혼란시키는 감정이 그를 덮칠 여지가 없는 자유롭고 자발적인 생활을 실현할 수 있다. 스즈키 박사가 여기서 이성과의 해방작용으로서 설명하는 바는 실로 정신분석의 견해에서 완전한 통찰의 결과로서 예상되는 것이다.

여기에 남아 있는 것은 술어의 문제인데, 이것에 대해서는 간단히 말하고자 한다. 요컨대 모든 용어의 문제와 마찬가지로 그것은 별로 중요하지 않기 때문이다. 앞에서 스즈키 박사가 의식의 훈련에 관해 말하고 있다고 했다. 그러나 다른 경우에 그는 "그가 어렸을 때부터 겪어온 모든 의식적 경험이 그의 모든 존재를 구성하는 것으로 되어 있는 '훈련된 무의식'에 대해 말하고 있다." 어떤 때는 '훈련된 의식'이라고 하고 또 다음에는 '훈련된 무의식'이라고 표현하는 것에서 하나의 모순을 발견할지도 모른다. 그러나 여기에 모순이 있다고 믿어지지는 않는다. 무의식을 의식적으로 하고 또한 전폭적인, 따라서 반성을 가하지 않은 체험의 현실에 도달하는 과정에서는 의식도 무의식도 함께 훈련되어야만 한다.

의식은 인습적인 필터를 의지하는 데서 해방되도록 훈련되어야 하며 실제로 무의식은 그 은밀한 분리된 존재로부터 빛 속으로 나가야 한다. 그러나 의식이나 무의식의 훈련이란 비유를 사용하는 것을 의미한다. 무의식이나 의식이나 그 어느 쪽도 훈련될 필요는 없다. 의식이라는 것도 무의식이라는 것도 존재하지 않으니까 말이다. 그러나 '인간'은 그 억압을 떨쳐버리고 현실을 전폭적으로 명료하게, 오로지 각성에 있어서 과학이나 실제적인 직업에서와 마찬가지로 지적 반성이 요구되고 또 필요한 경우 이외에는 지적 반성 없이 체험하도록 훈련되어야 하는 것이다.

스즈키 박사는 이 무의식을 우주적 무의식이라고 부를 것을 제안하고 있다. 마치 박사가 본문에서처럼 명료하게 설명하면 물론 이 용어에 관해 특별한 이론(異論)도 없다. 그렇지만 나는 오히려 버크가 의식의 새로 나타내려 하는 형태를 위해 사용한 '우주적 의식'이라는 표현을 썼으면 한다. 만약에 또 무의식이 의식이 된다면 그 정도에 있어 그것이 무의식임을 그만두기 때문에(그것이 반성적 지성 작용이 되지 않음을 염두에 두고) 이 말을 썼으면 한다.

우주적 무의식은 우리가 그것으로부터 분리되어 있는 한, 즉 우리가 현실에 대하여 무의식적인 한에 있어서만 무의식이다. 우리가 깨달음을 얻고 현실과 접촉하면 할수록 무의식인 것은 없어진다. '의식적'이라기보다도 '우주적 의식'이라는 말을 사용함으로써 인격 내의 장소를 가리키기보다는 각(깨닫는 것)의 기능을 문제삼게 되는 것도 덧붙여야 한다.

이 모든 논의는 선불교와 정신분석의 관계를 어떠한 결과로 이끌 것인가?

선의 목표는 깨달음이다. 즉 아무런 감정적 오염도 지성화도 없는 직접적인 반성을 가하지 않는 실재의 파악이며 자기 자신과 우주와의 관계의 자각이다. 이 새로운 체험은 아이들이 갖는 지성화 이전의 직접적인 파악의 되풀이다. 새로운 단계에 있어서, 즉 인간의 이성 객관성 및 개성의 전폭적 발전에 있어서이다. 아이들의 경험, 즉 직접적이며 모든 경험은 소외와 객관의 분열의 경험 '이전'의 것이며 깨달음의 경험은 그 이후의 것이다. 이미 프로이트에 의하여 서술된 것처럼 정신분석의 목적은 무의식을 의식적으로 하고 '이드'를 '에고(자아)'에 의하여 대치하는 데 있다.

확실히 발견될 무의식의 내용은 인격의 작은 부분에 한정되어 있으며, 또 소아기에 활동하고 있던 본능적 충동으로, 그것도 망각된 것에 한정되어 있다. 더군다나 드러나야 할 부분은 프로이트의 이론적 전제로부터 떠나서 특수한 증상을 고쳐야 할 치료상의 필요에 의해 결정되었다. 그 증상의 형식에 관계한 부분 외에도 무의식을 의식에 올릴 아무런 흥미도 없었다.

죽음의 본능과 에로스 개념의 도입과 최근의 에고의 모든 면의 발전은 프로이트의 무의식과의 접촉의 개념을 어느 지점까지 서서히 확대하게 되었다. 비(非)프로이트 학파는 노골화되어야 할 무의식의 부분을 한층 더 확대해, 즉 무엇보다도 근본적으로 융, 그리고 아들러, 랑크, 그밖의 비교적 새로운 이른바 네오프로이티언의 저자들도, 이 확대에 공헌했다.

그러나 이와 같은 확대에도 불구하고 융을 제외하고 노골화되어야 할 부분의 범위는 치료되어야 할 이러이러한 증상 또는 이러이러한 신경증적 성격 특성을 고친다는 치료상의 목적에 의하여 결정되는 데 변함이 없었다. 그것은 모든 인간을 포용할 수는 없었다. 그러나 만약 우리가 프로이트의 최초의 목표, 즉 무의식을 의식케 한다는 목표를 그 궁극적인 점까지 좇는다면, 우리는 그 목표를 프로이트 자신의 본능적인 사고방식과 병을 고친다는 직접적인 과제에서 오는 한계로부터 해방해야만 한다. 만약 사람이 무의식의 전폭적인 회복을 목표로 나아간다면 ― 이 과제는 본능에만 한정되지 않고 또 그의 경험의 다른 부분에도 한정되지 않고 전체적 인간의 전체적 경험에 미쳐야 할 것이다. 그에 의하여 목표는 소외를 극복하고, 또 세계의 자각에 있어서의 주관과 객관의 분열을 극복하는 것이 된다.

그러므로 무의식을 노골화한다는 것은 감정적 전염이나 관념화의 지배를 극복하는 것을 의미한다. 그것은 억압의 상태가 없어지기를, 그리고 자신 속에 있는 우주적 인간과 사회적 인간 사이의 분열을 없애는 것을 의미한다. 그것은 또 의식 대 무의식의 분극(分極)의 소실을 의미한다. 또 왜곡도 없고 지적 반성에 의한 간섭도 없이 실재의 직접적인 파악의 상태에 도달하는 것을 의미한다. 그것은 자아에의 집착을 극복하는 것을 의미한다. 이집트의 왕들이 영원토록 미라로서 자기를 보호하고 싶다고 생각한 것처럼, 어디까지나 지키고 확대해야 하는 파괴되지 않는 분리된 자아라는 미망을 버리는 것을 의미한다.

무의식을 의식적으로 하는 것은 개방적이 되며 반응적이 되어 아무것도 '지니지 않고' 또 '존재한다'는 것을 의미한다. 이 의식에 의한 무의식의 전폭적 회복이라는 목표는 그것이 일반적으로 실시되고 있는 정신분석의 목표보다 훨씬 명백하고 철저한 것이다. 그 이유는 쉽게 찾아볼 수가 있다. 이 전체적인 목표에 도달하기 위해서는 서양의 대부분의 사람들이 기꺼이 하려고 하는 것보다 훨씬 더 많은 노력이 필요하다. 그러나 이 노력의 문제는 별도로 하더라도 이 목표를 명확히 떠올리는 것조차도 어떤 조건하에서만 가능하다.

우선 첫째로 이 근본적인 목표는 어떤 철학적 입장에 섰을 때만 바랄 수 있다. 이 입장을 여기서 자세하게 말할 필요는 없다. 그것은 병이 없다는 것과 같은 소극적 목표가 아니라 최선의 상태라는 적극적인 목표를 지향하는 것으로, 그 최선의 상태는 전폭적 통일 세계의 직접적이고 오염 없는 파악이라는 말에 의해 생각되는 것이라면 충분할 것이다. 이 목표는 '사는 방법'이라고 표현한 스즈키 박사의 용어가 가장 적합하다.

'사는 방법'이라는 생각은 영성적(靈性的) 휴머니즘적인 사는 법의 땅 〔土壤〕에서 배양된 것으로, 마치 불타나 예언자들이나 예수나 버크 등의 가르침의 저변에 있다는 것을 기억해야 한다. 이 문맥에서와 같은 것이 아니었다면 사는 법이라는 개념은, 그 특징이 되는 바의 모든 것을 잃고 행복의 이름 아래 오늘날 통용되고 있는 개념에 타락하고 만다. 이 방법은, 선은 윤리를 초월한 것이면서도 하나의 윤리 목표를 지니고 있다는 것, 그리고 그것은 휴머니즘적인 가르침의 그것들과는 본질적으로 동일한 것인 불교의 근본적인 윤리 목표를 포함하고 있음을 잊어서는 안 된다. 이 책의 강의 속에서 스즈키 박사가 분명하게 밝힌 것과 같이 선의 목적을 달성하는 것은 그것이 설사 소유욕이건 명예욕이건 애욕이건 간에 온갖 형태의 탐욕을 극복하는 것을 의미한다. 다만 단순히 병의 치료를 위하여 무의식의 발굴을 이용하려고 하는 사람은 물론 억압의 극복 속에 있는 외에 근본적인 목적을 다하려고 시도하는 일 따위는 없을 것이다.

그러나 또 억압을 제거하는 철저한 목적은 치료상의 목적과 아무런 관계가 없다고 믿는 것도 잘못이다. 증후의 치료, 또 장래의 증후의 형성을 막는 것은 성격의 분석이나 변화 없이는 불가능한 것을 인정한 것과 마찬가지로, 어떤 신경증적인 성격의 특성의 변화는 그 사람의 완전한 변혁과 철저한 목적을 추구하는 일 없이는 불가능하다는 사실 또한 인정되어야 한다.

성격분석의 결과가 좋지 않다는 것은(그것은 프로이트에 의하여 '분석, 유한인가 무한인가'의 속에서만큼 정직하게 표현된 적이 없다) 신경증적인 성격 치료의 목적이 철저한 것이 아니었다는 사실에 의한 것이다. 최선의 상태, 공포나 불안으로부터의 해방은 다만 국한된 목표가 초월될 수 있을 때만 성취할 수 있는 것이다.

국한된 치료상의 목표는 그것이 매우 국한되어 있으며, 보다 확대된 휴머니즘적인 틀의 일부가 되지 않는 한 도달할 수 없다는 것을 자각하는 일이다. 아마도 국한된 목표는 보다 국한된 그다지 시간이 걸리지 않는 방법으로 달성할 수 있을 것이다. 그에 대하여 오랜 분석적 과정에서 소비되는 시간과 에너지는 좁은 의미에서의 '개량'의 목적보다도 오히려 '변혁'의 철저한 목적을 위해서만 유효하게 사용된다. 이 명제는 앞에서 말한 것에 덧붙임으로써 강조될지도 모른다. 깨달음이 그 전폭적인 달성인 창조적 관계에 도달하지 않는 한 기껏해야 본래의 잠재적 억압에 대하여 인습이나 우상숭배나 파괴성, 소유욕, 명예욕 등에 의해 보상되고 있음에 지나지 않는다. 이 보상의 어느 하나가 허물어져도 그의 건강은 위협을 받는다.

잠재적인 광기의 치료는 분열이나 소외로부터 창조적 직접적인 세계의 파악 및 반응의 태도에 대한 변화에서만 성취된다. 만약 성신문석이 이와 같이 도움이 된다면, 그것은 진정한 정신적 건강을 얻도록 도울 수 있다. 그렇지 않으면 그것은 다만 보상적 구제를 개량하는 데 도움을 주는 것에 지나지 않는다. 다른 방법으로 표현하면 누군가의 어떤 증후는 '치유할' 수 있겠지만 그 성격의 신경증은 '치유될' 수 없을 것이다. 사람은 물체가 아니며, 단순한 케이스도 아니다. 분석가는 상호 이해의 과정, 즉 그들이 하나임을 경험하는 과정에서 환자와 교섭함으로써 그 과정에 눈 뜨는 것을 도울 수 있을 뿐이다.

이렇게 말하면 우리는 하나의 반대에 부딪칠 각오를 해야 한다. 만약 앞에서 말한 것처럼 무의식적인 전면적 의식화를 달성하는 것이 깨달음과 마찬가지로 철저하면서도 곤란한 목표라면 어떤 일반적 적용성을 지닌 무엇인가로서 이 철저한 목적을 논할 의미가 있을까?

만약 전폭적인 깨달음과 무(無) 둘 중 하나를 선택해야 한다면, 이 반대는 옳을 것이다. 그러나 이것은 그렇지 않다. 선에는 깨달음의 많은 단계가 있다. 그 가운데서 '깨달음'은 궁극적으로 결정적인 단계이다. 그러나 내가 이해하는 한 설사 '깨달음'에는 도달할 수 없더라도 '깨달음'으로 향하는 과정의 순서인 경험에 가치가 있다. 스즈키 박사는 일찍이 이 점을 다음과 같은 비유에 의해 분명히 밝혔다. 캄캄한 방안에 한 개의 촛불이 켜졌을 때 어둠은 사라지고 광명이 된다. 10, 100, 또는 1000개의 촛불이 더해지면 방은 더욱 밝아진다. 그러나 결정적인 변화는 어둠 속을 밝혀준 맨 처음의 한 개의 촛불이 가져온 것이다.[4]

분석적인 과정에서는 어떤 일이 일어날 것인가? 사람은 이때야 비로소 자신이 허영이라는 것, 위협을 받고 있는 것, 또한 증오에 차 있는 것을

---

4 개인적인 이야기를 할 때였다고 생각된다.

깨닫는다. 의식적으로는 그 자신은 겸손하고 용감하게 애정에 가득 차 있다고 믿었지만 새로운 통찰은 그에게 상처를 입힐지도 모른다. 그러나 그것은 그에게 하나의 문을 여는 것이다. 그가 자신의 억압을 다른 사람에게 투사하는 것을 그만둘 수 있게 된다. 그는 전진한다. 그는 그 자신 속에 갓난아이를, 어린이를, 청년을, 죄인을, 광인을, 성자(聖者)를, 예술가를, 남성을, '그리고' 여성을 체험한다. 그는 보다 깊게 인류에 접촉해 간다. 우주적 인간에 접촉해 간다.

그의 억압은 적어지고 보다 자유로워지며 투사나 관념화의 필요는 적어진다. 그리고 어떻게 맨 처음 그가 색채를 보았는가, 공이 구르는 것을 보았는가, 또 그때까지는 그가 주의하여 들으려고 해온 음악에 어떻게 그의 귀가 열렸는가를 경험한 것을 느낀다. 그는 자신의 분리된 개인적인 에고가 고집할, 배양할, 축적할, '무엇인가'라고 해온 그 미망에 처음으로 눈이 뜨일 것이다. 그는 그 자신 '이라는' 것이나, 그 자신이 '되는' 것보다도 오히려 그 자신을 '갖는' 것에 인생의 답을 구하는 것의 헛됨을 경험할 것이다. 이러한 모든 것은 아무런 지적 내용이 없는, 전혀 뜻하지 않게 갑작스럽게 생기는 경험이다. 그 경험을 하고 나서 그 사람은 전보다도 훨씬 자유롭게, 훨씬 강하게, 훨씬 편안하게 느끼게 되는 것이다.

지금까지 우리는 목표에 관해 논해 왔다. 그리고 만약 프로이트의 무의식으로부터 의식에의 변혁의 원리를 궁극의 결말까지 밀고 나간다면 우리는 깨달음이라는 개념에 접근한다는 것을 말했다. 그러나 이 목적을 달성하는 '방법'에 관해 살펴보면 정신분석과 선은 완전히 다르다. 선의 방법은 좌선(座禪), 공안(公案) 및 스승의 권위에 의해 소외된 사물을 보는 방법에 정면 공격을 가하는 것이다. 물론 이 모든 것은 불교의 사고방식이나 스승이나 승당(僧堂)의 분위기 속에 체험된 행동이나 윤리적 가치의 전제로부터 떼어놓을 수 있는 하나의 '기술'이라고 하는 것이 아니다. 또한 그것은 '1주일에 5시간'의 관심사와 같은 것이 아니라, 또 선의 가르침을 받기 위해 온다는 그 사실에 의해 하나의 가장 중대한 결의가 되어 있다는 것, 그 결의는 그후 계속하여 일어나는 사태의 중요한 부분이라는 것 등을 무시해서는 안 되는 것이다.

정신분석의 방법은 선의 방법과는 전혀 다르다. 그것은 다른 방법으로 무의식을 포착하도록 의식을 훈련한다. 그것은 왜곡되어 있는 지각에 주의를 돌리게 한다. 그것은 자기 자신 속의 허구를 인식하도록 이끈다. 억압을 제거하는 것으로 인간의 경험의 범위를 확대한다. 분석적 방법은 심리학적 경험적이다. 그것은 한 인간의 어린 시절부터의 마음의 발달을 조사하여 그가 현재 억압되어 있는 것에 대하여 경험하는 것을 돕기 위해 그 훨씬 초기의 경험을 다시 부르는 것이다. 그것은 자신의 내면에 있는 세계에 관한 미망을 한 걸음 한 걸음 노골화해 간다. 그에 의해 소아적인 왜곡이나 소외된 지성화 작용이 감소된다. 그 자신에 대하여 점점 타인이 아니게 됨에 따라 이 과정을 거치는 사람은 세계에 대하여 소원하지 않게 변화되어 간다. 왜냐하면 그는 스스로의 내면에 있는 우주와의 교통의 길을 열고 또한 밖의 우주와의 교통의 길도 열었기 때문이다.

허망의 의식은 사라지고 그와 함께 의식 대 무의식의 양극성도 사라져 버린다. '산은 또다시 산'이라는 새로운 현실주의의 여명이 찾아온다. 정신분석적 방법은 물론 다만 방법이며 준비일 뿐이다. 선의 방법도 마찬가지이다. 방법이라는 사실부터가 그것은 결코 목적의 달성을 보증하는 것이 아니다. 이 목적 달성을 가능케 하는 요인은 개개의 인격에 깊이 뿌리박고 있는 것으로 모든 실제적 목적에 대하여 우리는 별로 그것을 알고 있지 못하다.

무의식을 노골화하는 방법은 그 궁극의 결말까지 밀고 나가면, 그리고 가장 철저하고 현실주의적으로 선에 표현되고 있는 철학적 문맥 내에서 포착할 수 있다면, 깨달음에의 한 걸음이 될 것이라는 사실을 서술했다. 그러나 이 방법을 적용하는 데 있어 그것이 얼마나 도움이 되는지는 앞으로의 많은 경험이 밝혀줄 것이다. 여기서 서술한 견해는 다만 가능성을 의미할 뿐으로 검토를 필요로 하는 가설의 성격을 띠고 있다.

그러나 확실하게 말할 수 있는 것은 선의 지식이나 선에의 관심은 정신분석의 이론이나 기술상 가장 적합한 해명에 도움을 주리라는 것이다. 선은 그 방법에서 정신분석과 다르다고는 하지만, 초점을 분명하게 하여 통찰의 성질에 새로운 빛을 던진다는 것은 어떤 것인가, 창조적이란 어떤 것인가, 주관과 객관의 분열에 기초를 둔 경험의 필연적인 결과인 감정적 오염이나 허망의 지성화 등을 극복한다는 것은 어떤 것인가 등에 대한 감각을 높일 수가 있는 것이다. 지성화, 권위, 에고(자아)의 미망에 관한 철저한 태도에서, 또한 최선의 상태의 목표를 강조하는 점에서, 선의 사상은 정신분석가의 수평선을 보다 넓게 할 것이다.

그리고 전폭적 의식적 각성을 궁극의 목표로 하여 현실을 파악한다는 보다 철저한 생각에 이르게 할 것이다. 만약 선과 정신분석 사이의 관계에 관한 사색이 더욱 허용된다면 정신분석이 선의 연구에도 의의가 깊다는 가능성이 거론될지도 모른다. 이는 허위의 깨달음(그것은 물론 진정한 깨달음은 아니지만), 다시 말해서 정신병적 또는 히스테리적인 현상에 의거한, 혹은 자기의 유도(誘導)에 걸린 황홀한 상태에 의거한 순수하게 주관적인 것 등의 위험을 피하는 데 도움이 된다는 생각이 떠오른다. 그 분석적 해명은 선의 연구가로 하여금 미망을 피하게 하는데 도움이 될 것이다. 미망이 사라진다는 것은 개오의 근본 조건인 것이다.

선이 정신분석을 어떻게 이용한다 하더라도 나는 서양의 정신분석가의 입장에서 이 동양의 귀중한 선물에 감사의 뜻을 표하고, 또 동양의 사상을 서양의 사상으로 번역하는 시도에서 이 본질을 조금도 잃지 않고 표현하는데 성공한 사람으로서 특히 스즈키 박사에게 감사의 뜻을 표하고 싶다. 박사는 특히 서양인이 수고를 마다하지 않는다면 그 목표에 도달하기 전에 나아갈 수 있는 한 선의 이해에 도달할 수 있도록 해주었다. 만약 "불성(佛性)은 우리 모두의 내면에 있다."라는 사실, 인간도 존재도 모두 우주적 카테고리의 것이므로 실재의 직접적 파악, 각성, 개오는 우주적 경험이라는 사실이 없다면 어떻게 이와 같은 이해가 가능할 수 있겠는가?

해제

1. 프롬의 생애

에리히 프롬은 미국의 신프로이트 학파의 정신분석학자로서 세계적으로 널리 알려져 있다. 뿐만 아니라 역사, 사회학, 문학, 철학, 윤리학, 정치학의 광범위한 지식을 포괄하는 사회철학자로서 위기에 처한 현대를 진단하고 그 구제책을 제시하고 있다는 점에서 더 유명하다.

한편 그는 현존하는 사상가로서 미국과 멕시코를 오가며 대학 강의실, 텔레비전, 잡지 등을 통하여 20세기의 세계 시민, 즉 인류의 현재와 미래를 진단 분석하고 있는 낯익은 얼굴이다.

프롬은 1900년 3월 23일, 말하자면 20세기로 접어드는 해 독일의 프랑크푸르트 암마인에서 유태계 독일인으로 태어났다. 종교적인 유태인 가정에서 자라난 그는 열서너 살 때부터 이미 구약성서의 종말론(終末論)에 의한 평화주의 사상이 마음속에 새겨져 있었다. 이것이 나중에 그의 사상의 주류를 이루게 되는 인간주의적 형제애를 주장하는 '변증법적 휴머니즘'과 '인도주의적 정신분석학'의 밑거름이 되었다.

1914년 여름, 제1차 세계대전이 일어났을 때 그는 14세로 가장 감수성이 예민한 시기였는데 그때부터 전쟁의 잔인함과 비참함을 목격하고, 왜 인류는 서로 싸우지 않으면 안 되는가 하는 의문과 고민이 싹텄다고 그 스스로 후년의 저서 《환상과 사슬로부터의 탈출》 속에서 말하고 있다. 이러한 정신상태에서 그는 먼저 프로이트에게, 그리고 마르크스의 사상에 접하게 되었다고 한다.

프롬은 하이델베르크 대학에서 사회학, 심리학, 철학을 공부하고 22세 때인 1922년에 이 대학에서 정신분석학에 대한 논문으로 철학박사 학위를 받았다. 그후 그는 베를린 정신분석 연구소에서 연구를 마치고 고향인 프랑크푸르트에 프리다 프롬 및 라히만 등과 함께 정신분석 연구소를 설립했다. 그리고 당시 M. 호르크하이머가 주재하고 있던 프랑크푸르트 사회조사 연구소에 소속되어 H. 마르쿠제와 T.W. 아도르노 같은 유력한 변증법론자와 함께 프로이트주의의 이론적 결함을 내측에서 극복하는 과제를 다루었다. 프롬은 프로이트주의와 마르크스주의 사상을 생산적으로 종합하는 방향을 모색하고 본능의 억압 가운데 사회를 발견한 프로이트의 이론을 받아들였지만, 한편으로 그 사회의 역사적 성격을 경제적 구조에서까지 파헤쳤다.

이러한 학창시절과 연구생활을 통하여 프롬은 먼저 프로이트로부터 가장 큰 철학적 영향을 받았다. 그러나 제1차 세계대전 뒤의 세계의 혼란기에 처한 인간적 고뇌를 해결하기 위해 그는 마르크스의 사상에서 무엇인가를 얻으려고 했다. 프롬은 이 두 사람의 사상가가 인간을 환상에서 본디의 자리에로 환원시키는 일을 주장한 점에 공통점이 있다는 것을 발견했다. 그리하여 프로이트로부터는 생물학적 인간의 사상을, 마르크스로부터는 사회적 사상을 습득했던 것이다. 그는 프로이트와 마르크스가 자신의 두 개의 정신적 기둥이라고, 그의 첫번째 저서인 《자유로부터의 도피》에 기록하고 있다.

1933년, 독일이 나치의 집권하에 들어가자 프롬은 그 폭정(暴政)을 피해서 프랑스 파리에 잠시 체류하다가, 시카고 정신분석 연구소의 초청으로 1934년 미국으로 건너갔다. 그로부터 얼마 뒤 그는 미국에 귀화(歸化)했으며, 이때부터 미국에서의 본격적인 활동이 시작되었다. 시카고에서 뉴욕으로 옮긴 그는 윌리엄 앨런슨 화이트 정신분석 연구소의 설립자 겸 이사가 되었다.

프롬은 뉴욕에 머물면서 여러 해 동안 활발한 정신분석 연구활동을 하는 한편 예일, 베닝톤, 콜롬비아, 뉴욕 대학 및 미시건 주립대학 등의 교수를 역임했다. 1941년, 제2차 세계대전이 한창일 때 그의 최초의 역작 《자유로부터의 도피》가 출판되어 미국과 영국을 비롯하여 연합국까지 점차 프롬의 이름이 알려지고, 불과 몇 년 동안에 이 저서는 중판을 거듭하여 날개돋친 듯이 팔렸다. 한낱 심리학자에 불과하나 현재의 위기에 대해서 침묵을 지킬 수 없다는 프롬의 철저한 문제의식이 주목을 끌었던 것이다.

그는 이 저서에서 자유의 원리를 정신분석학적인 측면에서 다루면서 자유는 동시에 사회·경제적, 그리고 이데올로기적 조건과 결부되어야 한다고 주장했다. 제2차 세계대전이 끝난 지 2년 뒤인 1947년, 《자유로부터의 도피》의 속편이라고 할 수 있는 《자기를 위한 인간(Man for himself)》이 출간되었는데, 프롬은 이 저서로 말미암아 프로이트의 사상을 자기 것으로 수정하여 독자적인 기틀을 마련했다. 프롬 자신은 거부했지만, 신 프로이트 학파의 주도자가 되었고, 미국에 있어서의 '사회심리학'의 주류(主流)를 이루는 기틀을 마련하게 되었다.

　1949년 프롬은 멕시코 국립대학의 초청을 받아 동대학 의과대학원에 정신분석학과를 신설하고 교수가 되었다. 또한 멕시코 정신분석 연구소의 설립자로서 소장직 강의실에 서면서도 꾸준히 저술 활동을 계속하여 종교철학의 저서인 《정신분석학과 종교(1950)》, 정신분석학의 입문서인 《꿈의 정신분석(1951)》 등에 이어서 그의 성숙된 사상을 마무리짓는 역작인 《건전한 사회(1955)》와 《사랑의 기술(1956)》을 연이어 출판, 학계는 물론 정치·사회계와 심지어는 미국 시민들의 관심까지 끌게 되었다.

　그의 나이 55, 56세 때의 일이다. 그의 명저인 《건전한 사회》를 통하여 프롬은, 과거 및 현재의 사회 상황과 사회운동을 비판함과 동시에 인간의 욕구를 충분히 충족시키는 사회를 실현하기 위한 프로그램을 제안하였다. 20세기 사회성격의 병리적 측면의 획일화와 로봇화를 분석함과 동시에 현존하는 자본주의와 사회주의를 비판하고 프롬의 독특한 이상사회를 주장하고 있다. 그리고 《사랑의 기술》에서는 이상사회를 건설하기 위한 새로운 인간상을 제시했다. 그는 프로이트의 기계론적인 '파괴적 사랑'을 비판하고 사회적 유대 속에서 인간은 사랑하는 능력을 창조하고 '생산적인 사랑'을 할 수 있다고 주장했다. 이 두 저서로서 프롬은 정신분석학자의 테두리에서 벗어나 사회철학자로서의 면모를 완전히 갖추게 되었고, 신문·잡지·텔레비전을 통해 미국 시민과의 대화를 활발히 전개하기에 이르렀다.

　여기서 프롬은 61세의 나이에도 불구하고 노익장을 과시하며 핵 전쟁의 위기에 직면한 20세기 후반기의 냉전시대를 신랄하게 비판하는 노년기의 역작 《인간의 승리를 찾아서(1961)》와 《환상의 사슬로부터의 탈출

(1962)》을 계속 출간하고, 현대의 파괴적 인간 성향을 분석·진단했다. 뒤이어 1964년에는《인간의 마음》을 발표하고 인류에게 멸망을 가져오는 파괴적 바버리즘〔野蠻主義〕이 아니라 인도적 휴머니즘의 부흥이 가능하다는 것을 주장했다. 인간의 마음은 '퇴행(退行) 증후군'에 대립하여 '생장(生長) 증후군'을 형성한다는 것을 과거의 사회 및 정치를 예시하여 정신분석학적 임상실험으로 분석했다.

프롬은 65세 때인 1965년, 16년 동안 재직했던 멕시코 국립대학에서 명예교수로 은퇴했다. 그 해에 그의 평생의 사상을 집약한《사회주의와 휴머니즘》이, 국제 심포지엄에 참석한 30여 명의 각국 학자의 논문을 실은 〈사회주의의 휴머니즘〉에 발표되었다. 이 논문은 프롬의 역작《건전한 사회》의 속편이라고 할 수 있으며, 그가 주장하는 휴머니즘에 입각한 공동주의적 사회주의를 보다 보충하고 마르크스와 자신과의 차이점을 밝혔다는 점에서 중요한 가치가 있다. 때문에 프롬을 가리켜 신마르크스주의 학파로 취급하는 학자들도 있다. 프롬이 25세의 한창 나이였을 무렵 독일에서 호르크하이머가 주재하는 프랑크푸르트 사회조사 연구소에서 연구생활을 같이했던 마르쿠제가 현체제 타파를 이념으로 하는 유토피아적 혁명론자이자 과격한 좌파라고 한다면, 프롬은 현체제의 조화 속에서 사회개혁을 수행하려는 온건한 우파라고 할 수 있다.

프롬은 멕시코 국립대학의 명예교수로 은퇴한 뒤에도 노익장의 정력으로 강연 및 연구활동을 계속했다. 1971년 랜디스 앤드 토버(Landis and Tauber) 출판사에서 발간한 그의 기념 논문집에서는 '환상의 베일을 벗기는 데 기여한 그의 평생에 걸친 노력'을 높이 평가했다.

프롬은 20세기와 함께 자라났고 호흡하고 고민하고 성숙한 우리 세계의 증인이며 사상가라고 하겠다.

2. 프롬의 철학과 사상

에리히 프롬은 20세기의 아픈 상처인 제1차 세계대전과 제2차 세계대전을 겪으면서 그 동안에 출현한 전체주의 사회와 인간의 자유와의 심리학적, 사회학적 상호작용을 진단, 분석했다. 그리고 현대의 산업사회화에 있어서의 인간의 성격 구조를 연구했고, 현대의 기계주의로 말미암아 생기는 자기소외 현상을 어떻게 극복할 것인가 하는 문제를 프롬의 독자적인 '인도주의적 정신분석학'과 그의 새로운 사회철학인 '사회적 성격'을 통하여 해결하려고 했다. 그러므로 10여 권이 넘는 그의 저서는 현대의 당면 과제인 개인의 자유와 사회체제를 분석 비판하고 그 해결책을 모색했다는 점에서 심리학, 사회학, 철학, 종교, 정치 분야의 전문가는 물론 일반 대중들의 관심을 모으고 있다. 더욱이 프롬은 근대사상의 두 가지 큰 주류를 이루고 있는 프로이트와 마르크스의 모순점을 지적하고 그 통합을 기도하는 데 평생의 연구와 노력을 기울였다고 할 수 있다.

프롬의 모든 저서의 근본 주제는 인간이 자연 및 타인과 격리되어 있기 때문에 고독감과 소외감을 느낀다는 것이다. 이 고립의 상태는 다른 어떤 동물에게서도 찾아볼 수 없기 때문에 이것은 인간만의 독특한 현상이라고 할 수 있다. 예컨대 어린이는 부모와의 기본적 유대에서 해방되면서 결과적으로 고독과 무력감을 느끼게 된다. 마침내 자유를 찾은 이 노예는 아주 낯선 세계에서 헤매고 있는 자신을 발견하게 된다. 노예로 있을 때는 비록 자유롭지는 않았지만 누구에겐가 소속되어 있었고 세계나 타인과 관련을 가지고 있었다고 느꼈다. 인간은 나이를 먹을수록 더 많은 자유를 얻게 됨으로써 더욱 외로움을 느끼게 된다는 명제를 프롬은 전개했다. 그러므로 인간이 그것으로부터 도피하려는 자유는 부정적인 상태가 되는 것이다.

이 딜레마에 대한 프롬의 대답은 무엇인가? 그는 인간은 사랑과 분업의 정신 속에서 다른 사람들과 우애로써 뭉칠 수 있다고 말했다. 이와 같은 인간의 모순적인 생성과정은 인간이 형성한 모든 사회형태와 결부된다고 프롬은 분석했다. 그것이 봉건주의, 자본주의, 국수주의, 사회주의 또는 공산주의 등 어떤 것이든 간에 이는 인간의 근본적인 모순을 해결하려는 시도를 나타낸다고 보았다. 그리하여 프롬은 "인간정신의 이해는 그 실존 조건에서 생겨난 욕구의 분석에 기초를 두어야 한다."고 주장했다. 따라서 프롬은 인간의 실존적 조건에서 야기되는 특수한 욕구를 다섯 가지로 분류했다.

첫째 관계를 가지고자 하는 욕구, 둘째 초월하고자 하는 욕구, 셋째 정착하고자 하는 욕구, 넷째 동일시하고자 하는 욕구이다. 관계를 갖고자 하는 욕구는, '인간화되고 있는 인간'은 자연과의 동물적인 기본적 유대로부터 분리되었다는 엄연한 사실에서 나온 것이다. 동물은 그가 처한 조건에 맞도록 자연적으로 갖추어져 있는 데 반하여, 인간은 추리력과 상상력으로 인해서 자연에 대한 밀접한 상호 의존성을 상실했다는 것이다. 동물이 가진 자연과의 본능적인 유대 대신에 인간은 '생산적 사랑'에 기초를 둔 만족스러운 그 자신의 관계를 창조해야 한다. 생산적 사랑은 언제나 상호의 보호, 책임, 존경 및 이해를 가지고 있어야 한다.

초월의 충동은, 인간이 그의 동물적 성질을 넘어서 향상하며 동물로 머무르는 대신 창조적인 인간이 되려는 인간의 욕구를 말한다. 만약 창조적 충동이 좌절되면 인간은 파괴자가 된다. 프롬은 사랑과 미움은 상반된 충동이 아니고, 두 가지 모두 동물적 성질을 초월하려는 인간의 욕구에 대한 대답이라고 말했다. 동물은 사랑도 증오도 못하지만 인간은 그런 것을 할 수 있다는 것이다. 인간은 자연에 정착하기를 원하고 세계의 불가결한 한 부분이기를 원하며 소속감을 갖고자 한다. 어린 시절에는 어머니에게 정착되어 있지만 그 관계가 아동기 이후에도 계속될 때 이것은 불건전한 고착이라고 한다.

인간은 만족스럽고 건전한 정착을 다른 남자나 여자들과의 우애에서 찾는다. 그러나 인간은 또한 개인적 주체성을 갖고 싶어하며 독특한 개인이고 싶어한다. 만약 인간이 자신의 창조적 노력을 통해서 이 목표에 도달하지 못한다면, 자기 자신을 다른 사람이나 집단과 동일시함으로써 자기 특성을 찾는다. 노예, 즉 인간은 자기 주인과 동일시한다. 시민은 그 국가와, 종업원은 그의 사회와 각기 동일시한다. 이 경우 동일감은 누구에겐가 소속됨으로써 생기는 것이지 자신이 누군가가 되는 데서 생기는 것은 아니다.

마지막으로 인간은 세계를 안정되고 일관성 있는 방법으로 지각하며 이해할 수 있는 참조 체제(參照體制 : frame of reference)를 필요로 한다. 인간이 발달시키는 참조 체제는 합리적일 수도 있고 비합리적일 수도 있으며, 또는 두 가지 요소를 함께 가질 수도 있다.

프롬은 위와 같은 다섯 가지 욕구를 순수하게 인간적이며 객관적인 것이라고 말했다. 이러한 욕구는 동물에게서는 발견되지 않으며, 인간이 원한다고 스스로 말하는 데서 관찰될 수 있는 것들도 아니다. 또 이러한 노력은 사회에 의해서 창조된 것이 아니며, 오히려 진화를 통해서 인간의 본성 속에 깃들게 되는 것이다. 그러면 사회는 인간 실존과 어떤 관계가 있는가? 프롬은 이러한 욕구들의 독특한 표현 방법, 즉 인간의 그의 내적 잠재성을 실현하는 실제의 방법들은 그가 사는 사회 체제에 의해서 결정된다고 주장했다.

그러나 프롬은 사회가 인간에게 그 본성에 어긋나는 요청을 함으로써 인간을 이상하게 만들고 좌절시킨다고 했다. 사회는 인간을 '인간적 지위'로부터 벗어나게 하고 그의 기본조건의 충족을 거부한다는 것이다. 예컨대 자본주의와 공산주의는 인간을 로봇, 임금의 노예, 또는 불실재(不實在)로 만들려고 하며, 인간을 정신이상으로, 반사회적 행위로, 자기 파괴적 행동으로 몰아넣는다. 프롬은 한 사회가 인간의 기본적 욕구를 충족시키지 못할 경우 그 사회 전체는 병들게 된다고 비판하고 있다.

또한 프롬은 봉건주의가 자본주의로, 또는 개인적 직인제(職人制)가 공장 체제로 바뀌는 것과 마찬가지로 사회에 있어서도 어떤 중요한 점이 변화될 때 그러한 변화는 인간의 사회성에도 혼란을 일으킨다고 지적했다. 인간과 사회와의 관계는 프롬에게 있어 가장 큰 관심사의 하나이므로, 그는 거듭 이 문제에 주의를 기울이고 있다. 프롬은 그 속에서 다음 명제의 타당성을 전적으로 확신했다.

첫째, 인간은 본질적으로 선천적인 성질을 가지고 있다. 둘째, 사회는 이 본질적인 성질을 충족시키기 위하여 인간에 의해서 만들어졌다. 셋째, 지금까지 형성된 어떤 사회도 인간 실존의 기본적 요구에 적합하지 않았다. 넷째, 그러한 사회를 만드는 것은 가능한 일이다.

그러면 프롬은 어떤 종류의 사회를 주장하고 있는가? 프롬은《건전한 사회》속에서 "그곳에서는 인간이 인간과 사랑으로 이어지고 우애와 단결의 유대에 정착되므로 사회는 인간에게 파괴에 의해서라기보다는 그 능력의 주체자로서 자신을 경험하여 자아감(自我感 : sense of self)을 얻으며, 인간의 현실을 왜곡하고 우상을 숭배할 필요 없이 방위성(方位性)에 전념할 수 있는 체제가 존재하게 된다."고 미래의 이상 사회상을 제시하고 있다.

《사랑의 기술》에 대하여

이 저서는 1956년 발간되어 1962년까지 19차례에 걸쳐 재판을 거듭했고, 문고판으로서 33차례의 중판을 계속해 올 만큼 전세계에 널리 알려져 있다.

프롬의 다른 저서와는 달리 이 《사랑의 기술》에서는 전문적인 용어나 복잡한 표현방식을 될 수 있는 한 배제하고 있기 때문에 독자들이 쉽게 공감을 불러일으킬 수 있으리라고 기대한다. 따라서 많은 참고 문헌도 인용하고 있지 않다. 서론 부분에서는 사랑이라는 개념을 정의하고 있는데, 오늘날 대부분의 사람들이 사랑을 감각적인 것으로만 이해하려는 데 반하여 프롬은 그것을 하나의 기술적인 측면으로 이해하려는 것으로 설정하고 있다.

그러나 사람들을 지배하고 있는 일반적인 견해로는 사랑에 대해서 무엇을 배운다, 어떤 수단을 습득한다는 것은 생소한 개념인 것이다. 이렇듯 배울 것이 없다는 생각의 전제가 되는 것으로서, 그는 보통 사람들이 사랑을 받기 위한 수단으로 염두에 두고 있는 것들이 성공 · 권력 · 부 · 봄매 · 의복 · 예의범절 등, 즉 인기가 있다는 것과 성적 매력의 두 가지가 합쳐진 것으로 일반화되어 있다는 사실을 들고 있다. 둘째로는 사랑이 상품화되어 있는 상황을 이유로 들고 있는데, 그의 이 관념은 술리반 (H. S. Sullivan)의 사랑의 시장적 측면을 강조한 점에 기초하고 있다. 즉 사랑의 문제를 상대방의 능력에 의해서 판단하지 않고 상품화된 대상으로서 판단하고 있는 상황을 가리키는 것이다. 끝으로, 사람들이 일시적으로 빠져드는 감정을 사랑으로 오인하고 있다는 사실을 그 전제로 설정한 것이다.

프롬은 이 저서에서 이러한 사실들을 적절한 예를 들어 지적하고 사랑을 얻기 위한 노력이 헛된 것이 아니라는 결론으로 이끌어 간다. 즉 사랑이 그의 성숙도와 관계없이 탐닉할 수 있는 것이라는 감각적인 측면을 부정하고, 사랑을 위한 시도로서 인격의 능동적 개발과 그것을 생산적인 방향으로 달성하려는 노력을 강조하고 있으며, 사랑을 달성하기 위한 조건과 난관의 추구를 포기해서는 안 된다고 말하고 있다. 프롬 자신이 머리말에서 밝힌 바와 같이 《자유로부터의 도피》나 《건전한 사회》, 《자기를 위한 인간》 등에서 표현하고 있는 사상과 중복되는 표현들이 많음을 시인하고는 있지만, 이 저서가 그것들의 요약이 아니라는 점을 분명히 밝히고 있다.

이 저서를 크게 두 부분으로 나누어 보면 '사랑의 이론'에 관한 것과 '사랑의 실천'에 관한 것으로 분류할 수 있다. 그러나 '사랑의 실천' 부분에서는 사랑의 목표를 향한 단계는 오직 그 자신에 의해서만 실천될 수 있으며 이 논의는 결정적인 단계가 취해지기 전에 끝나버리는 것이므로 프롬이 지적한 바와 같이 이 부분에 대해서는 논의할 점이 별로 많지 않다. '사랑의 이론' 부분에서는 인간 실존에 관한 문제의 해답이 되는 사랑, 부모와 자식간의 사랑, 형제애, 모성애, 신의 사랑 등 모든 종류의 사랑을 적절한 예를 들어 제시하고, 문제점을 지적하여 합리적인 방향을 보여주려는 시도를 엿볼 수 있다.

그리고 그가 지금까지 자주 다루어 왔던 인간의 소외의식의 문제와 현대사회가 인간에게 미치는 영향의 문제는 '현대 서구사회에서의 사랑의 붕괴'를 주제로 하여 프로이트가 제시한 사랑의 기본적 가정을 비합리적 현상에 관한 것뿐이라고 비판하고 그의 견해는 기본적 실재가 인간 존재의 전체성 안에 있다는 것을 인식하지 못한 것이며, 마르크스에 이르러 비로소 사적 유물론에서 그런 유물론의 범위를 초월한 결정적인 단계를 보여주었다고 주장한다. 즉 프로이트는 이 기본적 실재가 모든 사람의 공통된 인간 상황과 특수한 사회구조에 의해 규정된 생활의 실천에 있다는 점을 보지 못했다고 비판하고 있다. 여기서 프롬은 프로이트의 정신분석 체계와는 대조적으로 성적 관심과 사랑을 별개의 것으로 엄격히 구분한 술리반의 이론을 기초로 하고 있는 것이다.

《선과 정신분석》에 대하여

1957년 8월, 멕시코 국립대학 의학부 정신분석학 대학원 주최로 열린 '선과 정신분석'이라는 주제의 워크숍에는 멕시코와 미국을 비롯 세계 각국에서 50명 정도의 정신과 의사와 심리학자들이 참가하여 연구논문 발표와 토론을 교환했다. 프롬이 이 회의에서 발표한 논문이 바로《선과 정신분석》이다. 사실 동양에서 선에 대한 연구는 고고학적, 문헌적 연구에 치우친 느낌이 있다. 이러한 인습적 침체에서 벗어나 선에 대하여 새로운 생명을 고취하고 현대인의 생활에 기여하는 길을 여는 데 도움이 되었으면 하는 생각에서 프롬의 논문을 이 책에 수록했다. 뿐만 아니라 구미 각국에서는 정신치료학 방면에서 선에 대한 관심이 대단히 높으며 프로이트 학파, 융의 분석심리학파는 물론 K. 호니, H. S. 술리반, 프롬 등의 신프로이트 학파들이 깊은 관심과 연구를 하고 있다는 의미에서 과학적 관점에서 보는 선의 해석은 이 방면의 연구가에게 하나의 도움이 될 것이다.

프롬은 이 논문의 서두에서, 정신분석학은 과학적 분석이고 선은 종교적이라는 점에는 근본적인 차이가 있으나, 인간의 본성과 그것을 변혁하는 실천(實踐)이라는 점에서 본다면 근사점이 많다고 했다. 그래서 프롬은 그가 주장하는 '인도주의적 정신분석학'으로 해석하여 선을 '최고의 상태'에 이르는 인간의 의식적 실천이라고 보았다. 최고의 상태는 이성이 충분히 발달함으로써 도달되는 상태이다. 보통 인간이 살아 있는 반수 상태에서 깨어나 충분히 깨닫는 것을 뜻한다.

그러므로 이것은 바로 창조적인 것을 뜻한다. 인간의 창조적 파악에 의해서 창조되고 변형되고 선(禪)의 '피안'이 무연(無緣)의 세계가 아니라 나의 세계가 된다. 이것은 결국 인간의 자아를 버리는 것을 뜻한다고 프롬은 해석하고 있다. 프롬은 이런 의미에서 유태적, 그리스도교적 사고방식과 선불교적 사고방식 사이에는 공통점이 있다면서 종교에 있어서의 합일점을 추구했다. 정신분석학적 해석에 있어서 신은 나의 의지를 버리지 않으면 안 된다는 자각이다. 선불교에 있어서는 자기 자신을 공(空)으로 하는 일이다. 그리스도교에 있어서는 자기 자신을 죽이고 하나님의 의지를 받아들이는 일이다.

이렇게 표현은 다르지만 그리스도교적 경험과 불교적 경험 사이에는 큰 차이가 없다고 프롬은 해석했다. 이것을 프롬은, 무의식이 의식적으로 되는 과정에서 설명하고 있다. 인간은 무의식을 의식하게 되며, 인간이 의식을 확대한다는 것은 현실과 접촉하는 일이고, 이것은 진실과 접촉하는 것을 뜻한다. 의식을 확대한다는 것은 깨달음을 뜻하고, 베일을 벗기는 것, 동굴을 없애는 것, 암흑에 빛을 던지는 것을 뜻한다. 이것이 즉 선불교에서 개오(開悟)라고 말하는 경험이라고 말했다. 그래서 프롬은 통찰과 지식의 본성이 무의식을 의식으로 전화시키는 힘이라고 했다.

　이러한 의미에 이어서 무의식과 의식에 대한 프로이트의 해석과 프롬의 그것은 기초적 개념에 차이점이 있다. 그러한 차이점을 프롬은 이《선과 정신분석》에서 구체적으로 분석하고 자기의 이론을 확립하려고 시도했다. 프롬에 따르면 "무의식적인 것이 의식적인 것이 된다는 말은 억압과 나 자신으로부터의 소외, 즉 타인으로부터의 소외를 극복하는 것을 뜻한다. 그것을 깨닫는 것, 미망(迷妄)이나 허구나 허위를 없애고 현실을 있는 그대로 보는 것을 뜻한다. 깨달은 사람은 해방된 사람이다. 그의 자유는 타인에 의해서도 자기 자신에 의해서도 제약되지 않는 사람이다. 인간이 지금까지 깨닫지 못한 것을 깨닫게 되는 과정은 인간의 내면적 혁명을 뜻한다. 그것은 창조적 지적 사고와 직관적 직접적 파악의 두 가지 근원에 있어서의 참다운 각성이다." 그러므로 프롬에게 있어서는 '선'이 인간 본성의 '최고의 상태'를 목표로 하는 의식적 각성(意識的覺醒)이 되는 것이다.

고전으로 미래를 읽는다 027

사랑의 기술

초판 발행_1990년 9월 25일
개정판 10쇄 발행_2020년 12월 10일

옮긴이_권오석
펴낸이_지윤환
펴낸곳_홍신문화사

출판 등록_1972년 12월 5일(제6-0620호)
주소_서울시 동대문구 안암로50-1(용두동) 730-4(4층)
대표 전화_(02) 953-0476
팩스_(02) 953-0605

ISBN 89-7055-696-3 03160